Paul Magnette

La vie large

Manifeste écosocialiste

La Découverte

Composé par DV Arts Graphiques à La Turballe
Création graphique de la couverture : Valérie Gautier
Dépôt légal : octobre 2022

Si vous désirez être tenu régulièrement informé de nos parutions, il vous suffit de vous abonner à notre lettre d'information sur notre site **www.editionsladecouverte.fr.**

ISBN 978-2-348-07502-5

« Nous ne sommes pas des ascètes.
Il nous faut la vie large. »

Jean JAURÈS

Introduction

« Notre biosphère est sacrifiée pour que des personnes riches dans des pays comme le mien puissent vivre dans le luxe. Ce sont les souffrances du plus grand nombre qui payent pour le luxe de quelques-uns. »

Greta Thunberg, discours à la COP24,
Katowice, 14 décembre 2018.

« Une vraie approche écologique se transforme toujours en une approche sociale, qui doit intégrer la justice dans les discussions sur l'environnement, pour écouter tant la clameur de la Terre que la clameur des pauvres. »

Jorge Mario Bergoglio, *aka* pape François,
encyclique *Laudato si'*, 18 juin 2015.

Quel est le point commun entre une jeune activiste scandinave et un vieux pape latino-américain ? Tous deux ont compris que la transition climatique n'est pas un problème de connaissance scientifique ou de capacité technique, pas un problème économique ou financier, mais une question de justice. Si depuis un demi-siècle, et malgré les avertissements des savants, les enquêtes des journalistes, les anticipations des artistes et les mobilisations civiques, nous n'avons toujours pas pris le cap d'une transition résolue vers un monde sans carbone, c'est parce que ce choix suppose, comme une condition *sine qua non*, un combat acharné contre les inégalités et les hiérarchies, entre les nations et en leur sein. Un combat qui, très logiquement, se heurte aux résistances de tous ceux qui profitent de l'ordre actuel, et feront tout pour que rien ne change.

Pour la quasi-totalité de la population mondiale, un monde neutre en carbone serait un monde meilleur que celui d'aujourd'hui. Seule une « oligarchie climatique », dont le mode de vie est largement responsable du désastre actuel, et qui a le privilège de ne pas être exposée à ses conséquences, a intérêt au *statu quo*. Même dans nos pays riches, une très large majorité de la population gagnerait à voir advenir un monde sans carbone, c'est-à-dire un monde où chacun aurait accès à des jouissances dont beaucoup sont encore privés : un environnement naturel de qualité, un logement bien isolé, des transports publics efficaces, un air pur, une alimentation saine... La vie large, en somme, une vie qui met chacun à l'abri de l'insécurité d'existence, qui offre à toutes et tous la possibilité réelle de développer leurs facultés et leur sensibilité.

Mais l'oligarchie climatique est puissante. Son pouvoir lui a longtemps permis d'acheter des gouvernements, des médias et même des savants. Elle joue sans vergogne de toutes les peurs pour freiner les changements. Peur des pays pauvres de ne pas pouvoir se développer librement. Peur des travailleurs des pays les plus industrialisés de perdre leur emploi. Peur des « classes moyennes » de devoir renoncer à un bien-être matériel acquis de haute lutte. Elle active tous les doutes et toutes les divisions. Et elle ne concède de faibles limitations à sa puissance que lorsqu'elle se convainc qu'il faut que quelque chose change pour que tout reste comme avant.

Le socialisme, né de la résistance au capitalisme, fut confronté dès ses origines à des difficultés qui ne sont pas sans rappeler celles que traverse aujourd'hui la lutte climatique. Comment convaincre que nos souffrances ne sont pas une fatalité mais qu'elles trouvent leur source dans un mode de développement et un régime institutionnel particuliers, ce que l'on appelle le capitalisme ? Comment persuader des groupes sociaux disparates qu'un autre monde est possible et que, en conjuguant leurs efforts, ils y vivront mieux qu'aujourd'hui ? Comment inscrire les luttes ponctuelles qui se multiplient dans un horizon partagé pour en multiplier la force ? Tel fut dès les origines le défi central du socialisme, et tel demeure aujourd'hui l'enjeu d'un écosocialisme en construction. Il s'agit d'établir que le mal que les humains s'infligent les uns aux autres et celui qu'ils infligent à la nature ne sont pas deux combats entre lesquels nous devrions choisir, mais l'avers et le revers d'une même pièce. De démontrer que le mode de production capitaliste ignore les limites physiologiques humaines et celles de notre environnement terrestre. De convaincre qu'un autre style de vie est possible, et qu'il est désirable pour la quasi-totalité du genre humain. Il s'agit d'identifier les forces qui font obstacle à la transition vers cette autre façon de vivre – y compris certains réflexes des socialistes et des écologistes eux-mêmes – et les moyens de les contrer. De raviver l'instinct de solidarité et de coopération qui vit au tréfonds de l'âme humaine, de nourrir nos désirs d'autonomie, et d'entretenir la flamme. Jusqu'à ce que le monde ait basculé.

Ce livre procède en quatre temps. La critique d'abord. Nous savons à quels périls l'humanité est confrontée en raison du dérèglement climatique et de la destruction du vivant. Mais nous savons aussi, avec précision, ce que nous devons faire pour les éviter. Sortir des énergies fossiles, mettre fin à la déforestation, aux pollutions et au saccage du vivant, voilà l'enjeu, simple et clair. Il implique de revoir en profondeur notre manière d'habiter la Terre, de nous nourrir, de nous déplacer et de nous divertir. Mais cet impératif ne devrait pas nous effrayer. Nous savons exactement comment construire des villes durables, transformer l'agriculture et l'industrie, réduire et modifier nos déplacements... Les technologies nécessaires sont toutes connues, le coût des investissements indispensables est chiffré et les moyens financiers disponibles. Alors pourquoi la grande transformation ne s'accomplit-elle pas ? Tout simplement parce qu'elle est impensable et impossible « toutes choses étant égales par ailleurs ». Le mode de développement et le style de vie contemporains sont inséparables des rapports de domination et des inégalités qui structurent le monde dans sa globalité, et nos sociétés prospères en particulier. Les plus démunis, dans les pays pauvres mais aussi dans les pays riches, subissent une triple peine : ils sont moins responsables du dérèglement climatique, mais pâtissent infiniment plus de ses conséquences et bénéficient infiniment moins des avantages d'un environnement sain. Le rapport de force qui permettrait de renverser ces hiérarchies reste à construire. Car, aujourd'hui, le système capitaliste et ses laudateurs parviennent à ralentir ou empêcher les réformes qui menacent l'accumulation sans fin des profits, et même à faire de l'enjeu climatique un nouveau levier de marchandisation des rapports humains et de la nature.

Le deuxième temps du raisonnement porte sur les principes de l'écosocialisme. Si les obstacles à la transition résident dans la confrontation d'intérêts matériels, ils trouvent aussi leurs origines dans nos modes de pensée, dans la *forma mentis* de notre temps. Quand la question environnementale a commencé à sortir du cercle étroit des savants pour entrer dans le débat public, il y a un bon demi-siècle, elle n'a pas su trouver son angle politique. Capitalisme et communisme, les deux grands adversaires de l'époque, apparaissaient également responsables du désastre. Ils puisaient à une même matrice, productiviste et extractiviste, issue de la révolution scientifique et technologique moderne. Il fallait donc une grande rupture, un changement de paradigme, un basculement vers une nouvelle ère. Une révolution copernicienne dont la majeure partie des écologistes étaient convaincus qu'elle procéderait naturellement de la conscience des enjeux et de la peur du désastre. Or ce grand saut ne s'est pas accompli. La politique d'autrefois, avec ses tensions sociales et ses crispations identitaires, a continué de dominer les esprits dans les pays les plus prospères, tandis que les autres ne cessaient de se débattre avec les affres de la guerre et des luttes ethniques, et tentaient péniblement de trouver leur voie vers la démocratie et l'abondance. Aujourd'hui encore, la pensée écologique reste marquée par une forme de spontanéisme et une puissante tentation unanimiste qui l'empêchent de voir la réalité des fractures sociales et des rapports de domination. Une autre approche de la transition, sociale, enracinée, nourrie des luttes concrètes contre la marchandisation sans borne, est nécessaire pour unifier les questions sociales et environnementales. Ancrée dans une critique rigoureuse du capitalisme, défendant la vertu du conflit, assumant la force de mobilisation de la colère, elle peut articuler les combats sociaux, féministes, antiracistes et anticolonialistes et former un front suffisamment large pour contrer le pouvoir de l'argent.

Le troisième temps est celui des propositions. Elles doivent être politiques, plus que techniques. Une fois encore, on sait comment construire des villes soutenables, une agriculture régénératrice, une industrie circulaire, un système énergétique renouvelable... Mais savoir n'a jamais suffi à pouvoir. Et ce que l'on peine à concevoir, c'est la manière de rendre ces transformations inéluctables et irréversibles, alors qu'elles heurtent d'immenses intérêts économiques et financiers, ainsi que des préjugés profondément ancrés en nous et habilement exploités par les partisans du *statu quo*. Renouer avec l'ambition originelle du socialisme, telle qu'elle fut formulée aux tout premiers jours de la société industrielle, offre une perspective. Il s'agit d'abord de reprendre le combat, entamé à l'aube de l'ère du capital mais trop vite délaissé, pour soumettre la sphère de la production et des échanges à une exigence d'autodétermination collective, de démocratiser l'économie en somme. On ne peut laisser ni au marché ni aux technocrates des questions aussi essentielles que le niveau de prospérité souhaitable et la manière d'utiliser les énergies et matières premières disponibles. Il n'y a aucune raison que l'économie dans sa généralité et les entreprises dans leur particularité soient les seules sphères de l'activité humaine qui échappent à la délibération démocratique, d'autant moins qu'elles menacent aujourd'hui notre intégrité et les conditions de notre perpétuation en tant qu'espèce. Il s'agit ensuite de mettre fin aux deux plus grand vices de la logique capitaliste : l'insécurité d'existence et l'accroissement continu des inégalités. Non seulement parce qu'ils sont condamnables en soi, mais aussi parce qu'ils sont les deux principaux moteurs de la logique productiviste qui détruit notre environnement naturel et les fondements de la société.

Le quatrième temps est celui de la stratégie. Ce double mouvement de démocratisation et d'égalisation, repris des ambitions originelles du socialisme, n'adviendra pas de lui-même. Pour lui donner force, il faut partir des groupes sociaux réels et de leurs aspirations à l'autonomie, des luttes concrètes et de leurs ressources de mobilisation. S'appuyer sur les institutions démocratiques et cosmopolitiques existantes, beaucoup plus fortes qu'on ne le dit, et les irriguer de ces luttes en gestation. L'écosocialisme ne fait pas le pari du grand soir, mais il se refuse à n'être qu'une longue série de petits matins blêmes. Le cap est connu : il nous faut atteindre la neutralité carbone au plus tard dans une génération. Il est utile parce qu'il force à fédérer les analyses, les mobilisations et les énergies, contraint à bâtir des alliances et à définir des étapes. La politique, orpheline de toute transcendance et revenue des illusions révolutionnaires, avait besoin d'un horizon, la transition climatique nous l'offre. Il nous reste à définir une méthode. Le socialisme démocratique nourri de l'héritage des Lumières, le socialisme à la Jaurès, faisait le pari de l'« évolution révolutionnaire ». Aujourd'hui, dans un vocabulaire en vogue dans les sciences du climat, on parlerait plutôt de « rétroactions positives » : chaque étape est à la fois un progrès en soi, l'anticipation du monde meilleur de demain et un levier à activer pour en dégager d'autres. Chaque avancée vers la démocratie, la justice sociale et climatique, en érodant les bases du capitalisme, agit non seulement sur les conséquences mais aussi sur les causes profondes du phénomène. Il s'agit de prendre le mal à la racine.

Première partie
Critique

« *How can we dance*
When our earth is turning?
How do we sleep
While our beds are burning? »

MIDNIGHT OIL, *Beds Are Burning*, 1987.

« Pendant que les champs brûlent
J'attends que mes larmes viennent
Et quand la plaine ondule
Que jamais rien ne m'atteigne. »

NIAGARA, *Pendant que les champs brûlent*, 1990.

1
La question naturelle

Le dérèglement climatique et les phénomènes de dégradation de l'environnement et de destruction du vivant qui l'accompagnent sont le fait majeur de notre époque. Ils affectent radicalement le patrimoine naturel, qui est la condition primordiale de la subsistance du genre humain, et font poindre le risque d'une nouvelle extinction de masse des animaux[1]. Ils constituent une menace immédiate pour les formes de vie et les rapports sociaux hérités de deux siècles de progrès sociaux, scientifiques et techniques. Aucune autre priorité ne devrait, dès lors, s'imposer au politique. Le psychologue Serge Moscovici écrivait, il y a plus de cinquante ans, que comme la « question politique » avait dominé le XVIIIe siècle, et comme la « question sociale » avait structuré tout le XIXe, la « question naturelle », c'est-à-dire la question du rapport de l'humain à la nature dont il est partie intégrante, dont il dépend pour sa subsistance et qu'il met pourtant en péril, devrait logiquement dominer notre époque[2].

Or nous sommes loin du compte. Il y eut, voici tout juste un demi-siècle, un « moment naturel ». 1972, c'est l'année où paraît le rapport Meadows attirant l'attention du monde sur les limites de la croissance. L'année du premier

Sommet de la Terre, réunissant à Stockholm, sous l'égide des Nations unies, les dirigeants du monde entier[3]. C'est l'année où est inventée la notion d'écologie politique[4], et où le socialiste néerlandais Sicco Mansholt, futur président de la Commission européenne, appelle à se départir de la croissance. La même année, la même Commission européenne envisage de faire élire par les salariés la moitié des membres des conseils d'administration des grandes entreprises. En se remémorant ces événements, épars mais concomitants, on ne peut s'empêcher de penser que l'on est passé tout près d'un grand tournant, démocratique, social et environnemental. Mais le *business as usual* a fini par triompher. Cinquante ans plus tard, force est de reconnaître que la « question naturelle » n'est pas devenue centrale. Malgré les marches pour le climat, la multiplication des manifestes, publications, films et œuvres engagés, la transition peine à s'imposer au cœur des priorités politiques. Un régime climatique international se construit lentement dans le cadre des Nations unies, mais il n'empêche pas les émissions de gaz à effet de serre de continuer à augmenter, inexorablement, année après année.

L'espace d'une génération

Qu'une question peine à s'imposer dans le débat public peut s'expliquer par des limites cognitives. L'humanité a souvent connu dans son histoire des moments où elle était confrontée à des menaces qui la dépassaient. Face aux catastrophes naturelles ou aux épidémies, alors qu'elle n'en comprenait pas les causes, elle ne pouvait y voir qu'une fatalité, et en attribuer l'origine à de mystérieuses forces surnaturelles ou à des divinités vengeresses. Notre situation face au changement climatique est radicalement différente. Un consensus scientifique identifie neuf limites écologiques qui ne peuvent être franchies sans menacer la survie de nos sociétés : le changement climatique, la perte de biodiversité, l'acidification des océans, l'appauvrissement de la couche d'ozone, la pollution atmosphérique, la déforestation, les prélèvements d'eau douce, la concentration d'azote et de phosphore dans les terres agricoles, les émissions de nouveaux polluants chimiques[5]. Les sciences de la Terre et du climat expliquent clairement le réchauffement planétaire et en décrivent les conséquences. Conscients de longue date des dangers que représentent ces dérèglements, ingénieurs, techniciens, agronomes, architectes et urbanistes ont développé un corpus de connaissances et de techniques qui rendent possible la neutralité carbone au plus tard en 2050. Des scientifiques du monde entier, réunis au sein du Groupe d'experts intergouvernemental sur l'évolution du climat (GIEC), valident et synthétisent régulièrement ces connaissances, pour les mettre à disposition des décideurs[6]. En d'autres termes, l'humanité peut aujourd'hui comprendre les phénomènes auxquels elle est confrontée, mesurer les dangers qu'elle court, et elle sait ce qu'elle doit faire pour y répondre.

Cette conscience, qui s'est lentement formée parmi les chercheurs au gré des querelles et des polémiques dont les femmes et hommes de science sont coutumiers, a largement débordé les frontières de la communauté scientifique. Depuis une trentaine d'années au moins, savants, politiques, industriels, militants et vulgarisateurs ont pris l'habitude de confronter leurs intérêts, leurs connaissances et convictions[7]. Ils forment un collectif polyphonique dont émerge un constat de moins en moins contesté. Si nous voulons maintenir des conditions de vie sur Terre qui permettent à l'humanité de s'adapter aux dérèglements climatiques sans subir de désastres majeurs, nous devons empêcher le réchauffement global, qui est d'ores et déjà irréversible, de dépasser 1,5 °C. Ce qui suppose de réduire nos émissions de gaz à effet de serre drastiquement dès 2030 et d'atteindre la neutralité carbone au plus tard en 2050. Nous savons que si nous échouons à atteindre ces objectifs, nous serons confrontés à une multiplication et à une amplification des phénomènes de dérèglement que nous observons déjà[8]. Les jours torrides et les sécheresses se multiplieront, comme les inondations, les feux de forêt, les cyclones et les tornades. La fonte des glaciers et des banquises s'accélérera, causant la hausse irrémédiable du niveau des mers. Des îles et deltas habités seront engloutis, des villes et villages côtiers dévastés. Des mers intérieures s'assécheront, tandis que les déserts gagneront du terrain. Des régions entières seront rendues impropres à la culture et des millions d'hommes et de femmes seront privés d'eau potable. Des centaines de milliers d'espèces vivantes, végétales ou animales, terrestres ou marines, disparaîtront, réduisant un peu plus la biodiversité, et donc la gamme des ressources dont nous disposons pour nous adapter à cette nouvelle ère. Des centaines de millions d'hommes et de femmes n'auront d'autre choix que de quitter leur terre, devenue inhabitable, cherchant refuge ailleurs[9]. Dans le même temps, la destruction des écosystèmes laissera le champ libre aux « nuisibles » privés de leurs prédateurs et facilitera l'expansion de grandes épidémies, lesquelles se multiplieront au gré de la déforestation et de la libération des virus enfouis depuis des millénaires dans le pergélisol.

Mais le pire n'est jamais sûr. Nous savons ce qui nous menace, mais nous savons aussi qu'il nous reste vingt-cinq ans pour éviter un réchauffement global dont les conséquences nous échapperont. Vingt-cinq ans, l'espace d'une génération, pour transformer radicalement nos modes de production, nos manières de nous nourrir, de nous déplacer, d'occuper et d'aménager l'espace... Bref, tout ce qui constitue le fondement de nos sociétés. Un quart de siècle pour sauver, non pas la nature qui se débrouillera très bien sans nous pour se réinventer comme elle le fait sans discontinuer depuis l'apparition de la vie sur terre, mais la place des humains dans cette nature dont nous dépendons et que nous avons pourtant saccagée. Il faudra donc, en l'espace d'une génération, nous départir d'un mode de vie qui n'est vieux que de quelques décennies mais qui nous paraît irremplaçable parce que nous n'en connaissons pas d'autre.

En théorie, les choses sont simples : il s'agit de nous libérer des énergies fossiles d'une part, de cesser d'autre part de détruire les ressources naturelles qui, tels les fonds marins, les forêts et les pâtures, constituent des puits de carbone et des foyers de biodiversité[10]. En d'autres termes, devenir neutre en carbone en l'espace d'une génération, ce qui revient à clore une phase de notre histoire qui a commencé au milieu de l'avant-dernier siècle, aux alentours de 1850[11]. À considérer, en d'autres termes, les deux siècles qui se seront écoulés entre 1850 et 2050 comme une exception historique. Deux siècles, c'est peu de chose à l'échelle des deux millions et demi d'années de l'histoire humaine – et même à l'échelle des quelque dix mille ans du Néolithique. Sauf que, au cours de ces deux siècles, la population mondiale aura été multipliée par dix, et la richesse mondiale par cent, à peu de chose près. Que jamais les humains n'auront accumulé autant de connaissances et de techniques nouvelles. Et que cette science accumulée a permis à l'espérance de vie de doubler en l'espace de six générations, ce qui ne s'était jamais produit auparavant dans l'histoire de l'humanité.

D'un autre côté, et c'est là tout le problème, ces deux siècles sont caractérisés par une exploitation sans précédent des ressources fossiles et naturelles, et par une dégradation du climat et de la biodiversité elle aussi sans précédent. Depuis 1850, et avec plus d'intensité encore depuis 1950, nous avons construit dans nos pays riches des modes de production totalement dépendants du charbon, du gaz et du pétrole, dont la consommation a été multipliée par douze au cours du XXe siècle, croissant trois fois plus vite que la population mondiale. « Nous avons probablement consommé plus d'énergie depuis 1900 que durant toute l'histoire de l'humanité avant 1900[12] », résume l'historien américain John R. McNeill. L'extraction de matériaux de construction et de minerais à usage industriel a quant à elle été multipliée par trente au cours de la même période[13]. Ces deux siècles font donc figure de radicale exception dans l'histoire de l'humanité, autant en termes de progrès scientifiques et humains qu'en termes de dégradation environnementale et de dérèglement climatique.

Le problème devient alors le suivant : comment penser une rupture qui ne soit pas un retour au point de départ, retour qui n'est ni possible ni souhaitable ? Peut-on faire de ces deux siècles un héritage sous bénéfice d'inventaire ? Se passer de tout ce qui dégrade notre environnement et altère notre climat, tout en conservant le bien-être que nous avons atteint et auquel nous sommes si viscéralement attachés ? Conserver nos droits et libertés, tout en nous éloignant des conditions matérielles qui ont accompagné leur conquête ? Mobiliser les sciences et techniques qui ont conduit au mode de production et de consommation insoutenable d'aujourd'hui pour concevoir une économie respectueuse des limites naturelles ?

Tout est possible

Face à ces interrogations existentielles, il y a au moins une bonne nouvelle : sur le plan scientifique et technique, aucun obstacle à la transition n'est insurmontable. Nous savons comment réduire notre consommation d'énergie et comment remplacer les sources fossiles par des sources renouvelables[14]. La généralisation des technologies les plus sobres dans les processus productifs permettrait à elle seule de réduire de plus de 70 % la consommation mondiale d'énergie[15]. Par ailleurs, pour l'énergie qui resterait indispensable, la transition est parfaitement à notre portée. Le potentiel de l'éolien est deux fois supérieur à nos besoins, et celui du solaire vingt fois supérieur. Dans moins de dix ans, ces énergies renouvelables pourront concurrencer les énergies fossiles dans des secteurs couvrant plus des deux tiers des émissions mondiales[16]. En théorie, rien n'est insurmontable – même si se procurer les immenses quantités de métaux et de minéraux, fer, plomb, cuivre, zinc, aluminium... nécessaires pour accomplir cette transition constitue un réel défi[17]. Vingt-cinq ans pour sortir des énergies fossiles, cela peut paraître extrêmement court quand on sait que les transitions énergétiques précédentes ont pris plus de cinquante ans, voire des siècles parfois. Mais nous avons beaucoup appris de ces expériences passées, et l'histoire récente enseigne qu'un choix politique clair rend possibles des transitions énergétiques massives en l'espace de quelques années[18]. L'invasion de l'Ukraine par la Russie a révélé la difficulté des Européens, dépendants du gaz russe, à adopter les sanctions économiques radicales, pourtant indispensables pour priver l'agresseur russe des ressources qui lui permettent de financer la guerre. Mais elle a aussi accentué la conscience collective de la vulnérabilité de l'Europe et la nécessité d'accélérer sa transition énergétique.

Pourra-t-on traduire cette vision globale et abstraite en mesures concrètes ? Rien n'empêche de le penser. Prenons l'exemple de l'alimentation, question sensible par excellence, parce qu'elle touche à l'une de nos fonctions vitales, mais aussi à nos goûts et plaisirs, aux liens sociaux et aux significations culturelles qui les accompagnent. Question stratégique aussi, puisque notre alimentation est responsable d'un quart des émissions de gaz à effet de serre et qu'elle est l'une des causes les plus lourdes de l'altération par l'homme de son environnement naturel. Depuis l'aube de l'humanité, c'est le besoin de se nourrir qui a guidé les itinéraires des peuples de chasseurs-cueilleurs. Quand des groupes ont commencé à se sédentariser, c'est la richesse des ressources naturelles disponibles qui a déterminé leur lieu d'implantation – la concentration de population causant d'ailleurs les premières vagues d'épidémies et les premiers désastres écologiques causés par les humains[19]. Passant progressivement à la sédentarisation et à l'agriculture, les premiers peuples ont élu domicile dans les terres les plus fertiles et les ont profondément transformées : les travaux de terrassement, d'assèchement ou d'irrigation, le défrichage et la déforestation massive ont assuré la survie et la croissance démographique de ces sociétés, tout en causant de nouveaux désastres écologiques dont les conséquences se sont étendues sur plusieurs siècles[20]. Dix mille ans plus tard, au cœur de la révolution industrielle, les besoins liés à l'alimentation humaine sont restés l'un des facteurs les plus déterminants des choix d'implantation, et l'un des vecteurs les plus puissants de dégradation par l'homme de son environnement. Dans sa magistrale histoire environnementale de la métropole de Chicago, l'historien américain William Cronon décrit ce terrible enchaînement. Les premiers éleveurs s'installent dans les riches pâtures du Midwest, composées de douzaines d'espèce de graminées, y déciment les bisons qu'ils remplacent par des bœufs, détruisant au passage la diversité végétale. Des millions d'hectares de terres sont décapés, retournés, mis au carré, pour y cultiver les céréales destinées au bétail. La ville elle-même naît de la nécessité de stocker les grains dans de monumentaux silos et d'en organiser le commerce, d'abattre et de découper les animaux d'élevage, et de loger les ouvriers des moulins et des abattoirs. L'intensification de la production agricole et la croissance urbaine se nourrissent mutuellement, conduisant à un recul constant de la nature primaire. Des canaux sont creusés, des voies ferrées posées, des routes tracées entre les lieux de production et les centres urbains. Les besoins alimentaires de la métropole refaçonnent de fond en comble la nature qui l'entoure, en l'espace de quelques décennies, jetant les bases d'un modèle de développement qui s'étendra à la planète entière tout au long du XXe siècle[21]. Plus qu'aucun autre aspect de nos existences, l'alimentation rappelle à l'homme qu'il « doit sa survie à une interaction institutionnelle avec son environnement naturel[22] ».

Pourrons-nous nous passer du pétrole, des engrais et des pesticides dont notre production agricole est gorgée, sans renoncer à l'autosuffisance alimentaire que nos pays dits développés ont atteinte depuis un peu plus d'un demi-siècle ? Oui. Si l'on veut nourrir l'Europe en renonçant aux intrants chimiques et aux énergies fossiles, il faut certes accepter des baisses de rendement[23], mais qui n'empêchent absolument pas d'assurer notre souveraineté alimentaire[24]. Ces baisses de rendement peuvent en effet être largement compensées en réduisant les gaspillages colossaux (un tiers de l'alimentation produite en Europe est purement et simplement jetée au rebut), en réservant la production agricole à l'alimentation (plutôt qu'à la production d'agrocarburants), et en continuant à faire évoluer nos habitudes alimentaires – ce qui n'est pas forcément synonyme de renoncements, ces habitudes étant en évolution constante.

Changeons d'échelle, et posons la question dans une perspective globale. Pouvons-nous nourrir une population mondiale qui est toujours en croissance sans aggraver le réchauffement planétaire ? C'est l'une des objections-massues des défenseurs de l'agriculture industrielle : pour alimenter sept milliards d'êtres humains aujourd'hui, dix milliards dans vingt ans, nous ne pouvons nous passer des intrants chimiques et des lourdes machines fonctionnant aux carburants fossiles. Nous ne pouvons pas non plus, nous disent-ils, renoncer à un marché mondial où les denrées alimentaires circulent entre les continents par les mers, les terres et les airs. Tant pis pour le réchauffement, pour l'érosion des sols, l'épuisement des ressources en eau, la pollution des airs et des mers et la disparition de milliers d'espèces végétales et animales.

Au-delà de son cynisme, un tel discours dissimule le fait que ce modèle de production est loin d'être devenu universel, bien qu'il ait été promu à marche forcée par les pays riches. Aujourd'hui, plus des deux tiers de la nourriture mondiale sont produits par de petites exploitations familiales, qui ne couvrent qu'un quart des terres arables du monde. Le modèle de l'industrie agricole de grande échelle, hautement mécanisée et recourant massivement aux intrants chimiques, ne nourrit qu'une petite partie de l'humanité, au prix de dégâts environnementaux et climatiques subis par tous[25]. Alors qu'elle ne produit que moins d'un tiers des denrées mondiales, l'agriculture industrielle est responsable des trois quarts des dégâts écologiques causés à la planète. Peut-on vraiment l'ériger en modèle ?

Contrairement à ce que prétendent les lobbies de l'agrobusiness (aussi puissants et influents que leurs collègues des énergies fossiles), l'humanité n'a pas besoin d'eux. Et s'en éloigner ne revient pas à idéaliser les exploitations familiales traditionnelles, aux méthodes souvent harassantes et peu productives, et lourdement soumises aux aléas naturels. Les connaissances agronomiques relatives à la fertilité des sols ont connu des progrès spectaculaires depuis le milieu du XXe siècle[26]. Les expériences menées par quelques pionniers ont été abondamment étudiées et ont généré un corpus de connaissances qui renouvellent en profondeur les pratiques culturales. La permaculture, l'agroforesterie et autres démarches agroécologiques ont donné une nouvelle légitimité à des pratiques souvent ancestrales qui permettent de se passer d'engrais de synthèse, d'herbicides et de pesticides, tout en conservant une production abondante. Combiner les arbres et les plantations annuelles, organiser la rotation des cultures, couvrir les terres et cesser de les labourer, planter en étage, tout cela restaure la fertilité des sols, limite leur érosion et les besoins en eau. Diversifier les semences, combiner les cultures, replanter des haies, faucher tardivement permet de se passer des herbicides et pesticides, en accueillant les prédateurs utiles et en nourrissant les pollinisateurs. Il en va de même de l'élevage : la production intensive de porcs, bœufs et volailles standardisés, élevés hors sol, nourris de protéines végétales importées et souvent génétiquement modifiées, sans accès aux espaces naturels et à grand renfort d'antibiotiques, n'est pas une fatalité. Des élevages de plus petite taille, contribuant à la préservation des pâtures, supprimant le recours aux aliments qui entrent en concurrence avec la nourriture humaine, sont non seulement très utiles d'un point de vue écologique, mais aussi viables sur le plan économique. Recycler les déchets en composts ou en sources d'énergie, se fournir et vendre localement pour limiter les transports inutiles, toutes ces techniques et méthodes sont connues de longue date, massivement pratiquées à petite échelle, et en progression constante dans toutes les régions du monde. Elles étaient au cœur du modèle agricole de la polyculture-élevage qui a façonné les paysages et la civilisation européens depuis un millénaire[27]. Elles préservent la santé humaine, la biodiversité et la fertilité des sols, et renforcent les puits de carbone. Elles contribuent à la lutte contre la désertification des campagnes causée par le modèle industriel, libèrent les producteurs de leur dépendance à l'égard des marchés internationaux et des banques, et recréent entre eux des relations de collaboration.

Les pays les plus riches pourraient parfaitement se nourrir en recourant à ces pratiques et sans bouleverser fondamentalement leurs habitudes alimentaires[28]. Ailleurs sur la planète, là où subsiste une agriculture familiale traditionnelle et où la malnutrition reste la règle, des expériences nombreuses ont montré que le recours aux méthodes agroécologiques permet de doubler le rendement des cultures[29]. Il ne s'agit pas d'aller contre la science, comme le prétendent les partisans des méthodes industrielles, mais de passer d'une science qui lutte contre la nature à une science qui travaille avec elle[30].

Il est donc possible de changer de cap avant qu'il ne soit trop tard. Une très large partie du monde ne vit pas comme nous aujourd'hui, et pourrait vivre mieux demain sans nous imiter. Les dégâts incommensurables causés par notre style de vie sont suffisamment connus et les alternatives suffisamment souhaitables et crédibles pour qu'on évite de reproduire les erreurs du passé. Quant aux pays dits développés, ils disposent de toutes les connaissances scientifiques et de toutes les compétences techniques nécessaires pour sortir des modes de production et de consommation actuels sans retourner à l'âge de pierre, ni même à la frugale existence de nos grands-parents.

Ce qui vaut pour la nourriture vaut pour les autres domaines de l'activité humaine. On sait comment construire et reconstruire des villes et des villages offrant à leurs habitants tous les services indispensables, limitant les déplacements inutiles, favorisant le contact avec la nature et la convivialité. On sait comment produire des biens manufacturés en réduisant de façon drastique la consommation d'énergie et en épargnant les ressources naturelles. On sait comment isoler nos logements et bureaux pour les rendre neutres en carbone. La gamme des expériences architecturales, urbanistiques, artisanales et industrielles, agricoles et alimentaires... soutenables est suffisamment large et diversifiée pour que l'on puisse y puiser des pratiques adaptées aux différents contextes du monde. Notre problème n'est pas un problème scientifique ou technique. Notre problème est politique.

Tout est politique

Qu'un autre monde soit techniquement possible, et souhaitable d'un point de vue social et environnemental, ne suffit pas, hélas, à le faire advenir. Car il faut le reconnaître : la tâche est immense. Pour ne prendre que l'exemple de l'alimentation, et nous limiter à l'Europe, le passage d'une industrie agro-alimentaire hautement carbonée à une agro-écologie juste et soutenable suppose une transformation de presque tout ce qui sous-tend nos manières de nous nourrir[31]. Si l'on veut réussir cette transition, il faudra revoir en profondeur les règles du commerce global, et y introduire le principe de l'exception agricole et alimentaire qu'avait prévu la charte de La Havane de 1948. Il faudra réorienter radicalement les programmes de recherche agronomique, l'enseignement et la formation agricoles, dominés encore aujourd'hui par le paradigme agro-industriel. Il faudra garantir l'accès à la terre de nouveaux exploitants, en constituant des réserves foncières publiques. L'outillage devra être rendu accessible par le crédit public et coopératif, et des soutiens financiers devront permettre le remplacement des machines polluantes actuelles par des technologies sobres. Des normes contraignantes devront être adoptées pour interdire la vente d'équipements polluants et d'intrants chimiques nuisibles à la biodiversité et à la santé. La disponibilité des semences devra être garantie par des règles équitables et une sélection participative. Pour soutenir les revenus des agriculteurs, les aides de la Politique agricole commune devront être réorientées vers l'emploi et la promotion de la biodiversité. Des outils de transformation et des plateformes logistiques mutualisées devront être soutenus par des investissements publics. La législation sur les marchés publics devra être révisée en profondeur pour éviter les distorsions de concurrence que subissent les producteurs locaux, et des cantines publiques devront être créées pour soutenir la demande et structurer des circuits courts. Les produits alimentaires transformés nocifs pour la santé et l'environnement devront être interdits, et la publicité régulée. Les mêmes défis se posent, avec une acuité accrue, dans les pays les plus pauvres, qui sont les plus exposés aux dérèglements climatiques et qui doivent faire face en outre à une concurrence internationale insoutenable, à des appropriations de terres par des investisseurs étrangers ou des oligarques nationaux, à des difficultés existentielles d'accès à l'eau, aux semences et aux équipements.

Ce qui vaut pour l'agriculture et l'alimentation vaut, *mutatis mutandis*, pour l'aménagement du territoire et la rénovation urbaine, pour la politique du logement et les bâtiments affectés à la vie économique et aux services publics, pour la production manufacturée, la logistique et la mobilité humaine. Tout est possible, à condition de s'en donner les moyens. Cinquante ans de transition irrésolue montrent que les voies souples, qui misent sur la « responsabilité sociétale » des entreprises et la « sensibilisation » des consommateurs, sont inefficaces. Parier sur le bon vouloir des acteurs économiques est illusoire. Car, comme le disait l'économiste néolibéral Milton Friedman, avec un cynisme qui avait le mérite de la franchise, « la responsabilité sociale d'une entreprise est d'augmenter ses profits[32] ».

2
Obstruction, diversion, récupération : les contre-offensives du capital

Si le dérèglement climatique est un péril imminent, si nous savons exactement comment agir pour en limiter les effets et si la quasi-totalité de la population mondiale a intérêt à une transition climatique rapide et radicale, pourquoi tarde-t-elle tant à s'imposer ? Tout simplement parce que cette transition suppose de remettre en cause des hiérarchies et des rapports de domination qui sont inscrits au cœur du capitalisme, et que ceux à qui ce système profite ont très habilement su retarder, voire empêcher toute décision menaçant de réduire leurs profits et leurs privilèges[1].

À la fin des années 1980, les fondamentaux des sciences du climat étaient bien établis et largement acceptés dans la communauté scientifique. Un consensus politique planétaire commençait à se dessiner autour de la nécessité de glisser vers un « développement durable » fondé sur des conventions internationales contraignantes. À cette époque, la croissance des émissions de gaz à effet de serre ralentissait. Dix ans plus tard, le consensus climatique s'effondrait, et les négociations internationales piétinaient. La hausse des émissions mondiales de gaz à effet de serre connut alors une nette accélération de son rythme : d'une moyenne de

1 % par an dans les années 1990, la croissance annuelle de ces émissions est passée à 3,4 % au cours de la décennie suivante et, après un bref ralentissement lié aux conséquences économiques de la crise financière de 2008, elle a atteint en 2010 un pic de 5,9 %. Que s'est-il passé au cours de ces trente années ? Pourquoi la conscience scientifique des dérèglements climatiques et les mobilisations diplomatiques n'ont-elles pas été en mesure de faire basculer les politiques publiques ? Parce qu'elles se sont heurtées à la résistance des multinationales qui avaient intérêt à ce que rien ne change et à l'idéologie néolibérale refusant toute intervention étatique[2]. Aux premiers jours de la mobilisation pour le climat, se trouvant sur la défensive, ils ont d'abord recouru aux stratégies d'obstruction et aux manœuvres de diversion pour empêcher tout engagement contraignant. Puis, comprenant que le changement climatique pouvait offrir une planche de salut à un capitalisme épuisé, ils sont repassés à l'offensive, en misant sur la marchandisation de la nature pour récupérer l'enjeu climatique et ouvrir une nouvelle phase de profits.

Le temps de l'obstruction

Si la sortie des énergies fossiles tarde tant, alors que toutes les technologies permettant de réduire drastiquement nos consommations d'énergie et de substituer les sources renouvelables aux sources fossiles sont disponibles à des coûts parfaitement accessibles, ce n'est pas tant en raison d'une paresse coupable des décideurs politiques que parce que des intérêts immenses s'y opposent. Diffuser les technologies sobres en carbone, c'est entrer directement en confrontation avec les intérêts des 2 100 entreprises des énergies fossiles qui ont l'intention d'augmenter leur production de 2 % par an d'ici à 2030, alors qu'elles devraient la diminuer de 6 % pour atteindre les objectifs de l'Accord de Paris[3]. Se passer des énergies fossiles, cela revient à décider de ne pas exploiter entre 60 % et 80 % des réserves connues de gaz, de pétrole et de charbon[4]. Or, demander à une multinationale de l'énergie de laisser enfouies sous terre d'énormes poches de gaz ou de pétrole, c'est comme demander à un lion de laisser passer les gazelles.

Nommer et blâmer ces entreprises multinationales est d'autant plus facile qu'elles sont peu nombreuses. Parmi les quelque deux mille entreprises de ce secteur, une centaine seulement sont responsables de plus des deux tiers des émissions des trente dernières années[5]. Leurs noms sont bien connus : Shell, Total, BP, ExxonMobil, Gazprom, Saudi Aramco et quelques autres, des entreprises de taille mondiale et dont près de la moitié sont détenues par des États. Ces multinationales commencent à être mises sous pression, pointées du doigt par les militants climatiques, condamnées par des juridictions pionnières à réduire leurs émissions et pressées d'évoluer par des actionnaires qui craignent de voir leurs profits baisser. Mais elles n'adaptent leur comportement qu'à la marge, usant de tous les moyens pour retarder la fin de l'extraction des combustibles fossiles[6].

À côté des rois du pétrole, les méga-firmes mondiales actives dans le secteur de la chimie et de l'industrie agro-alimentaire et les grands élevages industriels causant la déforestation sont eux aussi des cibles idéales. Ancrés en Europe, en Amérique du Nord et en Chine, les Bayer-Monsanto, ChemChina-Syngenta, Dow Chemical-Dupont et BASF fournissent à eux seuls 70 % des pesticides (herbicides, fongicides et insecticides) et 60 % des semences vendus dans le monde[7]. L'hyper-concentration du pouvoir économique dans ce secteur, dont dépend la subsistance de milliards d'êtres humains, leur confère un poids politique majeur qui leur permet de faire obstacle à la transition vers un modèle agro-écologique[8].

C'est évidemment à ces « contre-forces », plutôt qu'à la « paresse et lâcheté » des hommes, pour parler comme Kant, qu'il faut attribuer la faiblesse des réactions au changement climatique. Des publications militantes à très large diffusion, comme le *Tout peut changer* de Naomi Klein[9], et les débats sur le *Green New Deal* portés aux États-Unis par Alexandria Ocasio-Cortez et la gauche du Parti démocrate ont accru la conscience des liens qui existent entre capitalisme et changement climatique. Les critiques se concentrent sur la part la plus visible du phénomène : le travail d'obstruction des grandes multinationales emblématiques du capitalisme américain et européen. Ces entreprises ultra-puissantes n'ont jamais hésité à user de leur pouvoir d'influence pour empêcher l'adoption de mesures limitant leurs profits réels ou potentiels. Recourant à toutes les techniques du lobbying, elles brandissent, lorsque leurs intérêts sont menacés par de nouvelles législations, les menaces classiques de désinvestissement ou de délocalisation, et donc de destruction de milliers d'emplois, pour forcer les pouvoirs publics à renoncer à leurs projets[10]. À côté des pressions et menaces directes, l'obstruction consiste aussi à manipuler les faits scientifiques. Finançant des groupes de réflexion et de propagande prétendument indépendants, et s'offrant la caution de scientifiques renommés, ces entreprises ont mis en cause la réalité du réchauffement global et son lien avec l'activité humaine, exactement comme les fabricants de cigarettes et l'industrie des produits alimentaires transformés avaient tenté, avec un certain succès, de dissimuler le caractère nocif pour la santé de leurs produits[11]. Soudoyant les chercheurs pour faire taire les critiques, et recourant à toutes les méthodes de désinformation, les mêmes multinationales ont tout fait pour nier ou minimiser le risque[12]. Elles n'hésitent plus, désormais, à participer en masse aux conférences des Nations unies sur les changements climatiques, faisant directement pression sur les délégués des États afin d'éviter qu'ils s'engagent dans la sortie des énergies fossiles.

Dans cette entreprise de sabotage intellectuel, les multinationales de l'économie grise ont trouvé de solides alliés dans les cercles néolibéraux. Combattant sans relâche les régulations, les initiatives et les investissements publics, sacralisant l'initiative privée, la concurrence et le libre-échange, les économistes libéraux ont compris dès la fin des années 1970 que la lutte contre le réchauffement climatique risquait de mettre leurs thèses en péril et de prolonger de plusieurs décennies les politiques interventionnistes qui dominaient depuis la fin de la Seconde Guerre mondiale. L'expérience des premières mobilisations environnementales démontrait en effet que, sous la pression des mouvements issus de la société civile, l'autorité publique était encline à décourager, voire à interdire certains comportements, à travers des taxations ou des réglementations. Par ailleurs, la transition énergétique appelait des investissements de long terme et de vaste ampleur et, puisque le secteur privé fuit les risques élevés et les profits bas, l'initiative industrielle risquait de revenir principalement à la puissance publique. La transition climatique apparaissait donc comme un nouveau spectre hantant l'Europe et l'Amérique du Nord, et les néolibéraux entreprirent de la combattre de toutes leurs forces[13].

Les stratégies de diversion

À côté de l'obstruction directe, les néolibéraux ont recouru aux stratégies de diversion. La démographie, d'une part, la technologie, d'autre part, ont été les deux leviers principaux de ces manœuvres. Depuis les polémiques entre démographes et écologistes des années 1960-1970, il est fréquent de résumer la question du contrôle des émissions de gaz à effet de serre à la combinaison de trois facteurs : la taille de la population mondiale, la prospérité des différentes régions du monde et les technologies disponibles. Ce que le biologiste et démographe Paul R. Ehrlich, auteur en 1968 du best-seller mondial *La Bombe P*, dans lequel il dénonçait les conséquences environnementales de la croissance démographique mondiale, résumait dans la formule : I = PAT, où l'impact environnemental (I) varie en fonction de la population (P), de l'affluence (A), synonyme de la prospérité matérielle, et de la technologie (T). Selon cette formule simple, réduire l'impact de la vie humaine sur l'environnement consiste soit à contrôler la croissance de la population (P), soit à réduire la croissance matérielle (A), soit à compenser la croissance de ces deux facteurs par des évolutions technologiques (T) réduisant l'intensité carbone de la consommation.

Dans ce cadre conceptuel élémentaire, la question démographique a servi, dès la fin des années 1960 et jusqu'à nos jours, de puissant dérivatif. Surfant sur les craintes de voir advenir une surpopulation incontrôlable, dont découleraient des famines à répétition, démographes et économistes ont tenté de démontrer que l'épuisement des ressources naturelles et la surconsommation d'énergie étaient dus à l'explosion de la population mondiale. La démographie des pays industrialisés étant plane, tandis que la population des pays en développement connaissait une croissance rapide, ce néomalthusianisme revenait à déplacer la responsabilité de la crise environnementale du Nord vers le Sud. On retrouvait ainsi la « solution paresseuse » qui consiste, pour éviter de poser la question de la juste répartition des ressources disponibles, à « réduire le nombre des ayants droit[14] ». Solution d'autant plus commode qu'elle fait écho à de vieux préjugés : « Ce sont toujours les autres – les pauvres, les étrangers – qui sont trop nombreux, qui font trop d'enfants[15]. »

La question démographique suscitant des débats éthiques et religieux extrêmement sensibles, l'argument du contrôle démographique tend aujourd'hui à perdre de son importance. D'autant plus que les perspectives des Nations unies annoncent un plafond démographique autour de dix milliards d'humains à l'horizon 2050[16] et que des études récentes ont montré que c'est dans les régions à forte croissance démographique que les émissions augmentent le moins[17]. La variable démographique est en cours de « neutralisation », dans une perspective temporelle qui concorde, cela tombe bien, avec la date à laquelle nous devons avoir atteint la neutralité carbone.

Si le facteur P, comme population, est neutralisé, le choix se résume dès lors à une alternative : soit répartir la prospérité plus équitablement, soit remplacer nos technologies actuelles par d'autres, plus sobres en carbone, pour ne rien changer à nos habitudes. Cette présentation sous forme d'alternative constitue un puissant argument en faveur de réponses purement technologiques. La problématique de notre niveau de prospérité et de la juste répartition des richesses étant une question explosive, la technologie apparaît comme la solution parfaite, ou plutôt comme la manière la plus efficace d'éluder l'enjeu politique central. Se reproduit ainsi, d'une certaine manière, le biais techniciste des débuts de l'ère industrielle : après avoir arraché l'humanité à la famine et à la misère, la science et les techniques semblent pouvoir nous tirer une seconde fois d'affaire, en nous évitant de devoir choisir entre renoncement ou catastrophe climatique.

Tel était en substance le message lancé, il y a trente ans, par quatre mille scientifiques, dont soixante-douze prix Nobel, dénonçant à l'occasion du Sommet de la Terre de Rio en 1992, « l'émergence d'une idéologie irrationnelle qui s'oppose au progrès scientifique et industriel et nuit au développement économique et social » et invitant à épouser une « écologie scientifique » prolongeant le « progrès constant vers les conditions de vie meilleures pour les générations futures », notamment en « aidant les pays pauvres à atteindre un niveau de développement durable et en harmonie avec celui du reste de la planète », et en permettant à l'humanité de venir à bout « de fléaux tels que la surpopulation, la faim et les pandémies »[18].

Ce discours rationaliste, s'ancrant chez la plupart des scientifiques dans une défense sincère de la recherche et du progrès de l'humanité, vient à point nommé pour de nombreux industriels. Les capitalistes les plus intelligents comprennent que l'évolution des normes sociales les obligera de toute façon à s'adapter aux impératifs de soutenabilité, et que les premiers à s'y convertir pourront en tirer profit. Comme toute révolution technologique, la transition vers une économie décarbonée reconfigurera les rapports de force entre entreprises : les premières à détenir les technologies de l'éco-design, de l'éco-efficience, du recyclage et de la circularité... gagneront la course aux parts de marché et pourront consolider leur position en rachetant les autres, celles qui ne se seront pas adaptées à temps. S'appuyant d'abord sur les attentes des consommateurs, les entreprises pionnières demanderont ensuite à l'autorité publique d'adopter les régulations rendant obligatoires leurs propres standards, pour écarter leurs concurrents[19]. Elles développeront parallèlement un discours public légitimant leurs options technologiques dans les termes du nouveau paradigme climatique. Tous les secteurs, y compris les plus polluants comme le transport maritime ou aérien, rivalisent aujourd'hui de créativité pour convaincre de leurs efforts de réduction de leur empreinte carbone. Plus aucune entreprise ne peut aujourd'hui se passer de charte environnementale et de plan zéro-déchet, de panneaux photovoltaïques ou de potagers sur les toits, ou de solennels engagements à ne pas contribuer à la déforestation. Même le nucléaire tente d'épouser la mode du *carbon-free*, s'inventant une nouvelle vertu sous prétexte qu'il produirait moins de carbone que les autres modes de production d'électricité – ce qui fait abstraction du carbone produit lors de la construction et du démantèlement des centrales, de l'extraction de l'uranium et du traitement des déchets.

La confiance dans la capacité des sciences et techniques à dominer le climat global a des racines profondes. En 1798 déjà, le grand-père de Charles Darwin imaginait de remorquer les icebergs vers les basses latitudes pour adoucir les hivers européens et rafraîchir les pays tropicaux[20]. Aujourd'hui encore, les exemples les plus caricaturaux de diversion par la technologie sont ceux qui relèvent des tentatives de limiter les conséquences de l'effet de serre, à défaut de réduire les émissions elles-mêmes. Ce champ de recherche est sans doute celui qui, à côté de l'exploration de l'espace, a libéré les plus puissants fantasmes scientistes au cours des dernières décennies[21]. À l'initiative des multinationales des énergies fossiles, craignant de voir s'imposer un cadre réglementaire qui limiterait leurs profits, de vastes programmes de recherche, bénéficiant de larges soutiens publics, ont d'abord tenté de concevoir des technologies de captation du CO_2 produit par les centrales au charbon et autres industries polluantes en vue de le stocker sous terre. Malgré les investissements colossaux qu'appellerait sa généralisation, et les risques qu'elle fait courir à la stabilité de sols déjà fragilisés, cette méthode n'a pas encore été abandonnée à ce stade.

Des scientifiques proposent, pour protéger les banquises, de les couvrir d'une couche de dioxyde de silicium pour réfléchir les rayons du soleil. D'autres envisagent de fertiliser les océans par l'injection de limaille de fer ou d'urée pour stimuler les phytoplanctons et améliorer la captation du carbone. D'autres encore imaginent la création d'entonnoirs flottants pour faire remonter les eaux froides riches en nutriments et favoriser le développement d'algues captant le carbone de l'air avant d'envoyer celui-ci dans les profondeurs. La gestion du rayonnement solaire constitue un autre champ de recherches : s'y côtoient les projets qui visent à créer des nuages artificiels et d'autres qui envisagent d'envoyer des disques réfléchissants à 1,5 million de kilomètres de la Terre, en direction du Soleil. Certains vont jusqu'à imaginer de modifier la composition même de l'atmosphère en y injectant des aérosols ou des microparticules, imitant ainsi l'effet des éruptions volcaniques. Toutes ces méthodes ont en commun la conviction qu'il est impossible de changer nos modes de vie pour les rendre plus sobres en carbone et qu'il faut donc trouver le moyen de réduire les effets d'émissions que l'on se résigne à voir augmenter sans fin. Dans leurs ambitions démiurgiques de changer le fonctionnement de la nature elle-même, elles poussent à son comble absolu le fantasme de domination de la nature par l'homme.

D'autres stratégies de diversion par la technologie sont plus subtiles, et partant plus pernicieuses. Face au constat des échecs répétés à changer le mode de vie, beaucoup se sont demandé comment rendre plus sobre en carbone une « *american way of life* » à laquelle personne ne veut renoncer et qui fait rêver les populations des pays pauvres, comme elle fit rêver les *baby-boomers* européens au lendemain de la Seconde Guerre mondiale. Ces démarches reposent sur un axiome souvent répété mais jamais démontré : les progrès techniques doivent permettre de découpler la prospérité, d'une part, et la consommation d'énergie et de matières premières, d'autre part.

Cette théorie du découplage a trouvé un large écho, notamment auprès d'écologistes ayant perdu l'espoir de transformer la société en profondeur, mais ne se résignant pas à la perspective d'un réchauffement continu : « si l'économie globale ne peut certainement pas croître indéfiniment en volume », écrit ainsi Martin Lewis, elle peut néanmoins « continuer à s'étendre en valeur en produisant de meilleurs biens et services de manière toujours plus efficiente »[22].

La responsabilité politique devient, dans cette optique, celle d'un État stratège, encourageant l'évolution vertueuse de l'économie vers l'objectif de la soutenabilité. De nouvelles politiques industrielles, soutenues par la puissance publique, doivent promouvoir une « modernisation écologique » de nos modes de production[23]. Grâce à la recherche et au développement, la nouvelle économie sera « dématérialisée », elle reposera sur un recyclage permanent des matières premières, sur des outils toujours plus légers, consommant moins d'énergie. Nous acquerrons de moins en moins de biens et, avec l'extension des technologies virtuelles et le triomphe de la société de loisirs, nous leur substituerons de plus en plus des services dépourvus de base matérielle (des films et des musiques en *streaming*, des jeux en ligne, etc.). La digitalisation rapide de nos économies occidentales est, dans cet esprit, présentée comme une piste majeure de réduction des gaz à effet de serre. Le télétravail, accéléré par la pandémie du coronavirus, réduira les déplacements professionnels, comme les e-mails ont déjà fait disparaître la distribution physique du courrier. C'est oublier un peu vite que les technologies digitales reposent sur un matériel hautement obsolescent, grand consommateur de terres rares, dont le recyclage est loin d'être optimal. C'est oublier aussi qu'elles sont de grandes consommatrices d'électricité : aujourd'hui déjà, elles consomment deux fois plus d'énergie que le transport civil aérien.

La théorie du découplage est terriblement séduisante pour les pays les plus riches. Se nourrissant d'une fascination séculaire pour la science et les techniques, et de ce qui demeure dans nos sociétés de l'*ethos* du progrès, elle porte la promesse d'un monde plus propre sans exiger de nous aucun effort. Offrant aux entreprises un nouveau registre de justification, et à la puissance publique une nouvelle mission de modernisation, elle pose les bases d'une nouvelle alliance entre le marché et l'État, scellée autour du slogan de la « croissance verte ». Un nouveau régime de justification, partagé par les élites économiques et politiques, se dessine : le capitalisme et l'État, plutôt que de s'affronter, devraient bâtir des synergies[24]. Conscientes de leur « responsabilité sociétale », les entreprises viseraient spontanément à réduire leur empreinte carbone et subventionneraient des projets de préservation de la nature. Les consommateurs, éclairés par des labels et chartes les informant sur les vertus des produits verts, feraient progressivement évoluer leurs comportements. Quant aux pays pauvres, grâce aux investissements étrangers et à la liberté des échanges commerciaux, ils bénéficieraient à leur tour des innovations issues de la recherche des multinationales occidentales. Les éco-modernistes les plus enthousiastes n'hésitent pas à vanter les vertus de l'agriculture industrielle et des méga-cités occidentales, qu'il serait urgent d'étendre au monde entier.

Le seul défaut de cette théorie est de n'avoir jamais été confirmée par les faits[25]. À l'échelle globale, l'intensité carbone du PIB a certes baissé de moitié entre 1970 et 2018, grâce aux progrès technologiques spectaculaires du dernier demi-siècle, mais cela n'a pas empêché les émissions de continuer à doubler au cours de la même période. Les effets du progrès technologique, si puissants soient-ils, demeurent marginaux face à la hausse continue de la population, des inégalités et de la richesse mondiales[26]. La tendance est nette dans l'Union européenne : la proportion de matières premières par unité de richesse a certes baissé de 40 % entre 2000 et 2018, mais cela est dû principalement à la délocalisation de la production industrielle vers les pays émergents. Si l'on tient compte de l'énergie et des matières premières contenues dans les produits que nous importons, on observe une hausse de l'intensité matérielle de la richesse produite en Europe au cours des vingt dernières années. Si bien que l'Agence européenne pour l'environnement a fini par publier en 2020 un rapport concluant à l'impossibilité du découplage technologique et appelant à une « croissance sans croissance économique[27] ».

L'éco-modernisme est impuissant parce qu'il nourrit la logique d'accumulation du capital. Comme l'a montré le Canadien Peter Dauvergne, « les gains d'efficacité et les économies issues des programmes de soutenabilité des entreprises conduisent directement à fabriquer d'autres biens non durables et jetables, à construire plus de grands magasins et à produire plus de millionnaires[28] ». C'est une nouvelle version du paradoxe que l'économiste britannique William Stanley Jevons avait observé dès 1865 en étudiant les progrès accomplis par les nouvelles machines à vapeur. L'amélioration des techniques qui brûlent du charbon ne conduit pas à en réduire la consommation, avait-il observé, mais provoque un « effet rebond » : les gains de rentabilité réalisés par les industriels grâce à l'efficacité accrue de la technique sont réinjectés dans la production en vue de réaliser de nouveaux profits, et conduisent à augmenter plus encore la consommation de charbon. Poser ces constats ne revient pas à rejeter le progrès technique, comme le prétendent les défenseurs de la modernisation écologique pour discréditer leurs adversaires, mais à rappeler que si la recherche et le développement technologique demeurent indispensables pour atteindre la neutralité carbone, ils ne peuvent nous dispenser d'une remise en cause plus large de nos modes de production et de consommation.

Cette prudence est d'autant plus nécessaire que le soutien aux solutions technologiques peut non seulement freiner la recherche d'autres solutions, mais aussi conduire à aggraver la crise climatique. La saga des agro-carburants en est la meilleure illustration. Conçus à l'origine pour exploiter les ressources énergétiques des déchets agricoles, ils ont été promus ensuite par les pouvoirs publics comme substituts aux combustibles fossiles, en vue de réduire les émissions globales. Dans les faits, les cultures destinées à la production d'agrocarburants ne contribuent que très peu au développement des énergies renouvelables, et moins encore à la réduction des émissions. En revanche, elles absorbent une immense quantité de terres et d'eau, concurrençant la production agricole nécessaire à l'alimentation humaine, et favorisant la déforestation, comme le montrent les cultures de soja en Argentine et au Brésil, ou la plantation de palmiers à huile en Indonésie et en Malaisie[29].

Des effets pervers du même type se manifestent dans les évolutions technologiques des industries de la semence. Les organismes génétiquement modifiés, symboles par excellence du fantasme de maîtrise totale de la nature par l'homme, se parent aujourd'hui de toutes les vertus climatiques : en reprogrammant les circuits métaboliques des végétaux, on vise à les rendre « *climate-ready* ». Les nouvelles semences OGM sont conçues pour pousser sur des sols pauvres, tout en réduisant le recours à l'eau et en captant davantage de dioxyde de carbone. Les géants des pesticides et des semences, qui contrôlent une part toujours plus large de la culture des végétaux, donc une part toujours plus large de l'élevage et finalement une part toujours plus large de l'alimentation humaine, parviennent ainsi à transformer le changement climatique, qui menaçait leur business, en une nouvelle source de profit. Les semences génétiquement modifiées qu'ils produisent, capables de s'adapter aux conditions d'un monde ayant dépassé le réchauffement global de 1,5 °C, et dont cinq entreprises de taille mondiale détiennent 80 % des brevets, pourraient devenir en quelques années des ressources stratégiques essentielles pour nourrir une partie de l'humanité et s'arracher à prix d'or. Outre qu'elles contribuent à réduire constamment la diversité des espèces cultivées, elles placent les agriculteurs du monde entier, et ceux des pays les plus exposés aux dérèglements climatiques en particulier, dans une situation de grande dépendance à l'égard de multinationales oligopolistiques[30].

Les rois du pétrole, le *big business* de la biochimie ou les savants fous qui imaginent les technologies qui nous permettront de ne rien changer à notre mode de vie, tout en garantissant aux multinationales responsables des émissions qu'elles pourront continuer à faire d'immenses profits, doivent être au cœur de la critique climatique. Leur lobbying a freiné ou empêché l'adoption de nouvelles législations, et la propagande climato-sceptique a permis à des dirigeants sans scrupules de ne pas prendre d'engagements internationaux ou de renoncer à ceux qu'avaient pris leurs prédécesseurs. Mais cela n'est que la partie émergée de l'iceberg. Plus redoutables encore sont les stratégies d'adaptation qui, tout en reconnaissant la nécessité de réduire les émissions, rejettent toutes les méthodes contraignantes et leur substituent des

« mécanismes de marché » qui restent sous leur contrôle et peuvent augmenter leurs profits.

Marchandiser la nature

C'est une tendance lourde dans l'histoire du capitalisme, presque une loi : lorsque les critiques auxquelles il est confronté atteignent un seuil qui menace sa légitimité, ses principaux acteurs adaptent son appareil justificatif et font évoluer les pratiques et les modes d'organisation en conséquence. Cette faculté d'intégrer constamment les discours critiques qu'il génère, et de produire ainsi régulièrement un « nouvel esprit », explique la capacité du capitalisme à surmonter ses crises à répétition[31].

L'évolution récente du régime climatique international est une parfaite illustration de ce mécanisme d'adaptation. Les premières critiques écologiques avaient d'abord conduit, dans les pays capitalistes les plus avancés, à l'adoption de mesures publiques restreignant le champ d'action des entreprises. Dans les années 1960 et 1970, des agences publiques de protection de l'environnement avaient été mises en place en Europe et aux États-Unis, et leur activité consistait à proposer des législations ou à adopter des réglementations contraignantes. À l'instar de la lutte contre le tabac, la première vague de lutte contre les dégradations environnementales se traduisait par une liste toujours plus large d'interdictions pures et simples : l'exploitation de certaines zones fut proscrite, tout comme l'usage de substances nocives pour la santé ou l'environnement. Cette méthode a même commencé à s'internationaliser : confrontés au risque de disparition de la couche d'ozone, des dizaines d'États ont signé depuis 1987 le Protocole de Montréal, prohibant le recours aux substances chimiques responsables de ce phénomène.

Cette voie interventionniste fut rapidement contestée par des économistes néolibéraux craignant de voir se généraliser les réglementations et les taxations qui réduiraient la liberté d'entreprendre. Ils proposèrent alors de substituer à ces politiques interventionnistes, accusées de mettre la croissance mondiale en péril, des « mécanismes de marché »[32]. Les premiers furent établis aux États-Unis dès les années 1970 : ils consistaient à octroyer à un opérateur économique un « permis de détruire » échangeable contre un soutien à un projet censé compenser la destruction. Un promoteur immobilier pouvait ainsi se voir accorder le droit de détruire un marais ou l'habitat naturel d'une espèce menacée, à condition d'en développer un autre ailleurs. Dans un premier temps, la compensation s'opérait selon un principe de substitution. Mais ces mécanismes se sont ensuite étendus et inscrits dans une véritable logique de marché : les entreprises ont reçu le droit d'acheter auprès de « banques de compensation » des crédits octroyés à un opérateur ayant développé un projet naturel supposé réparer les dégâts ou au moins compenser la destruction[33]. C'est aussi aux États-Unis que sont nés les premiers « permis de polluer », inspirés d'une semblable logique de marché. Dès les années 1970, dans la lutte contre les émissions de soufre responsables des pluies acides ravageant les forêts, le principe du *cap and trade* fut établi : les entreprises visées par ces restrictions obtinrent un droit d'émission plafonné et celui de vendre leur surplus, pour les plus vertueuses, ou d'acheter le surplus des autres, pour les moins vertueuses. Un subtil mélange de contrainte (le plafond d'émission) et de main invisible (le marché des certificats) était censé mettre fin aux dégradations environnementales de manière plus *cost-efficient* que les politiques interventionnistes privilégiées jusque-là.

Ici comme ailleurs, le précédent américain a profondément influencé les règles internationales. Dans la foulée du Protocole de Kyoto de 1997, au firmament du néolibéralisme, la logique de marché s'est imposée au cœur du régime climatique international. Pour lutter contre la déforestation et les émissions de gaz à effet de serre, des dispositifs directement inspirés des permis de polluer et des permis de détruire états-uniens furent mis en place. Le marché européen des quotas d'émissions, créé en 2005, reproduisit ainsi très exactement la formule du *cap and trade* des permis de polluer : onze mille grandes entreprises, considérées comme les principales émettrices, se virent imposer un plafond, mais reçurent en même temps des crédits carbone gratuits, et échangeables sur un marché, pour limiter le coût de ces restrictions. Les entreprises les plus vertueuses étaient supposées compenser les investissements qu'elles consentiraient pour réduire leurs émissions en vendant leurs surplus de crédits carbone. À la même époque, pour amorcer l'instauration d'un marché mondial, furent créés des mécanismes attribuant des crédits échangeables à des entreprises d'autres régions du monde diminuant leurs émissions de gaz à effet de serre ou contribuant à limiter la déforestation. La norme de compensation était ainsi censée se généraliser : les pays et entreprises n'atteignant pas leurs objectifs pouvaient acquérir des crédits délivrés par les agences des Nations unies à des acteurs économiques ou publics vertueux, comme une forme moderne d'indulgence.

Cette marchandisation rampante constitue le stade suprême de la logique de réduction de la nature à un simple facteur de production. La dénaturation de la nature, réduite au statut de capital, est légitimée par les publications d'économistes qui travaillent depuis la fin des années 1990 à formaliser sa « valeur économique ». Leur méthode consiste à déterminer « ce qu'il en coûterait de les répliquer dans une biosphère artificielle et produite grâce à la technologie[34] ». Dans cet esprit, les auteurs d'une première étude parue en 1997, l'année du Protocole de Kyoto, identifièrent quatre catégories de services rendus par la nature aux sociétés humaines : des services d'approvisionnement, couvrant la nourriture, l'eau, les fibres végétales et ressources génétiques ; des services de régulation, tels que la purification de l'eau et de l'air, le cycle du climat, le traitement des déchets et des maladies ; des services culturels, tels que le tourisme, la contemplation et les valeurs spirituelles ; enfin, des services support transversaux, tels que la photosynthèse et la formation des sols. Calculant ce qu'il en coûterait de remplacer ces « services écosystémiques » par des artefacts technologiques, ils estimèrent la valeur de ce « capital naturel » à environ 33 000 milliards de dollars, soit un peu moins du double du PIB mondial d'alors.

Cette approche est contemporaine du travail mené par les climatologues en vue d'établir des équivalences entre les différentes formes de dégradation de l'environnement et du climat[35]. Ces travaux sont plus que de simples élucubrations théoriques. Ils nourrissent un travail continu de marchandisation de la nature, consistant en trois opérations : d'abord réduire la nature à un capital, dont peuvent être tirés des services ; ensuite standardiser ceux-ci et avec eux les dégradations infligées à la nature pour qu'ils puissent être rendus interchangeables ; et enfin établir un marché pour que les services et les dégâts environnementaux puissent être librement échangés, selon une pure logique de prix, fixés librement par les parties. Comme l'observait Karl Polanyi, le capitalisme requiert la définition d'une série d'équivalences pour fonctionner : celles-ci concernent les biens (prix), les services (salaires), l'usage dans le temps de la monnaie (intérêts), l'usage de biens (loyers) ou d'une terre (rente)[36]. Réduire la nature à une série de services, d'une part, et les dégradations environnementales à des « équivalents CO_2 », d'autre part, permet de préparer le terrain à une marchandisation complète de la nature : une fois que les bienfaits de celle-ci et les dégâts causés par les humains sont standardisés, ils sont prêts à être échangés comme n'importe quel produit, sous prétexte de lutte contre les dérèglements climatiques. Parallèlement, la gestion des risques climatiques ouvre le champ au développement de nouveaux mécanismes assurantiels et d'une finance environnementale[37].

D'un point de vue éthique, on peut s'inquiéter de voir ainsi s'étendre le processus de réification et de marchandisation de la nature: si elle n'est plus perçue que comme une source de services au bénéfice des humains, elle perd toute valeur intrinsèque au profit d'une valeur purement instrumentale. La force de ces arguments utilitaristes est telle qu'ils pénètrent même l'imaginaire des plus fervents opposants à la globalisation capitaliste, comme lorsque, pour dénoncer les ravages des pesticides, la militante écologiste indienne Vandana Shiva évoque le coût financier que représenterait la disparition des abeilles[38].

Au-delà des questions éthiques qu'elle pose, la marchandisation de la nature mérite de faire l'objet d'une critique politique. Car même si nous ne disposons que de peu de recul, vu la relative nouveauté de ces mécanismes, leur bilan apparaît à ce stade très largement négatif[39]. La logique de marché appliquée à l'environnement et au climat a d'abord pour inconvénient majeur de reporter l'adoption de mesures pourtant indispensables à la réduction des pollutions et émissions des grandes entreprises. Dès lors qu'elles peuvent faire le choix de compenser leurs émissions plutôt que de les réduire, elles retardent le moment où elles entreront dans une véritable transformation de leur cycle de production. Les réductions sont ainsi concentrées dans les secteurs et les pays où elles sont réalisables à moindre coût, plutôt que là où elles auraient le plus grand effet.

Ces mécanismes ont par ailleurs généré d'immenses effets d'aubaine. Ils ont par exemple conduit, dans le secteur de l'énergie ou du transport aérien, à subventionner largement des mesures que les entreprises auraient prises de toute façon, soit parce que la technologie disponible le permettait sans coût, soit parce qu'elles y avaient intérêt économiquement. Plus largement, le marché européen des quotas d'émission s'est révélé totalement inefficace et inéquitable. Les entreprises ayant reçu au lancement du système beaucoup plus de crédits carbone que nécessaire les ont revendus sur un marché qui s'est vite trouvé saturé et où les prix d'échange se sont effondrés, rendant dans les faits le mécanisme inopérant, et conduisant à la mise en place d'un marché secondaire, purement spéculatif, où ont été générés des profits immenses au seul bénéfice des intermédiaires. Le bilan n'est pas meilleur en ce qui concerne les « mécanismes de développement propre », censés soutenir les projets durables dans les pays en développement. La plupart du temps, les crédits ont été octroyés à des entreprises pour des efforts qu'elles auraient de toute façon accomplis parce qu'elles y avaient économiquement intérêt. Dans certains cas, comme dans le vaste marché des liquides de refroidissement chinois visant la réduction de trifluorométhane, les enquêtes ont démontré que les entreprises concernées avaient même créé artificiellement l'activité polluante dans le seul but de la réduire ensuite et de bénéficier des compensations.

Enfin, et surtout, ces mécanismes de marché se sont révélés de redoutables leviers d'exploitation des pays les plus pauvres par les entreprises des pays riches, aggravant et amplifiant les phénomènes de pillage écologique et humain entamés dans le cadre colonial. Les agrocarburants ont accéléré la déforestation, détruisant le cadre de vie des peuples et de précieux puits de carbone. Il en est de même des forêts prétendument durables plantées par des entreprises cherchant à bénéficier de crédits de compensation : favorisant les essences à croissance rapide, ces projets bafouent les droits des peuples autochtones et fragilisent la biodiversité, au même titre que les projets d'agriculture industrielle ou d'extraction minière.

Après trente ans d'échecs des politiques climatiques inspirées des principes du libéralisme économique, il est plus que temps d'en reconnaître l'impuissance et d'aborder de front le cœur du problème : l'aggravation continue des inégalités liées à la dégradation de l'environnement et aux changements climatiques.

3
L'écologie des opprimés

Tout le monde sait que le monde est traversé de profondes fractures, structuré par des inégalités et des injustices fondamentales. Tout le monde ? Pas tout à fait : « Les économistes ignorent les inégalités environnementales, les écologistes les nient, écrit l'historienne Catherine Larrère. Elles sont pourtant un des principaux obstacles à la transition écologique[1]. » La mobilisation des Gilets jaunes contre la hausse des prix des carburants a amorcé une prise de conscience. La majorité des militants climatiques mesure, depuis lors, qu'une transition énergétique qui ne tiendrait pas compte de ses effets redistributifs pourrait dresser contre elle les « perdants de la transition », et ils appellent à ne pas opposer la fin du monde aux fins de mois. Dans le même temps, la jeunesse mobilisée pour le climat, pointant les liens entre dérèglements climatiques et inégalités mondiales, fait désormais de la justice climatique son horizon politique. Mais les combats pour la justice sociale et pour la transition climatique sont encore loin d'être alignés. Il faut identifier les inégalités environnementales, leurs causes et leurs effets. Démontrer que les inégalités sont le moteur de la croissance continue des gaz à effet de serre. Convaincre que les plus pauvres, qui constituent la majorité de notre abstraite

« humanité », ont tout intérêt à ce que la transition s'accélère et s'amplifie.

Parmi ces inégalités environnementales, la plus flagrante est celle qui relève des *responsabilités*. Le niveau d'émission des gaz à effet de serre est directement lié aux différences de richesse entre nations et entre groupes sociaux. Dit simplement, plus on est riche, plus on est responsable du changement climatique. On observe ensuite une *inégalité d'exposition* : les plus pauvres ayant rarement le choix de leur travail et de leur lieu de vie, ils sont davantage soumis aux nuisances environnementales et à leurs conséquences sur la santé. Dit tout aussi simplement : plus on est pauvre, plus on subit dans sa chair les dégradations environnementales. Vient ensuite une *inégalité d'accès* : les plus riches bénéficient beaucoup plus largement des jouissances associées à un environnement sain que les autres groupes sociaux. Ces trois fractures s'expliquent en grande partie par une *inégalité de participation* : les nations et les groupes sociaux les plus défavorisés sont aussi ceux qui ont le moins accès à la prise de décision et à l'influence diplomatique, médiatique et politique, et qui sont donc le moins en mesure de se défendre contre les dégradations environnementales dont ils sont victimes[2]. L'environnement est, en d'autres termes, l'objet d'une lutte d'appropriation, conférant des privilèges à certains et condamnant les autres à la pauvreté environnementale. Cette confrontation et les inégalités qu'elle engendre ne sont pas seulement une dimension des dérèglements climatiques, elles en sont le moteur.

L'oligarchie climatique

L'inégalité des responsabilités est sans doute la part la mieux connue du phénomène, même si son ampleur est souvent sous-estimée. La Déclaration de Rio de 1992 et le Protocole de Kyoto de 1997, en énonçant le principe d'une « responsabilité commune mais différenciée », accédaient à une vieille revendication des pays les plus pauvres, reconnaissant la responsabilité historique des nations les plus développées. Ceux qui ont beaucoup plus pollué que les autres doivent faire davantage d'efforts pour réduire leurs émissions et soutenir financièrement les efforts d'adaptation des autres. Ils n'ont en effet pu atteindre ce niveau de prospérité qu'en exploitant massivement les ressources naturelles, les leurs et celles des pays qu'ils ont colonisés ou avec lesquels ils ont commercé, et en brûlant des quantités colossales d'énergies fossiles. Ce faisant, ils ont émis plus des deux tiers des gaz à effet de serre aujourd'hui accumulés dans l'atmosphère, alors qu'ils ne représentent que 20 % de la population mondiale[3]. Selon les estimations du *Global Carbon Project*, entre 1870 et 2018, les États-Unis ont causé à eux seuls 25 % des émissions, l'Europe 22 %, loin devant la Chine (13 %), la Russie (7 %), le Japon (4 %) ou l'Inde (3 %)[4].

Ce phénomène n'est pas seulement un fait du passé, il se prolonge aujourd'hui. Les nations historiquement les plus responsables du réchauffement global sont aussi celles qui continuent, aujourd'hui, d'émettre le plus de gaz à effet de serre. Car même si elles ne sont plus depuis longtemps les plus grandes nations industrielles, elles demeurent les plus riches, et donc celles qui consomment le plus. Ainsi les États-Unis, qui comptent moins d'un vingtième de la population mondiale, continuent-ils d'émettre à eux seuls un cinquième des gaz à effet de serre, à égalité avec la Chine et devant l'Union européenne (14 %), la Russie (6 %), l'Inde (5 %) et le Japon (4 %). Les Européens se targuent d'avoir fortement réduit leurs émissions au cours des trente dernières années, mais ces progrès ne doivent pas être trop rapidement salués. Si les émissions de l'Union européenne ont baissé de 20 % depuis 1990, c'est en grande partie parce qu'elle a réduit sa base industrielle et délocalisé la production manufacturée vers les pays émergents. Si l'on tient compte des importations, les émissions de gaz à effet de serre des Européens n'apparaissent pas en baisse, elles ont au contraire continué de croître de 5 % entre 1990 et 2015[5]. En 2013, les émissions produites sur le continent européen représentaient 11 % des émissions globales mais, si l'on inclut dans le calcul les produits fabriqués dans d'autres régions du monde et consommés en Europe, sa part grimpe à 16 %. L'écart est le même pour les États-Unis, dont la part des émissions globales passe de 16 % à 21 % quand on intègre la consommation. La Chine, quant à elle, connaît le phénomène inverse : usine du monde, elle émet 25 % des émissions globales, mais sa propre consommation n'en couvre que 22 %[6], à peu près la même chose que les États-Unis, alors qu'elle est plus de quatre fois plus peuplée[7].

Ces comparaisons sont nécessaires, si l'on veut attribuer à chaque région du monde sa part de responsabilité dans la transition, mais elles peuvent aussi être trompeuses, donnant le sentiment que tout se résume à un problème de justice internationale et de « quotas » d'émissions à répartir entre nations. Or, dans les faits, les émissions sont moins liées à l'appartenance à une nation donnée qu'à un groupe social déterminé. En termes de production de gaz à effet de serre, un riche Américain ressemble plus à un riche Africain qu'à un pauvre Américain. Nos émissions sont le reflet de notre style de vie, elles sont donc étroitement liées à notre niveau de revenu[8]. Le raisonnement vaut aussi pour la destruction du vivant et la perte de biodiversité[9].

En décomposant les moyennes nationales, on mesure combien les émissions massives sont le fait d'une « oligarchie climatique » qui n'a pas de frontières. Les 10 % les plus riches de la population mondiale sont responsables à eux seuls de près de la moitié des émissions, alors que la moitié la plus pauvre de l'humanité ne produit que 12 % des émissions globales[10]. Et cette tendance oligarchique ne fait que s'accentuer avec le temps : entre 1990 et 2015, plus du tiers de l'augmentation des émissions est imputable aux 5 % de la population mondiale les plus riches[11], ceux-ci étant situés aussi bien dans les pays pauvres et émergents que dans les pays riches.

Quand on concentre l'analyse sur la frange la plus privilégiée de la population mondiale, le 1 % qui constitue la classe des hyper-riches, les écarts se creusent de manière abyssale. Cette toute petite minorité émet en effet à elle seule plus de carbone que la moitié la plus pauvre du monde. D'un point de vue individuel, au cours de leur existence, ces hyper-riches auront émis 3 000 fois plus de carbone que les

10 % les plus pauvres de la planète[12]. Or c'est aussi ce pourcent de la population mondiale qui a vu ses revenus et son patrimoine exploser au cours des trente dernières années[13].

Cette structure très inégalitaire se marque à l'intérieur de chacune des nations, et les pays où les inégalités sociales sont relativement limitées ne font pas exception à la règle. Au Canada, par exemple, les 10 % les plus riches émettent neuf fois plus que les 10 % les plus pauvres. Là aussi, plus on monte dans les échelles de prospérité, plus les écarts se creusent : en France, le 1 % le plus riche émet en moyenne quarante fois plus que les 10 % les plus pauvres et douze fois plus que la moitié la moins riche de la population[14].

Ces écarts de responsabilité s'expliquent facilement : tout, dans notre style de vie (le logement, les équipements domestiques, l'alimentation, les déplacements, les vacances et les loisirs, les biens de consommation, etc.), incorpore une part d'énergie, issue du processus de production ou de l'utilisation même de ces biens. Plus les revenus augmentent, plus la consommation énergétique croît[15]. Comme l'écrivait André Gorz, « le niveau de consommation d'énergie est devenu, consciemment ou non, une question de *standing*[16] ». Ce n'est pas que les pauvres soient plus vertueux que les riches : leur revenu disponible ne leur permet tout simplement pas d'accéder aux biens et services énergivores avec autant d'intensité que les plus riches. Ils sont, en quelque sorte, écolos par défaut.

Les damnés de la Terre

À cette inégale répartition des responsabilités entre les pays et les groupes sociaux s'ajoute leur très inégale exposition aux conséquences des nuisances environnementales et des désastres naturels. C'est évident, à nouveau, à l'échelle mondiale. Quand on parle d'un réchauffement global de 1,5 °C ou 2 °C, on oublie trop souvent de rappeler que ce changement général affecte de manière très contrastée les différentes régions du monde. Le ton clinique qu'utilisent les scientifiques du GIEC pour décrire ce phénomène ne rend le constat que plus glaçant: « Les populations présentant un risque disproportionnellement élevé de subir les conséquences négatives d'un réchauffement global de 1,5 °C et plus incluent les populations désavantagées et vulnérables, certains peuples indigènes, et les communautés locales qui dépendent des ressources côtières et liées à l'agriculture[17]. » Les régions du monde les plus directement exposées comportent les écosystèmes arctiques, les régions sèches, les petites îles en développement et les pays les moins développés. Dans ces contrées, où vivent les peuples les plus vulnérables du monde, des centaines de millions d'hommes et de femmes risquent de voir leur pauvreté s'aggraver en conséquence du changement climatique.

Certains écologistes, comme l'ancien ministre français Yves Cochet, considèrent que « les populations les moins "développées", les plus habituées à une certaine rusticité dans leur vie courante, seront moins touchées par la chute de la civilisation thermo-industrielle, parce qu'elles dépendent moins, pour leur survie, de la mondialisation contemporaine et de toute sa quincaillerie technologique[18] ». Cette affirmation, d'une condescendance qui rappelle les pires discours colonialistes sur la vie simple des « bons sauvages », est fondamentalement erronée. C'est dans les pays pauvres que les impacts les plus dramatiques du dérèglement climatique se feront sentir, parce qu'ils n'affecteront pas seulement le confort des habitants, mais les conditions mêmes de leur subsistance. L'impact des sécheresses et des inondations sur les productions de maïs, de riz et de blé – les trois céréales qui restent la base de l'alimentation humaine – se fera principalement sentir en Afrique subsaharienne, en Asie du Sud-Est et en Amérique centrale et du Sud, soit dans les régions qui sont déjà les plus exposées à la faim et à la malnutrition. C'est là aussi que la hausse de la température globale causera les plus fortes augmentations de la pauvreté, la hausse la plus brutale de la mortalité liée à la chaleur et à l'ozone, la multiplication des épidémies de malaria et de dengue, les pénuries d'eau et d'énergies, et les conséquences humaines en cascade de ces fléaux et privations.

C'est aussi dans les régions les plus pauvres que les conséquences des désastres naturels seront les plus cruelles : 90 % des victimes et 97 % des morts liées aux désastres naturels se situent d'ores et déjà aujourd'hui dans les pays en développement[19].

Dans les pays riches, les premières victimes des inondations sont aussi les groupes sociaux les plus vulnérables, qui habitent plus souvent dans les fonds de vallée anciennement industriels où se concentrent les quartiers populaires. D'une manière générale, les catastrophes naturelles, qu'il s'agisse d'inondations, de sécheresses, d'ouragans ou de tempêtes, font douze fois plus de victimes dans les populations les plus pauvres, à la fois parce qu'elles y sont plus exposées et parce qu'elles ont moins de moyens de s'en protéger lorsqu'elles les subissent[20]. Les femmes sont aussi plus souvent victimes que les hommes, comme on a pu le voir lors des cyclones, tsunamis et ouragans, du Bangladesh à La Nouvelle-Orléans, en passant par l'Indonésie. Cela s'explique principalement par le fait que les femmes sont plus souvent affectées par la pauvreté que les hommes et que, étant responsables de la maison et de la famille, elles se consacrent en cas de catastrophe naturelle à l'évacuation des enfants et des personnes âgées aux dépens de leur propre sécurité. Le fait qu'elles aient en général été moins scolarisées explique aussi une mortalité accrue[21].

C'est à travers les effets de l'environnement sur la santé que ces inégalités d'exposition se font le plus durement sentir. Cela se marque à nouveau à l'échelle globale : les pays les plus riches ont continuellement externalisé vers les pays pauvres et les économies émergentes les industries les plus polluantes et les unités de stockage et de traitement des déchets les plus toxiques[22]. Les pauvres parmi les pauvres subissent ainsi dans leur chair les conséquences du train de vie que mènent les plus riches à l'autre bout du monde. Certains économistes libéraux n'hésitent pas à défendre, d'un point de vue strictement économique, cette inégalité comme parfaitement rationnelle : dans une note interne restée célèbre, le *chief economist* de la Banque mondiale Lawrence Summers écrivait en 1991 que, puisque le coût de la pollution se mesure par les pertes de revenus dues à la hausse de la morbidité et de la mortalité, « une partie de cette pollution altérant la santé devrait être produite dans les pays où ces coûts sont les plus faibles, c'est-à-dire ceux où les salaires sont les plus faibles. Je pense que la logique économique qui sous-tend le transfert d'une quantité de déchets toxiques vers les pays où les salaires sont les plus bas est impeccable[23] ».

Outre qu'elles altèrent leur bien-être au quotidien, ces pollutions nuisent gravement à la santé des populations qui y sont continuellement exposées. Selon l'Organisation mondiale de la santé, près de 130 maladies sont directement liées aux dégradations environnementales et aux dérèglements climatiques. La Commission *Lancet* sur la pollution et la santé, réunissant des dizaines de chercheurs de différentes disciplines, a analysé en 2018 l'essentiel de la littérature scientifique consacrée à cette question et en a conclu que la pollution tue neuf millions de personnes par an, quinze fois plus que les guerres et les autres formes de violence humaine. Ici aussi les inégalités sont nettes : si, dans les pays riches, un décès sur huit peut être attribué aux facteurs environnementaux, cette proportion est deux fois plus élevée dans les régions les plus pauvres du monde[24]. Cela s'explique en partie par le fait que les pollutions de l'eau et de l'air liées au mode de vie traditionnel et à la pauvreté y restent importantes : près de trois milliards de personnes continuent de se chauffer et de cuisiner au feu de bois ou de charbon de bois, et sont exposées aux microparticules. Les femmes, qui accomplissent l'essentiel des tâches domestiques, en sont les premières victimes.

Mais les pollutions liées au mode de vie des pays riches constituent une source de plus en plus importante de ces maladies environnementales. La combustion des énergies fossiles, la production d'électricité, l'activité des industries manufacturées et chimiques, l'exploitation minière et la déforestation sont les causes de pollution les plus massives. Ici aussi, les premières victimes sont les populations des pays pauvres et des pays dits « à revenus moyens », qui représentent 92 % des pathologies[25].

Si les inégalités en termes de santé environnementale touchent surtout les pays les plus pauvres, elles n'épargnent pas les groupes sociaux défavorisés vivant dans les pays riches. Rien que dans l'Union européenne, la surmortalité liée à la pollution de l'air ambiant cause près de 800 000 morts chaque année[26], et touche majoritairement les populations les plus vulnérables. Cela s'explique d'abord par des facteurs de stratification sociale et territoriale. Géographiquement, ces phénomènes se concentrent dans un archipel de lieux pollués, où se retrouvent la majorité des villes délabrées et exposées aux pollutions chimiques, les usines en activité ou abandonnées, les mines, fonderies et centres de traitement des déchets[27]. Or ces villes et quartiers sont majoritairement habités par les groupes sociaux précarisés et les minorités ethniques. Dans les quartiers moins directement pollués, mais situés à proximité des grands axes routiers, principalement habités eux aussi par les groupes sociaux les moins favorisés, on observe une hausse de 15 % à 30 % des maladies liées à l'exposition au bruit et à la pollution atmosphérique, comme l'asthme chez les enfants et les pathologies respiratoires chroniques chez les adultes de plus de soixante-cinq ans.

Les hiérarchies inhérentes au monde du travail constituent une deuxième cause de ces inégalités environnementales. Les maladies professionnelles, dépassant en nombre de décès les accidents de travail, sont liées à l'exposition aux substances chimiques et aux perturbateurs endocriniens, que l'on retrouve dans l'agriculture, l'industrie, le nettoyage, la plasturgie, soit des secteurs à faibles qualifications et à faibles salaires[28]. La croissance exponentielle de la diffusion de produits chimiques explique quant à elle l'explosion des cancers liés à l'exposition des travailleurs aux peintures, encres, produits d'entretien, adhésifs, cosmétiques, etc.

En somme, l'inégalité d'exposition aux nuisances environnementales reflète la structure profonde des inégalités sociales, telle qu'elle s'exprime dans la stratification des professions et des lieux de vie. Les « zones de relégation sociale » sont aussi des « zones de relégation environnementale » : les plus pauvres, qui sont aussi souvent issus de groupes ethniques discriminés, sont contraints d'accepter des emplois et des logements où ils sont plus exposés que les autres à la pollution directe et indirecte, subissant des pathologies d'origine environnementale qui se manifestent dès la gestation et la naissance, durent tout au long de l'existence et se transmettent souvent de génération en génération.

Comme un malheur ne vient jamais seul, les publics les plus fragilisés sont aussi ceux qui ont le moins accès aux bénéfices d'un environnement sain. Dans les pays les plus pauvres, la jouissance de biens environnementaux couvre des éléments de subsistance aussi essentiels que l'accès à la terre, à l'eau, au bois de chauffage… Dans nos pays riches, ces biens naturels ne remplissent plus de fonctions vitales, ayant été remplacés par des énergies fossiles et des productions industrielles, mais ils contribuent néanmoins au bien-être personnel et à la santé. Un logement bien isolé et bien ventilé n'offre pas seulement un confort élémentaire, il réduit aussi les risques de pathologies liées à la pollution de l'air intérieur, qui causent quatre millions de morts par an dans le monde, autant que celles liées à la pollution extérieure. Une alimentation de qualité diminue les risques d'obésité et de maladies cardio-vasculaires, qui causent onze millions de morts par an dans le monde[29]. Un accès régulier à un espace naturel de qualité contribue au bien-être, à l'interaction sociale et à l'état de santé général, en particulier la santé mentale[30].

Or, ici aussi, les inégalités sont brutales. Leurs faibles revenus condamnent les groupes sociaux les plus pauvres aux logements mal isolés et mal aérés, situés dans des zones délabrées, souvent exposées aux nuisances sonores et à la pollution de l'air. C'est en général dans ces mêmes quartiers que les espaces verts de qualité sont les plus rares. Les mêmes obstacles financiers les empêchent d'avoir accès à une alimentation biologique et à des produits d'entretien ou des cosmétiques contenant moins de substances nocives. Les quartiers défavorisés sont aussi ceux où se concentrent les magasins à bas coût n'offrant que des produits plus nocifs pour l'environnement et la santé, et une alimentation de faible qualité nutritionnelle. Relégués dans les périphéries des villes ou dans les quartiers péri-urbains par la hausse des loyers, ces ménages sont souvent contraints de se déplacer en voiture, sans avoir les moyens financiers d'acheter un véhicule peu polluant. Rien d'étonnant si la taxe carbone mise en place en France par le président Macron, qui touchait proportionnellement cinq fois plus les familles modestes que les ménages aisés, a suscité une vaste mobilisation sociale.

Les dispositifs publics visant à lutter contre cette forme de pauvreté se sont jusqu'ici révélés peu efficaces. Les mécanismes de prêts et de primes soutenant la rénovation des logements sont rarement accessibles aux locataires ; les « primes à la casse » incitant à changer de véhicule sont généralement insuffisantes pour les faibles revenus qui ne disposent pas d'épargne ou de capacité d'emprunt ; les processus de rénovation urbaine et de renforcement de la présence de la nature en ville contribuent souvent à accentuer la pression foncière et à aggraver les inégalités territoriales... Même la « simplicité volontaire », cette frugalité qui se distingue de la pauvreté par le fait qu'elle est le résultat d'un choix personnel, n'est pas facilement accessible aux groupes sociaux défavorisés : s'inscrire dans un jardin partagé, prendre part aux projets de villes en transition, se fournir sur les marchés locaux, s'impliquer dans les projets de monnaie locale, d'échange de savoirs, d'écoconstruction et de *co-living* suppose du temps et des ressources sociales et culturelles qui font souvent défaut aux plus pauvres[31].

Quant aux procédures visant à améliorer l'accès des citoyens aux décisions environnementales, elles tendent dans les faits à favoriser les groupes sociaux supérieurs qui disposent de plus de ressources culturelles, de confiance en soi, de réseaux interpersonnels, permettant de mobiliser plus facilement les avocats, les médias ou les élus locaux... Elles confirment et accentuent ainsi les mécanismes de marginalisation politique des catégories sociales les plus vulnérables : moins armées pour se défendre, elles continuent de subir l'installation dans leurs quartiers des infrastructures et installations industrielles les plus polluantes[32].

La spirale des inégalités environnementales

Ces inégalités, qui se cumulent et dont les effets se multiplient, devraient en elles-mêmes heurter notre sens moral. Que des hommes et des femmes portent toute leur vie des traces de maladies infantiles parce qu'ils ont grandi aux abords de décharges où pourrissent les déchets produits par les familles les plus riches ; que les habitants des quartiers pauvres subissent chaque jour la pollution de l'air et les nuisances sonores causées par les voitures venues des périphéries prospères ; que les agriculteurs qui produisent notre nourriture et les ouvriers qui fabriquent nos biens de consommation souffrent de cancers parce qu'ils sont exposés dans leur travail à des substances toxiques, cela devrait troubler notre sensibilité et nous conduire à réagir. Au-delà de l'indignation éthique, c'est l'effet systémique des inégalités environnementales qui devrait provoquer notre réaction. Car tout indique que les inégalités de revenus et de patrimoine constituent le moteur de la hausse continue des émissions de gaz à effet de serre.

Au début de la révolution industrielle, les dégâts causés à l'homme et à la nature pouvaient encore être perçus comme un mal nécessaire mais transitoire, une étape dans l'histoire humaine, qui prendrait fin lorsque serait atteinte l'abondance tant fantasmée. Tel était le rêve de John Stuart Mill quand il évoquait l'« état stationnaire » que le monde pourrait atteindre après quelques décennies de croissance. Un demi-siècle plus tard, un autre économiste, libéral et britannique lui aussi, John Maynard Keynes, partageait encore ce noble idéal. Dans une conférence de 1930 consacrée aux « perspectives économiques pour nos petits-enfants », il se disait convaincu que le « problème économique » pourrait être résolu en un siècle, ce qui démontrait qu'il n'était pas le « problème permanent de l'espèce humaine ». Vers 2030, donc, l'humanité aurait atteint un niveau d'abondance suffisant pour reléguer au second plan l'obsession de la croissance et les questions d'ordre économique[33]. N'en déplaise à Mill et Keynes, cet état stationnaire n'a jamais été atteint, bien que l'élévation du niveau moyen d'abondance ait largement dépassé toutes les perspectives concevables à la fin du XIXe siècle et au début du XXe. Et puisque le désir de richesse reste toujours aussi puissant, il entraîne avec lui une interminable prolongation de la phase d'exploitation de l'homme et de la nature que les idéalistes libéraux voulaient croire temporaire.

C'est que Mill et Keynes n'avaient pas suffisamment mesuré le lien logique qui unit la croissance et les inégalités.

Un économiste moins orthodoxe, l'Américain d'origine norvégienne Thorstein Veblen, avait pourtant affirmé dès 1899 que « le grand aiguillon, dès le principe, ce fut la distinction qui provoque l'envie[34] ». Les sociétés industrielles ne pourront jamais se satisfaire d'un état de prospérité donné, écrivait-il, parce qu'elles ne cherchent pas seulement le bien-être matériel, mais sont mues par des dynamiques de reconnaissance et de distinction qui sont immatérielles et donc par essence inassouvissables. Si « l'aiguillon de l'accumulation était le besoin de moyens de subsistance ou de confort physique, alors on pourrait concevoir que les progrès de l'industrie satisfassent peu ou prou les besoins économiques collectifs ; mais du fait que la lutte est en réalité une course à l'estime, à la comparaison provocante, il n'est pas d'aboutissement possible[35] ». L'avertissement de Veblen est particulièrement important dans la perspective de la crise climatique, parce que cette course à l'estime se traduit par un désir croissant de consommation matérielle. À l'aube de la révolution industrielle, la classe supérieure marquait sa supériorité à travers ses loisirs, mais, au fil de l'accroissement de la prospérité, « la consommation va témoigner de la richesse avec plus d'efficacité relative[36] ». Le phénomène est d'autant plus puissant que cette classe supérieure a selon Veblen un rôle prescripteur : « Toute classe est mue par l'envie et rivalise avec la classe qui lui est immédiatement supérieure dans l'échelle sociale. » Les groupes sociaux subalternes se comparent à la classe moyenne, qui se compare elle-même à la classe moyenne supérieure, laquelle imite le style de vie des riches. Il en résulte une dynamique générale en vertu de laquelle les normes de consommation sont définies par les « habitudes de comportement et de pensée en honneur dans la classe la plus haut placée tant par le rang que par l'argent[37] ».

Trente ans plus tard, Keynes avait repris l'argument. Parmi les besoins humains, écrivait-il, il faut distinguer « ceux qui ont un caractère absolu » de « ceux qui ont un caractère relatif, car nous ne les ressentons que si leur satisfaction nous hisse au-dessus de nos semblables »[38]. Or, tandis que les premiers peuvent en théorie être satisfaits, les seconds sont par nature insatiables, « car plus le niveau général s'élève, plus ils continuent de croître ». Le phénomène n'a jamais été démenti depuis lors. En quarante ans d'enquêtes économiques, l'Américain Richard Easterlin n'a cessé de confirmer cet effet de comparaison et d'imitation[39]. Au passage, il a mis en évidence un second mécanisme, qu'on peut appeler l'effet d'habitude : lorsque notre pouvoir d'achat augmente, nous nous y habituons très rapidement et perdons conscience des progrès que nous avons connus. Le plaisir issu de la consommation est donc de très courte durée. Comme toute assuétude, il appelle rapidement un nouveau palier.

La digitalisation croissante de l'économie et de la vie sociale ne fait qu'amplifier ces tendances. À la fin du XIXe siècle, Veblen notait que chaque groupe social se comparait à la catégorie sociale qui lui était immédiatement supérieure. La transparence offerte par les réseaux sociaux et l'étalage permanent du luxe dans lequel vivent les élites mondialisées tendent à effacer ces frontières. Les plus pauvres n'essaient plus de ressembler aux classes moyennes, ils aspirent à atteindre le niveau de vie somptuaire de l'oligarchie mondiale[40]. À cette contraction spatiale s'ajoute une contraction temporelle. Autrefois, les rythmes économiques imposaient une certaine distance entre le moment du désir de consommation et celui de sa satisfaction : les chaînes d'approvisionnement discontinues, la lenteur des transports et la fermeture hebdomadaire des commerces introduisaient des pauses dans le cycle de la consommation. La digitalisation de la vie économique et commerciale tend à abolir ces temps morts et à accélérer les rythmes sociaux[41]. Dans la société du 24/7, tout est disponible à tout moment[42]. Le shopping en ligne est accessible jour et nuit, et permet de commander à toute heure, tous les jours de l'année. Grâce aux flux logistiques tendus du *just in time*, on peut recevoir en quelques jours un bien acheté à l'autre bout du monde, et nous nous habituons tant à ces nouveaux rythmes de consommation qu'ils rendent toute attente insupportable et amplifient l'impatience et l'impulsivité du consommateur[43].

Depuis la fin du XIXe siècle, trois mécanismes contribuent à diffuser la consommation de masse : la publicité qui crée le désir, le crédit qui permet de différer le paiement et l'obsolescence programmée qui pousse à remplacer régulièrement les biens de consommation[44]. La digitalisation de l'économie et de la vie sociale tend à accentuer l'effet de chacun de ces trois mécanismes. L'obsolescence programmée n'est plus aujourd'hui un phénomène purement technique, mais aussi symbolique. Les marchands de smartphones et de consoles de jeux, objets iconiques par excellence de notre société de consommation avancée, veillent à présenter régulièrement une nouvelle version de leur produit phare, promu à grand renfort de publicité, pour convaincre les utilisateurs de renouveler régulièrement leur équipement, même quand il est encore parfaitement fonctionnel. La publicité en ligne, reposant sur des algorithmes de plus en plus sophistiqués, accentue le phénomène. Les écrans que nous côtoyons tout au long de la journée sont truffés de messages publicitaires de plus en plus invasifs et persuasifs, recourant aux dernières recherches des neurosciences pour mieux déjouer notre sens critique. Tandis que les logiciels de collecte et d'analyse de données, examinant en permanence nos goûts et nos envies, en sollicitent d'autres pour nous inciter à consommer toujours davantage. Et les moyens financiers déployés à cette fin sont énormes : aux États-Unis, le budget annuel alloué par les entreprises à la publicité commerciale équivaut au double des dépenses publiques d'enseignement[45]. Les acteurs financiers ne sont pas en reste. Au cours des trente dernières années, ils ont inventé des produits de crédit et d'assurance toujours plus élaborés, aggravant continuellement le niveau d'endettement des ménages. Au fil de ces évolutions technologiques et sociales, l'intuition de Veblen n'a cessé de se confirmer. L'accumulation ne s'arrête pas quand la société a atteint un certain niveau de bien-être, parce que les groupes sociaux supérieurs cherchent sans cesse à se distinguer du reste de la population, qui n'aspire de son côté qu'à la rejoindre dans sa débauche de consommation.

La dynamique de comparaison et d'imitation, toujours plus rapide et intense, agit autant entre les nations qu'entre les groupes sociaux. Les pays pauvres s'efforcent de rattraper le « niveau de développement » des pays riches, lesquels tentent de conserver leur avance. Les groupes sociaux subalternes tendent à imiter les groupes sociaux privilégiés, lesquels mettent tout en œuvre pour maintenir l'écart. Les inégalités servent ainsi de moteur continu à la croissance.

Réduire ces inégalités, entre les nations et en leur sein, peut-il contribuer à diminuer les émissions de gaz à effet de serre ? En raison du désintérêt de la majeure partie des économistes pour ces questions, nous ne disposons aujourd'hui que de peu d'analyses sur ce sujet pourtant essentiel. Alors que les impacts des inégalités sur la santé ont été mesurés avec rigueur, ce qui a amplement démontré l'utilité de politiques égalitaires en matière de santé publique[46], l'exercice reste à faire en ce qui concerne l'environnement et le climat. Nous ne sommes pourtant pas totalement démunis.

Plusieurs études montrent d'abord que les plus grands pollueurs sont, comme on peut s'y attendre, les habitants les plus riches des pays riches, et plus précisément les 10 % des ménages les plus prospères des États-Unis, suivis de près par les riches vivant au Canada, au Royaume-Uni, en Russie et en Afrique du Sud. Cela s'explique en partie par des choix politiques qui ne sont pas directement liés à la structure des inégalités. Les émissions liées à la mobilité, par exemple, sont étroitement dépendantes de la densité de population et de la distance entre les grandes villes (qui favorise les déplacements en avion plutôt qu'en train), ou d'options liées à l'aménagement du territoire telles que la construction de quartiers résidentiels à l'écart des centres urbains et d'autoroutes les y reliant, qui encouragent les déplacements en voiture. Les choix énergétiques ont aussi un impact majeur : les pays ayant octroyé une large part au nucléaire dans leur mix énergétique produisent moins de gaz à effet de serre que ceux qui dépendent principalement du charbon, du pétrole ou du gaz. Mais la structure des inégalités joue aussi un rôle clé dans les hauts niveaux d'émission. Cela s'explique en partie par des comportements de consommation individuels, et en partie par des arbitrages collectifs. Si les émissions sont plus élevées dans les pays les plus inégalitaires, c'est tout simplement parce que les revenus supérieurs y sont plus élevés. Les études montrent que ce phénomène a un caractère exponentiel : les hauts revenus dépensent davantage pour des biens socialement visibles, qui sont en général les plus polluants[47]. Et l'écart se creuse d'autant plus que l'on monte dans les échelles sociales. Comme le remarque Lucas Chancel, « la compétition pour la distinction sociale se joue largement à travers l'accumulation de voitures de grosse cylindrée qui polluent plus, de grandes maisons qui consomment plus d'énergie et de terrain, de vacances coûteuses à travers le monde qui augmentent les émissions de carbone, et ainsi de suite, tout cela amplifiant l'impact humain sur l'environnement[48] ».

Ce mécanisme a un effet direct sur les émissions mais aussi un effet indirect, les autres catégories sociales tendant, selon les prédictions largement confirmées de Veblen, à calquer leur modèle de consommation sur le comportement des élites. Comme le relève le prix Nobel d'économie Joseph Stiglitz : « Ceux qui n'appartiennent pas au 1 % le plus élevé vivent de plus en plus au-dessus de leurs moyens[49] », ce que le développement de formes toujours plus élaborées de crédit n'a cessé de favoriser. À défaut d'un ruissellement des revenus du haut vers le bas, on observe un ruissellement des modes de consommation.

L'économiste américain Robert Frank a montré l'impact sur l'ensemble de la société américaine de cette « fièvre du luxe[50] ». Au lendemain de la Seconde Guerre mondiale, les familles les plus riches, parties habiter dans les *suburbs* des grandes villes, ont acquis des maisons de plus en plus grandes, équipées de biens électroménagers de plus en plus chers et énergivores, et des voitures de plus en plus lourdes et puissantes, et elles ont progressivement tiré l'ensemble de la société dans cette direction : entre 1950 et la fin des années 1990, la taille moyenne des habitations avait doublé aux États-Unis, alors que la taille des familles s'était réduite au cours de la même période. Le même mécanisme est à l'œuvre dans d'autres secteurs. Les plus riches ont continuellement augmenté leurs achats de bateaux et de vêtements de créateurs, acquis des résidences secondaires et multiplié leurs voyages en avion, recouru plus fréquemment à la chirurgie esthétique..., et ces consommations ostentatoires, initialement réservées à quelques privilégiés, se sont progressivement « démocratisées ». Même la cocaïne, drogue des élites par excellence, est devenue un bien de consommation courant dans les pays les plus prospères. Dans un pays individualiste et consumériste comme les États-Unis, qui cultivent un « évangile de la prospérité », ces dynamiques sociales se trouvent en outre renforcées par des facteurs culturels qui enracinent la consommation ostentatoire dans les mentalités collectives[51].

Les inégalités agissent aussi à l'autre extrême de la hiérarchie sociale. Les groupes sociaux marginalisés et isolés ont en effet tendance à chercher une compensation à cette pauvreté relationnelle et affective dans un surcroît de consommation, mécanisme que les publicitaires, nourris de travaux de neurosciences, ont parfaitement compris, et qu'ils activent en jouant sur l'insécurité et l'insatisfaction existentielles pour vendre leurs produits[52]. Les inégalités de revenus et de patrimoine tendent donc à intensifier la consommation autant par le haut que par le bas de la hiérarchie sociale.

Ces tendances sont confirmées par le fait que le niveau moyen de pollution et d'émissions de gaz à effet de serre est plus faible dans les pays où les inégalités sont moins élevées, comme en Allemagne, en France, au Japon ou en Corée du Sud[53]. Cela s'explique en partie par le fait que les riches y sont moins riches : si les 10 % les plus riches détiennent près des trois quarts de la richesse globale du pays aux États-Unis (74,7 %), ils n'en détiennent « que » 61,6 % en Allemagne, 57,8 % en Corée du Sud, 51,2 % en France et 49 % au Japon[54]. Le niveau d'émission étant directement lié au patrimoine, une meilleure répartition de la richesse nationale a un effet positif en termes climatiques.

Tout ne s'explique pas par les comportements de consommation des individus ou des groupes sociaux. Les choix collectifs ont aussi leur importance. Les pays les plus égalitaires sont aussi ceux qui investissent davantage dans les services publics. Lorsque l'on peut satisfaire ses besoins essentiels grâce à une offre collective, plutôt qu'à travers une consommation individuelle, on produit en général moins de gaz à effet de serre : un déplacement en métro ou en train, par exemple, est beaucoup plus sobre en carbone qu'un trajet en voiture. Ces choix collectifs produisent en outre, dans la durée, des effets de rétroaction positifs : dans les sociétés plus égalitaires, la mixité sociale et le sens de la communauté sont plus élevés, contribuant à leur tour à renforcer les préférences politiques pour les biens communs et les équipements collectifs. Les pays nordiques, qui sont parmi les plus égalitaires du monde, sont aussi parmi les plus vertueux sur le plan environnemental : les électeurs de ces pays expriment des préférences politiques qui contribuent à renforcer constamment la densité de l'habitat, la mobilité douce et collective, les espaces publics urbains, etc., là où les pays plus inégalitaires favorisent l'étalement urbain, la construction de routes et d'espaces récréatifs privés[55]...

Enfin, à côté des choix politiques, les rétroactions positives se manifestent aussi à travers les normes sociales : on se déplace plus facilement à vélo dans un pays où toutes les catégories sociales et toutes les générations roulent à vélo. À l'inverse, on se nourrit plus facilement de *junk food* dans un pays où l'obésité est largement répandue.

Les inégalités environnementales ne sont pas seulement un problème éthique, elles sont aussi un problème systémique, parce qu'elles nourrissent et amplifient les dynamiques sociales qui sont au fondement du dérèglement climatique. Les plus riches profitent pleinement du « modèle de développement » actuel. Ils peuvent continuer d'accroître leur patrimoine, jouir sans entraves de tous les biens et services, même lorsqu'ils nuisent gravement à l'environnement et à la santé des plus pauvres, et leur argent leur permet d'acheter maints privilèges[56]. Parce qu'ils peuvent choisir librement leurs occupations, leurs lieux de vie et leurs loisirs, ils échappent allègrement aux nuisances environnementales et aux conséquences du changement climatique – et lorsqu'ils y sont exposés, comme lors des incendies en Californie à l'été 2019, ils peuvent s'offrir les services de pompiers privés pour s'en protéger[57]. Les plus pauvres, quant à eux, n'ont pas ou peu accès aux bienfaits qu'offre l'environnement, ils subissent dans leur chair les effets de la pollution de l'air, de l'eau et des sols, et ils n'ont aucun moyen de se préparer à affronter les catastrophes naturelles, ni même de réagir lorsqu'elles se produisent. Si la crise climatique menace la survie de l'« humanité », certains humains sont, face à ce péril, moins égaux que d'autres.

Deuxième partie
Principes

« Ne nous flattons pas trop de nos victoires sur la nature. Elle se venge sur nous de chacune d'elles ».

Friedrich Engels, *La Dialectique de la nature*, [1883].

« Encore un effort, messieurs et dames les matérialistes, pour être enfin matérialistes ! ».

Bruno Latour, *Où atterrir?*, 2017.

4
La tentation unanimiste

Si la transition climatique est à la peine, c'est d'abord parce qu'elle requiert une transformation radicale des rapports sociaux et que s'y opposent des forces économiques et financières qui ont tout à gagner à ce que rien ne change. Mais pas seulement. La manière dont la question de notre rapport à l'environnement est posée depuis un demi-siècle explique aussi la difficulté d'amplifier et d'accélérer le mouvement. La politique est affaire de rapports de force, opposant les intérêts matériels de groupes sociaux antagoniques, mais elle est aussi affaire de représentations, mettant en scène des visions du monde et des concepts. Les blocages dénoncés par les activistes du climat tiennent autant à ces facteurs subjectifs qu'à des obstacles objectifs. Les écologistes engagés dans le champ politique ont souvent voulu, écrit Bruno Latour, « se placer entre la Droite et la Gauche ou chercher à “dépasser” le clivage Droite/Gauche, mais sans jamais préciser le lieu d'où l'on pouvait imaginer un tel “dépassement”[1] ». La transition ne peut pas être appréhendée dans les cadres mentaux traditionnels, mais elle paraît incapable, à ce stade, d'engendrer son propre univers conceptuel. L'écologie se retrouve ainsi dans une forme de *no man's land* politique.

Quand la « question naturelle » a commencé à se poser, une première fois à la fin du XIXe siècle et au début du XXe, une deuxième au cours des Trente Glorieuses, elle a puisé aux ressources morales et politiques de courants divers, ancrés dans l'imaginaire conservateur de la droite autant que dans les rêves d'émancipation de la gauche[2]. Et quand les réactions éparses ont commencé à se transformer en un mouvement politique organisé, dans le courant des années 1970, elles ont le plus souvent renvoyé les deux camps dos à dos. Les premiers à se réclamer de l'écologie dans le champ du politique ont prétendu remplacer la *summo divisio* bicentenaire entre la gauche et la droite par une nouvelle ligne de démarcation : il y aurait d'un côté les anciens, ceux qui partagent un modèle de prospérité extractiviste et productiviste, et qui se ressemblent beaucoup plus qu'ils ne le pensent, et d'un autre côté ceux qui ont compris que ce « modèle de développement » conduit l'humanité à l'impasse, voire à l'autodestruction. Gauche et droite, capitalisme et communisme, ne seraient que de fausses démarcations : tout en prétendant s'opposer, les deux camps soutiendraient en fait un même mode de vie, sacrifiant les ressources naturelles et les équilibres écologiques.

Ce positionnement initial aurait pu n'être qu'un moment transitoire, précédant un réalignement des forces politiques dans la continuité des luttes sociales historiques. C'est ce qui semblait s'esquisser en Europe et aux États-Unis dans les années 1970, dans le sillage des mouvements sociaux et de la « nouvelle gauche ». Les critiques de la consommation, les mobilisations féministes, les nouveaux combats pacifistes et antinucléaires, la redécouverte des identités régionales et les luttes antiracistes... auraient pu s'articuler au mouvement ouvrier, comme lui-même s'était ancré dans le combat pour les libertés et la république, et lui donner un souffle nouveau. Fédérant la diversité des critiques du capitalisme, un socialisme écologique ou une écologie sociale aurait pu devenir la nouvelle synthèse, à vocation majoritaire[3].

Mais rien de tel ne s'est produit. La rhétorique des militants climatiques, faisant écho au « ni gauche ni droite » des premiers temps, continue de dénoncer l'exploitation fatale de la nature par les « humains », comme si ceux-ci formaient un bloc homogène ; de fustiger les « dirigeants », qui seraient tous également coupables d'inaction, ou de s'en prendre aux multinationales, mais sans remettre en cause le système qui les rend si puissantes. Appelant à prendre la mesure du nouvel âge géologique que constitue l'Anthropocène, ou à redéfinir les relations entre nature et culture, ils ignorent largement le social et se détournent du politique[4]. L'horizon révolutionnaire s'est évanoui, emportant avec lui toute ambition de transformation radicale et toute stratégie de confrontation idéologique[5].

Une révolution silencieuse ?

Piquant paradoxe : ce renoncement à comprendre la société trouve ses origines dans la sociologie elle-même. Lorsque les préoccupations écologiques ont commencé à pénétrer le débat public dans les années 1960-1970, elles ont trouvé dans les sciences sociales de bonnes raisons de tenter d'échapper à la dichotomie gauche-droite. Les théories sociologiques alors en vogue aux États-Unis, et très influentes en Europe, étaient en effet dominées par les thèses de la « fin des idéologies », de l'inéluctable « convergence des modèles » capitaliste et socialiste vers une économie mixte et du prochain « dépassement de la société industrielle »[6]. Dans l'euphorie de la société d'abondance, les polarisations idéologiques et sociales héritées des premières décennies de la civilisation industrielle semblaient devenir caduques. Il paraissait presque naturel de renvoyer le capitalisme et le communisme dos à dos, en soulignant que les phénomènes de dégradation environnementale affectaient autant la Russie soviétique et ses pays satellites que les pays capitalistes[7]. Si les grandes idéologies rivales du xxe siècle puisaient aux mêmes sources positivistes et techniciennes, elles étaient également coupables de ne rechercher que la prospérité, au mépris des équilibres naturels, et devaient être rejetées avec la même force.

Cette volonté de non-alignement fut renforcée, quelques années plus tard, par l'hypothèse selon laquelle une révolution morale profonde mais silencieuse se serait produite à la même époque dans les pays occidentaux. Les valeurs qui dominent une société, affirmait le sociologue américain Ronald Inglehart, sont profondément marquées par la succession des générations[8]. Consciemment ou non, nos préférences se cristallisent au cours de notre jeunesse, qui correspond à l'âge de notre première socialisation, et se perpétuent tout au long de notre existence. La succession des générations peut donc marquer en profondeur le fond moral d'une société. L'entrée dans l'âge adulte d'une nouvelle génération née après guerre aurait, selon cette hypothèse, inscrit dans les préférences sociétales des valeurs postmatérialistes, destinées à marquer profondément et longuement les structures sociales et politiques des sociétés occidentales. Les deux premières générations du XXe siècle, parce qu'elles avaient été confrontées dans leur jeunesse à la guerre et aux privations, étaient animées de préoccupations matérielles primordiales – assurer leur sécurité physique et une aisance minimale –, et ces aspirations structuraient la société et la vie politique. En Europe comme aux États-Unis, la vie publique était dominée par la recherche de l'ordre et de la prospérité. La génération suivante, en revanche, née au lendemain de la Seconde Guerre mondiale, se trouvait selon cette interprétation dans une tout autre configuration. Ayant pu profiter pendant ses années de socialisation de tous les bénéfices de la paix et d'une société d'abondance, elle serait moins préoccupée de sécurité et de bien-être matériel, et plus attentive aux aspirations personnelles. Les enfants du *baby-boom*, apaisés et rassasiés, seraient moins obsédés par la sécurité et la croissance que leurs parents et grands-parents. Laissant à l'histoire le « *law and order* » et le « *bread and butter* », ils se tourneraient vers le « *flower power* »[9]. Arrivée à l'âge adulte au tournant des décennies 1960 et 1970, cette génération serait donc majoritairement postmatérialiste, en ce qu'elle chercherait surtout à conquérir davantage de liberté, de participation et d'autonomie, et serait plus sensible à la qualité de son cadre de vie.

Cette évolution sociologique était si profonde qu'elle ne pouvait pas ne pas affecter la vie politique : « Dans la mesure où la société en voie d'industrialisation cède le pas à une société industrielle avancée, il y a une tendance croissante à ce que la polarisation politique s'opère sur une nouvelle dimension qui traverse l'axe gauche-droite conventionnel. De plus en plus, le soutien au changement social provient d'une base postmatérialiste, principalement originaire des classes moyennes. Ce groupe a soulevé de nouvelles problématiques qui tendent à dominer l'agenda politique contemporain[10] », écrivait Ronald Inglehart alors que la première génération de partis verts commençait à s'affirmer.

Qu'elle ait été fondée ou pas, cette représentation sociologique a séduit les premiers mouvements écologistes. Notre culture valorisant le désir d'émancipation et la réalisation de soi, il est plutôt flatteur de se dire postmatérialiste. Et toute génération éprouvant le besoin de se distinguer de ses prédécesseurs, cette ligne de démarcation tombait à point nommé pour acter la rupture avec les générations de la première moitié du XXe siècle, implicitement perçues comme « bassement matérialistes », voire vaguement grégaires et autoritaires.

L'hypothèse postmatérialiste s'est lentement imposée comme une évidence sociologique. L'idée selon laquelle le souci de l'environnement naturel se nourrissait du fait que « la richesse s'était accumulée [...] à un point tel que la plupart des citoyens pouvaient se permettre de s'intéresser à autre chose que l'argent » devint une banalité. « En quelque sorte, résume l'historien de l'environnement John

McNeill, la croissance économique dans les pays industrialisés durant la période allant de 1945 à 1973 provoqua son antithèse sous la forme de mouvements de défense de l'environnement[11]. » Les mobilisations contre les grands projets de rénovation urbaine, contre la déforestation et la pollution de l'air, de la terre et de l'eau par l'agriculture industrielle ; la multiplication des mouvements de protection des espaces sauvages et des animaux menacés, les mobilisations antinucléaires et les campagnes de boycott contre la malbouffe... toutes ces manifestations du souci de la nature seraient, au même titre que les combats féministes et antiracistes, et les aspirations à la liberté et à la participation, une sorte de réflexe anthropologique des enfants de l'abondance.

Cette hypothèse postmatérialiste, renvoyant dos à dos le capitalisme et le communisme, accusés tous les deux de sacrifier la nature sur l'autel du bien-être matériel, a débordé ensuite des sciences sociales vers la philosophie, gagnant au passage en prestige et en influence. Le livre du philosophe Hans Jonas, *Le Principe responsabilité*, publié en 1979 et qui devint rapidement un best-seller en Allemagne avant d'être traduit dans le monde entier, constitue la version la plus élaborée et la plus influente de cette critique philosophique. Peu connu du grand public jusque-là, Hans Jonas gagna avec le succès du *Principe responsabilité* un statut d'intellectuel public et d'autorité morale qui lui valut d'être considéré comme le père de l'éthique écologique et l'inspirateur du concept de développement durable.

La faute de Bacon

La thèse de Jonas se condense en un impératif kantien : « Agis de façon que les effets de ton action soient compatibles avec la permanence d'une vie authentiquement humaine sur terre[12]. » Si ce principe n'avait pas été formulé avant la seconde moitié du XXe siècle, explique Jonas, c'est parce que notre action n'apparaissait pas, jusqu'alors, en mesure de mettre la survie de l'humanité en péril. Les individus se livraient entre eux aux pires exactions, mais celles-ci n'étaient jamais assez puissantes pour mettre en cause l'existence même du genre humain. Après Auschwitz et Hiroshima, cette innocence n'est plus possible.

Il faut, pour comprendre notre situation, revenir aux racines intellectuelles de la modernité. Depuis les débuts de la révolution scientifique et technologique du XVIIe siècle, symbolisée par les œuvres de Francis Bacon et René Descartes, le danger n'a cessé de s'affirmer, pour atteindre aujourd'hui un périlleux sommet. Encouragés par les deux philosophes à « dominer la nature », les humains ont pris confiance dans leur capacité de comprendre et de maîtriser celle-ci, en vue d'atteindre l'abondance et le bien-être. Longtemps *sujets* de la nature, et victimes de ses indomptables caprices, les hommes en sont devenus, comme le dit Descartes, « maîtres et possesseurs », et ils semblent désormais enivrés par la découverte de leur propre puissance. Faisant écho à une critique largement répandue depuis l'entre-deux-guerres, Jonas affirme que « la promesse de la technique moderne s'est inversée en menace », et que la

« soumission de la nature au bonheur humain a entraîné par la démesure de son succès, qui s'étend maintenant également à la nature de l'homme lui-même, le plus grand défi pour l'être humain que son faire ait jamais entraîné ». La « situation apocalyptique » dans laquelle nous vivons, poursuit-il, « a son origine dans les dimensions excessives de la civilisation scientifique-technique-industrielle », ce qu'il appelle le « programme baconien » et qu'il résume en cette formule : « Orienter le savoir vers la domination de la nature et utiliser la domination sur la nature pour l'amélioration du sort humain[13]. »

Partant de cette critique assez banale de la civilisation scientiste et techniciste, Hans Jonas en tire des conclusions éthiques originales. Puisque « à l'âge de la civilisation technique devenue “toute-puissante” [...] l'homme est devenu dangereux non seulement pour lui-même mais pour la biosphère entière », écrit-il, le temps est venu de substituer à l'« éthique du progrès et du perfectionnement », qui domine la pensée occidentale depuis le XVIIe siècle, une « éthique de la conservation, de la préservation, de l'empêchement »[14]. Allant à contre-courant d'une société de consommation en pleine expansion, il conclut que « la restriction beaucoup plus que la croissance devra devenir le mot d'ordre[15] ». Il s'agit d'inventer un « nouvel ascétisme ». Ce que le christianisme avait pu imposer au nom de l'Au-delà, l'éthique de la responsabilité doit l'imposer à nouveau, mais « au nom de l'ici-bas[16] ».

Le recours à la transcendance n'étant plus possible dans notre monde postmétaphysique, la question devient politique. Il s'agit de trouver la voie qui conduise les sociétés humaines à s'imposer cette nouvelle ascèse indispensable à la survie de l'humanité. Parvenu à ce point de son raisonnement, Jonas se demande si, parmi les systèmes idéologiques alors dominants, existent des ressources suffisantes pour diffuser son éthique exigeante, et il entreprend de mesurer les chances respectives du communisme et du capitalisme. Il commence par « peser les chances de cette économie dirigiste socialiste » qui domine le camp soviétique et dont il dit penser « qu'elle était peut-être mieux à même de maîtriser les problèmes, du fait qu'elle avait la force de contrôler le niveau de satisfaction des besoins de ses populations et de les opprimer durement[17] ». À première vue, le « socialisme réel » présente des avantages stratégiques sur son rival capitaliste. Sur le plan des principes d'abord, l'esprit de frugalité et les traits ascétiques « domiciliés dans la discipline socialiste » pourraient s'avérer « de la plus haute utilité dans l'époque d'exigences et de renoncements âpres qui nous attend ». Cette éthique de la sobriété, renforcée par les aspirations égalitaires revendiquées par les régimes communistes, prépare psychologiquement les masses à accepter les renoncements matériels que Jonas juge indispensables. Le mode de production collectiviste devrait lui aussi contribuer à réduire la surexploitation : la planification centralisée permet en théorie d'éviter les gaspillages inhérents à la concurrence. Axée sur la satisfaction des besoins réels, l'économie planifiée doit être capable de résister aux désirs artificiels de la société de consommation libérale. Le philosophe peut donc, à ce stade, tirer un premier bilan de la comparaison : « Avantage au marxisme[18]. »

Mais ce n'est qu'une étape dans son raisonnement. Après avoir énoncé les avantages *théoriques* du communisme, il constate qu'aucun d'eux ne résiste à l'épreuve de la réalité. La production planifiée en fonction des besoins sociaux est théoriquement plus économe en ressources naturelles que le capitalisme, mais en pratique on observe que le communisme ne résiste pas à la « tentation de la réussite » et que la bureaucratie centralisée est source de gaspillages et de gabegie. L'idéal d'égalité et de frugalité, quant à lui, est nié dans les faits par l'apparition d'une nouvelle classe de privilégiés et par la corruption généralisée du régime. Même l'ambition soviétique de porter une solidarité internationale est contredite dans les faits par « un impérialisme économique qui n'a rien à envier au colonialisme capitaliste[19] ».

En dépit de ses prétentions, le communisme ne vaut donc pas mieux que le capitalisme. Les deux modes de développement partagent la même fascination pour la science et la technique, et le même fantasme de domination de la nature par l'homme. Obsédés par le bien-être matériel, par la course sans fin vers l'abondance, l'un et l'autre exploitent sans limites les ressources naturelles et polluent sans vergogne l'environnement. Les frères ennemis sont en réalité des frères jumeaux, descendants d'une même matrice intellectuelle et coupables des mêmes crimes.

À la réflexion, poursuit Jonas, les périls que le modèle soviétique fait courir à la planète et aux humains qui l'habitent sont même pires que ceux qu'entretient la logique capitaliste. Car le communisme a le défaut, hérité de Marx, de porter en lui une utopie. Même si cela a été un peu oublié, l'éthique de la responsabilité de Jonas était conçue comme une réplique au grand livre du philosophe marxiste Ernst Bloch, défenseur de la force politique des utopies et promoteur du *Principe espérance*. Jonas avait d'abord pour ambition de s'opposer à l'esprit utopique qui représentait pour lui « la plus dangereuse des tentations [...] de l'humanité actuelle[20] ». Jusqu'à l'avènement des techniques modernes, les utopies avaient été inoffensives. Mais la combinaison du désir utopique et de la puissance technicienne « est devenue la plus dangereuse des tentations », dit Jonas. Cette voie est menaçante « tant du point de vue écologique que du point de vue anthropologique » et doit donc être combattue[21]. Après Auschwitz et Hiroshima, les humains ne peuvent plus ignorer qu'ils sont capables de s'autodétruire.

Bien qu'il se présente comme l'antithèse du capitalisme, le système soviétique recourt aux mêmes techniques et en amplifie la portée : « Accélérer l'industrialisation est ainsi, partout où jusqu'à présent le socialisme a pris le pouvoir, la signature de sa politique effective et résolument décidée. » Le saccage communiste dépasse en intensité celui du capitalisme. Hans Jonas en réfère à ses souvenirs personnels : « Celui qui a l'âge d'avoir été témoin des débuts de la Russie soviétique », écrit-il, ne peut pas avoir oublié combien elle était pénétrée de la « foi quasi religieuse dans la toute-puissance qu'a la technique d'apporter le bien »[22]. En ce sens, le communisme est « l'héritier de la révolution baconienne et il se comprend lui-même comme son exécuteur testamentaire prédestiné, meilleur (c'est-à-dire plus efficace) que ne le fut le capitalisme[23] ». Une quinzaine d'années plus tard, après la chute du mur de Berlin, Jonas pouvait constater que cette tentative avait échoué de manière « pitoyable », qu'elle avait fait « naufrage » et qu'en outre « cette économie s'est encore plus mal comportée que l'économie capitaliste de profit », puisque « la pollution y est encore pire »[24].

On peut difficilement, sur ce bilan sévère, donner tort à Jonas. Certes, toutes les régions du monde ont été marquées par la mentalité productiviste au XXe siècle, en particulier au lendemain de la Seconde Guerre mondiale. Mais la promesse d'offrir la prospérité aux damnés de la Terre, et de dépasser les injustices inhérentes au système capitaliste, a conduit les régimes communistes à déchaîner toutes les forces productives, comme Marx et Engels les y avaient invités. Il fallait démontrer que le communisme pouvait offrir à tous le bien-être matériel que le capitalisme réservait à quelques-uns. Un défi d'autant plus grand que les pays de l'Empire soviétique ou la Chine devaient au passage rattraper un retard de développement historique. Dans un tel contexte, aucune limite ne devait résister : « L'homme socialiste, écrivait Trotski, maîtrisera la nature entière, y compris ses faisans et ses esturgeons, au moyen de la machine. Il désignera les lieux où les montagnes doivent être abattues, changera le cours des rivières et emprisonnera les océans[25]. » Le contexte de la guerre froide renforçait encore cette ambition démiurgique : renonçant à s'affronter par les armes, les deux puissances déplacèrent leur rivalité sur le terrain de la concurrence scientifique et économique et se livrèrent une course à l'abondance repoussant sans cesse les limites de la logique extractiviste-productiviste. Peut-on dire pour autant que les crimes environnementaux du communisme furent pires que ceux du capitalisme ? Dans l'exploitation massive du charbon et du pétrole, les marées noires, puis la course au nucléaire et ses catastrophes ; dans le déploiement massif de l'agriculture industrielle, la déforestation, l'appauvrissement des sols et les saccages de la biodiversité ; dans la construction des routes et l'urbanisation tentaculaire, l'artificialisation massive des sols, l'érection des barrages et le sacrifice des terres alluviales ; dans le déversement sans limites des pires polluants sur les terres, dans les eaux et les airs, les deux régimes se valent. Et si le bilan carbone cumulé des pays capitalistes dépasse celui des régimes communistes, c'est surtout par la brève durée de ces derniers que ce différentiel s'explique. Avec le recul, les pays communistes apparaissent avoir saccagé leur propre patrimoine naturel avec davantage d'intensité, parce qu'ils avaient le « goût des grands projets » et que « cela devint une idéologie »[26] conduisant au gigantisme dans l'industrie, l'agriculture et la sylviculture, et par voie de conséquence au gigantisme dans les désastres écologiques, dont la mort de la mer d'Aral demeure le sinistre symbole. Les pays capitalistes, quant à eux, emportent la palme de l'ampleur géographique des désastres, parce qu'ils ont construit leur croissance « sur un gigantesque drainage des ressources minérales et renouvelables du reste du monde non communiste[27] ».

La piste Machiavel

Si la société capitaliste fondée sur la promesse de l'abondance est incapable de s'imposer une nouvelle ascèse, et si les serments du communisme ne résistent pas à l'épreuve des faits, d'où peut venir l'espoir que l'humanité reconnaisse le principe de responsabilité et agisse en conséquence, de telle sorte que les effets de son action « soient compatibles avec la permanence d'une vie authentiquement humaine sur terre » ?

Hans Jonas, qui dialoguait volontiers avec le parti social-démocrate allemand, aurait pu s'interroger sur le potentiel d'un socialisme démocratique, non soviétique. Il reconnaissait d'ailleurs le rôle historique d'une « évolution "réformiste" qui a été conquise sur la partie adverse, en partie par sa propre habileté (et même par la morale) et qui a été politiquement ancrée dans le droit » et concédait que « les aspects "socialistes" de la prévoyance publique, tels que la sécurité sociale et les retraites de vieillesse, ont éliminé une bonne partie de l'insécurité de l'existence d'autrefois ». De ces constats, il tirait même une leçon politique de portée plus générale : « Cela montre que les éléments non utopiques, ultra-rationnels, de la conception d'origine peuvent également être obtenus au moyen de transformations non révolutionnaires, graduelles, du système dominant qui vont toutes dans une direction "socialiste"[28]. » Allant un pas plus loin, Jonas esquissait les contours d'un socialisme postutopique dans lequel il voyait un candidat sérieux : « Si l'on avait affaire à un régime socialiste ne comportant plus l'espoir eschatologique caractéristique du marxisme, c'est-à-dire ne renfermant pas la promesse qu'il s'agit là de la voie pour atteindre l'état de bonheur parfait pour l'humanité, alors un tel socialisme désenchanté constituerait le meilleur présupposé pour remettre modestement la technologie au service du présent et de l'avenir de l'homme, au lieu de lui laisser libre cours et de risquer qu'elle n'en vienne à compromettre toutes choses après avoir abondamment, quoique brièvement, festoyé[29]. »

À peine ébauchée, cette perspective est pourtant abandonnée. Jonas ne semble pas réellement croire dans la capacité du socialisme démocratique d'imposer une éthique de la responsabilité, même s'il s'agit d'un socialisme désenchanté. Il ne cherche pas non plus à jeter les bases d'une politique proprement écologiste, qui se fonderait sur un rejet explicite de l'idéologie technicienne et construirait sur ces bases un nouveau paradigme politique. Son pessimisme quant aux chances de l'humanité d'échapper au piège qu'elle s'est tendu à elle-même est si radical qu'il finit par conclure que « seule une élite peut éthiquement et intellectuellement assumer la responsabilité pour l'avenir[30] ». Après être revenu de toutes les illusions, il faut se résigner à entrer dans « une zone de pénombre du politique, dans laquelle le non-initié n'aime pas évoluer » et reconnaître qu'« un nouveau Machiavel pourrait devenir nécessaire, mais qui devrait exposer sa doctrine de manière rigoureusement ésotérique ». Car « dans la rigueur future d'une politique du renoncement responsable, la démocratie (dans laquelle les intérêts du moment ont la parole) est inapte, au moins temporairement[31] ».

Ces propos n'ont cessé d'étonner. Pourquoi conclure sa démonstration par un plaidoyer pour la dissimulation et l'élitisme ? Pourquoi jeter le discrédit sur la démocratie ? Certes, Jonas ne pose pas une préférence de principe pour un régime élitaire, mais il émet un doute radical quant à la capacité d'un peuple démocratique à s'imposer des bornes à lui-même. S'il demeure « préférable, et plus souhaitable du point de vue moral et pragmatique, qu'on puisse confier la cause de l'humanité à une "conscience authentique" qui se propagerait avec un idéalisme public correspondant », il y a, d'un point de vue empirique, « peu de raisons pour une telle foi, bien qu'il n'y ait pas non plus de veto contre elle »[32]. La démocratie représentative semble, aux yeux de Jonas, incapable d'intégrer les enjeux de long terme dans ses délibérations et ses choix : « Notre démocratie actuelle, avec son système d'élection tous les quatre ans », est une « démocratie plébiscitaire » qui s'oriente « vers la satisfaction des intérêts quotidiens et proches. Il en résulte tout simplement que l'électeur estime que ses occupations et le maintien de son niveau de vie dans les prochaines années sont plus importants que l'avenir de la planète ». Face à ce sombre constat, il avoue ne pas avoir « la moindre idée de ce par quoi l'on pourrait remplacer la démocratie actuelle[33] ». Même après la chute du mur de Berlin, quand la démocratie libérale devenue sans rivale était saluée comme la fin de l'histoire, tout en réaffirmant qu'il est dans l'absolu « tout à fait souhaitable de parvenir de manière démocratique à un consensus global », Jonas concluait : « Je n'aperçois pas cette voie, même si je ne vois pas non plus d'autre solution[34]. »

Après avoir posé ces doutes, la seule perspective politique qu'il esquisse est celle d'un élitisme cosmopolite, fondé sur la prise de conscience progressive des périls à venir. C'est en anticipant les menaces, et en acceptant les peurs qu'elles éveillent en elle, que l'humanité peut peut-être sortir de sa torpeur. Les « catastrophes de petite portée », dont le choc effectif et répété nous remue, sont « susceptibles de nous inspirer la peur nécessaire face aux grandes catastrophes, résultant de la débauche technologique et qui menacent notre avenir »[35].

L'argument n'est pas sans rappeler celui que Hobbes, trois cents ans plus tôt, avait mobilisé pour légitimer la loi civile et l'État. Chez le philosophe anglais, le contrat par lequel les hommes renoncent à la « guerre de tous contre tous » repose sur la volonté de substituer une crainte raisonnable, la crainte de la sanction publique, à la terreur irrationnelle qui résulte de la menace permanente de violence émanant de nos semblables. En ce sens, la peur n'est pas une passion primale qui paralyse l'individu, mais une source de raisonnement et de calcul, l'instrument politique qui conduit à la paix civile et à la liberté[36]. C'est parce que la peur est un instinct premier et universel, que tous les humains partagent, et qu'ils partagent même avec les autres animaux, qu'elle constitue un fondement solide de l'État et du droit. On ne doit pas postuler une « nature humaine » ou un « contrat social » fondé sur l'accord des volontés rationnelles pour penser la nécessité d'un droit et d'une autorité publique : il suffit de se rappeler que les êtres humains, en tout temps et en tout lieu, redoutent la persécution et l'arbitraire, et qu'ils peuvent donc souscrire aux institutions et aux procédures qui les en protègent[37]. En ce sens, Karl Polanyi n'a pas tort de voir dans la peur le véritable « architecte du pouvoir[38] ».

Le raisonnement de Jonas s'inscrit dans cette veine classique. Pour fonder son éthique de la responsabilité, il formule l'hypothèse de l'« heuristique de la peur » : si nous voulons nous donner un nouvel horizon éthique et modifier nos comportements en fonction de ces impératifs futurs, nous devons d'abord identifier la menace et accepter la frayeur qu'elle suscite en nous. La conscience aiguë du danger est la fondation la plus sûre d'une éthique orientée vers la « permanence d'une vie authentiquement humaine sur terre ». Pour agir, nul n'est besoin de tomber d'accord sur les fins justes et bonnes, il suffit de reconnaître le mal que l'on veut éviter : « La reconnaissance du *malum* nous est infiniment plus facile que celle du *bonum* : elle est plus immédiate, plus contraignante, bien moins exposée aux différences d'opinion [...]. Nous savons beaucoup plus tôt ce que nous ne voulons *pas* que ce que nous voulons[39]. »

L'espoir que cette perspective morale minimaliste permet d'entrevoir reste ténu. Observant les mouvements d'opinion de son temps, Jonas décèle en Europe et en Amérique du Nord le début d'un « discernement réaliste » et d'un « souci public » qui peut s'inscrire « dans la conscience publique et, à partir de là, peut-être aussi dans notre comportement, tant privé que public »[40]. Il faut espérer que la crainte diffuse du désastre environnemental conduise à des « compromis entre les groupes de puissance économiques, politiques et sociaux » et dégage « une méthode qui soit un tant soit peu acceptable aussi bien pour l'homme que pour la nature », méthode dont les « conventions internationales, dont le but est d'encourager un renoncement global à la compétition sauvage pour les ressources illimitées de la terre »[41], sont le signe. Quelques années avant l'effondrement de l'empire soviétique, il conclut même que ces chocs pourraient « rassembler les deux colosses technologiques, le capitalisme occidental et le communisme des pays de l'Est dans un même refus du danger que tous deux s'accordent à reconnaître » et parvenir ainsi « à une *paix* bien meilleure que celle qui résulte d'une intimidation réciproque ». Dans une offre de réconciliation posthume avec le philosophe marxiste Ernst Bloch, il conclut : « Ainsi le principe responsabilité et le principe espérance se rejoignent-ils finalement, même s'il ne s'agit plus de l'espoir exagéré d'un paradis terrestre, mais d'un espoir plus modéré quant à la possibilité de continuer à habiter le monde à l'avenir et quant à une survie qui soit humainement digne de notre espèce[42]. »

Trente ans plus tard, l'optimisme très tempéré de Jonas peut-il être confirmé ? Peut-on voir dans le millier de traités internationaux protégeant la nature et l'environnement, et dans les négociations continues qui se tiennent sous l'égide de la convention-cadre des Nations unies sur les changements climatiques, des signes de ce cosmopolitisme éclairé ? L'Accord de Paris de 2015, par lequel la quasi-totalité des États de la planète se sont engagés à contenir « nettement en dessous de 2 °C » le réchauffement climatique, formalise-t-il cette éthique de la responsabilité ? La tentation est grande, au regard des promesses non tenues du passé, de considérer ces engagements avec un certain scepticisme. À force d'annoncer la fin imminente des guerres et des famines, de promettre l'abolition prochaine des inégalités et des discriminations, les grands accords internationaux, porteurs d'objectifs dont la réalisation est sans cesse reportée, nourrissent des doutes légitimes.

On peut néanmoins considérer qu'en s'obligeant à limiter le réchauffement global, que leur intention ait été sincère ou pas, les pays signataires de l'Accord de Paris ont tracé un « signe historique[43] », au sens de Kant. À travers le caractère public et solennel de leur engagement, ils ont exprimé une exigence politique et morale irréversible, donnant rétrospectivement sens aux efforts tâtonnants accomplis depuis une cinquantaine d'années pour faire de la lutte contre le réchauffement climatique un combat universel, et fixant simultanément un cap pour les actes à poser au cours des vingt-cinq prochaines années. Les manifestants qui défilent dans les grandes villes du monde pour exiger de leurs dirigeants qu'ils respectent leurs propres engagements le rappellent : les signataires de l'Accord de Paris se sont liés eux-mêmes, tel Ulysse encordé au mât du bateau pour échapper au chant des sirènes. Cela ne nous prémunit ni de la stagnation ni des échecs ou des régressions, mais démontre une « faculté de progresser[44] ».

Bien sûr, aucune Déclaration des droits n'a jamais empêché leur violation, et aucun traité de paix n'a jamais rendu la guerre impossible. En exprimant des aspirations universelles, les accords climatiques internationaux ne changent pas non plus le monde d'un trait de plume. Les reniements et les atermoiements sont prévisibles. Mais l'engagement solennel de 2015 pourra à tout moment être « remis en mémoire aux peuples à l'occasion de circonstances favorables, et rappelé lors de la reprise de nouvelles tentatives de ce genre[45] ». Même si leur motivation est purement économique ou idéologique, les États signataires s'exposent à la vigilance de leur société civile car « l'idéologie peut devenir une force politique matérielle et une arme pour l'opposition s'il advient que dans la réalité sociale ces valeurs sont trahies, compromises ou niées. Les promesses ainsi trahies sont alors pour ainsi dire "reprises" par l'opposition, et c'est elle dès lors qui revendique la légitimité. [...] Telle a été la dynamique de toutes les révolutions de l'histoire[46] ».

5
La vertu du conflit

Miser sur le fait que l'humanité, effrayée par la perspective lointaine et abstraite du désastre, se dote d'une nouvelle éthique et modifie en conséquence son style de vie, comme le font Hans Jonas et ses épigones, c'est faire un pari anthropologique risqué. Rien n'indique que nos contemporains soient enclins à se fier aux élites, ni moins encore qu'ils soient prêts à embrasser spontanément une éthique du renoncement ou un nouvel ascétisme. Une autre piste mérite d'être creusée : si l'on ne se résigne pas à la paralysie, pourquoi ne pas envisager la possibilité que l'humanité agisse, non pas en anticipant un désastre abstrait et lointain, mais par réaction à une souffrance immédiate et concrète ? Si la peur n'engendre pas le mouvement, pourquoi ne pas miser sur une autre émotion puissante : la colère ? Après tout, la colère a toujours joué un rôle essentiel dans les mobilisations civiques, et les mouvements collectifs réagissant aux dégradations infligées à la nature n'y font pas exception. La souffrance qu'engendre le saccage d'un bien auquel on est attaché – un paysage, une espèce animale, la qualité de l'air... – suscite une indignation qui crée le mouvement et nourrit un désir de réparation. Qu'elles affectent notre survie, notre bien-être matériel, nos satisfactions psychiques ou esthétiques, les dégradations de l'environnement ne nous laissent pas indifférents et sont susceptibles de nous conduire à réagir. Nous agissons moins parce que nous anticipons l'impact de ces dégradations sur les générations futures que parce qu'elles affectent, ici et maintenant, ce à quoi nous tenons[1].

Dans sa vaste enquête sur les fondements intellectuels de la pensée écologique contemporaine, Serge Audier rappelle que, dans la première moitié du XIXe siècle, la conscience des ravages causés par l'industrie à l'environnement naturel traversait tous les courants de pensée. La droite antimoderne trouvait dans la sacralisation de la nature un motif romantique puissant pour dénoncer la civilisation technicienne et économiste. La gauche présocialiste et libertaire dénonçait dans un même mouvement les « vices climatériques », les « souffrances matérielles de la planète » et les « misères humaines » inhérentes à la logique industrielle[2]. Les libéraux n'étaient pas en reste : Tocqueville, comme John Stuart Mill, consacrait de longues pages aux souffrances d'une humanité laborieuse arrachée à la nature et entassée dans l'enfer des villes industrielles. Même s'ils puisent à des ressources morales différentes, ces premiers sentiments écologistes ont en commun, non pas la peur d'un lointain cataclysme, mais le dégoût et la colère générés par le ravage immédiat de l'environnement naturel proche.

Un bon siècle plus tard, lorsque la « question écologique » surgit dans le débat public, elle s'inscrivit dans la même logique. En dénonçant en 1962, dans son livre *Printemps silencieux*, les ravages causés par les pesticides, la biologiste Rachel Carson pointait un péril palpable, et la prise de conscience que suscita son livre se nourrit de la colère qu'elle exprimait. La révolution culturelle plus large qui s'est dessinée dans les décennies 1960-1970, qui est au fondement des premières mobilisations massives en faveur de la protection de l'environnement et des sommets internationaux qui s'ensuivront, était elle aussi animée par ce sentiment de révolte. La pollution des terres, des airs et des eaux causée par l'industrie et l'agriculture, et ses conséquences sur la santé humaine et sur la biodiversité, les accidents nucléaires, le massacre de paysages entiers lié à la déforestation et à la construction de grandes infrastructures, la destruction d'espèces animales menacées, l'urbanisation rampante sacrifiant les espaces naturels préservés… tous ces phénomènes longtemps acceptés en silence, dissimulés sous les impératifs de productivité et d'abondance, surgissaient alors dans la conscience collective et s'exprimaient dans le débat public sous la forme d'une indignation largement partagée. « Le mouvement écologique, rappelait André Gorz, est né bien avant que la détérioration du milieu et de la qualité de vie pose une question de survie à l'humanité. Il est né originellement d'une protestation spontanée contre la destruction de la *culture du quotidien* par les appareils de pouvoir économique et administratif[3]. »

Aujourd'hui encore, les mobilisations environnementales se manifestent d'abord et avant tout sous la forme de réactions concrètes contre des projets de développement menaçant le cadre de vie d'une communauté humaine. L'atlas des luttes environnementales établi par le géographe Joan Martinez-Alier le démontre largement[4]. Sa carte mondiale des peuples luttant pour la protection de leur cadre de vie est émaillée de trois mille points symbolisant ces mobilisations. Au Nord, les oppositions sont le plus souvent le fait de catégories sociales supérieures, s'opposant à la construction d'usines, de centrales nucléaires, de routes, de tunnels, d'aéroports ou de voies de chemin de fer qui ne sont pas forcément dans leur environnement immédiat, et rejoignant les mouvements antipesticides et anti-OGM, ainsi que les défenseurs de sanctuaires naturels… Au Sud, ces mobilisations se dressent contre la construction de barrages, la déforestation, les forages miniers, l'exploitation de sables bitumeux et la fracturation hydraulique… et sont souvent le fait de populations défavorisées dont la subsistance et la santé sont directement menacées par ces projets, qu'il s'agisse de minorités ethniques souffrant de la proximité d'infrastructures polluantes et dénonçant le « racisme environnemental » dont elles font l'objet, ou de peuples autochtones brandissant leurs droits ancestraux de chasse, de pêche et de piégeage. Ces écologies ont des racines différentes et sont traversées de logiques de mobilisation qui leur sont propres. L'écologie du Nord, écrivent Catherine et Raphaël Larrère, se fonde principalement sur l'idée d'une nature « extérieure à l'homme, qui doit être mise à l'abri des interventions humaines », tandis qu'au Sud il s'agit plutôt d'« une nature dont nous faisons partie et avec laquelle nous vivons des relations d'interdépendance ». À ces deux conceptions correspond un clivage social et culturel : la première forme d'environnementalisme, celle qui « vise à protéger les espaces naturels », est « caractéristique des populations occidentales blanches comme des classes favorisées des pays non occidentaux », tandis que l'environnementalisme « qui se préoccupe de la pollution et des populations humaines vulnérables qu'elle atteint » est majoritairement « celui des couches sociales les moins favorisées dans les pays du Sud »[5]. Au-delà de ce qui les distingue, ces mobilisations ont en commun d'être fondées sur une réaction de colère face à la dégradation de biens communs auxquels ces groupes sont attachés, soit parce qu'ils sont indispensables à leur subsistance, soit parce qu'ils sont la source de pratiques sociales, d'émotions et de significations partagées. L'intention de ceux qui s'impliquent dans ces luttes est rarement de s'attaquer au problème du réchauffement global, mais, « que la crise du climat ait été leur principale motivation ou non », en protégeant « leurs forêts, leurs montagnes, leurs rivières et leurs rivages bien-aimés », ils « contribuent à la qualité de vie de tout le monde »[6].

Éloge de la colère

Le rôle que joue la colère dans ces résistances environnementales mérite d'être reconnu. Ce sentiment puissant a, malgré sa mauvaise réputation, des vertus de mobilisation et d'apprentissage civique. La colère permet d'abord de nourrir un point de vue critique sur la situation dans laquelle on se trouve, préalable indispensable à une remise en cause du *statu quo*. C'est à travers une « expérience désagréable suscitant la plainte », une « source d'indignation » que la critique sociale se construit, en s'exprimant à la fois sur le plan des émotions et sur un plan réflexif qui consiste à « lier les situations historiques que l'on entend soumettre à la critique à des valeurs susceptibles d'universalisation »[7]. Partagée par tous ceux qui l'éprouvent, au même moment et pour les mêmes raisons, la colère fédère les énergies individuelles et constitue une communauté de sens.

Au-delà de sa vertu critique et de sa force de mobilisation, la colère fonde aussi un désir de réparation, qui donne à l'indignation initiale un horizon politique. La colère, écrit Martha Nussbaum, « exprime une revendication : telle action est mauvaise, et elle ne doit plus jamais se reproduire. Elle fait référence au passé, mais elle est surtout tournée vers l'avenir, en proposant de corriger les choses[8] ». Si elle suscite d'abord un désir immédiat de vengeance, les individus et les groupes humains apprennent avec le temps à désirer d'autres formes de réparation, moins immédiates et plus abstraites, comme une peine infligée par un tribunal, un dédommagement ou une expiation symbolique. On passe ainsi d'une colère rétributive, fondée sur le désir de faire souffrir celui qui nous a fait souffrir, à une colère transitive, se traduisant par une recherche de réparation.

La colère est donc essentielle à la mobilisation : sa puissance émotionnelle permet de contrer l'apathie et la résignation, de constituer des communautés et de les mettre en mouvement. Elle nourrit la critique et la recherche de solutions.

Mais elle ne suffit pas. Si la vengeance n'est pas assouvie, et si aucun autre horizon de réparation ne se dessine, elle risque de mener à une déception profonde et de se transformer en un ressentiment, c'est-à-dire en une répétition sans fin de la souffrance initiale, qui n'a pas trouvé d'issue[9]. C'est ici que l'espoir joue un rôle essentiel : « Il est difficile de maintenir l'engagement dans un combat éprouvant sans l'énergie générée par de telles pensées et émotions[10]. » C'est déjà ce que disait Kant évoquant « cette espérance en des temps meilleurs, sans laquelle jamais un désir sérieux de faire quelque chose n'aurait échauffé le cœur humain[11] ». Et c'est précisément ce qui se passe dans le processus de politisation de la colère : si, au lieu de chercher une vengeance immédiate à sa souffrance, on tente de dégager une réponse durable à celle-ci, on finit par dessiner un horizon réparateur, et la volonté d'atteindre cet horizon, qui maintient le mouvement en vie, est ce que l'on appelle l'espoir.

Marchandisation et résistance

C'est ce mécanisme, conduisant de la colère à l'espoir, de l'indignation à l'exigence de justice, qu'Émile Durkheim avait identifié comme l'origine du mouvement socialiste à l'aube de la révolution industrielle. Les premiers mouvements socialistes, écrivait-il, étaient « un cri de douleur et, parfois, de colère, poussé par les hommes qui sentent le plus vivement notre malaise collectif ». Ils traduisaient une réaction contre les dérèglements sociaux provoqués par l'accélération de la division du travail. Mais les premiers mouvements socialistes n'étaient pas seulement vecteurs de résistances et de protestations, ils portaient aussi et dans le même temps un « plan de reconstruction des sociétés actuelles[12] ». La colère n'est pas un simple cri de révolte irrationnelle, elle exprime l'attachement à un monde en péril, elle nourrit la résistance aux forces qui le menacent et elle soutient la volonté de bâtir un autre monde. En ce sens, si la peur est le sentiment fondateur de la pensée libérale, sous-tendant la création de la loi civile et l'État de droit, la colère est l'émotion fondatrice du socialisme, engendrant les institutions de solidarité et de protection sociale.

Nul n'a mieux décrit ce mécanisme de résistance que l'historien et anthropologue Karl Polanyi. Dans son œuvre majeure, *La Grande Transformation*, publiée en 1944, il analyse l'effondrement de la civilisation occidentale au tournant des XIXe et XXe siècles, et définit la société de l'époque comme traversée d'un « double mouvement ». D'un côté un processus de « marchandisation » qui consiste à transformer le travail humain et la nature en biens abstraits, standardisés et interchangeables. D'un autre côté, une dynamique de résistance face à cette destruction par le marché du monde social antérieur et de ses valeurs. Politiquement, cette confrontation entre le marché et la société peut prendre des formes différentes. Quand un mouvement autoritaire, mobilisant les ressources du sentiment national, propose sa protection aux catégories sociales menacées par ces transformations, le rejet de la modernité libérale peut conduire au fascisme. Quand la résistance est portée par un mouvement qui entend protéger l'organisation de la société et les valeurs de solidarité qui la sous-tendent, et qu'elle est organisée selon des modalités démocratiques, elle jette les bases du mouvement socialiste. Au principe du « libéralisme économique qui vise à établir un marché autorégulateur » répond le principe de « protection sociale, qui vise à conserver l'homme et la nature »[13].

Dans cette dynamique, Polanyi pointe l'intime solidarité qui unit l'homme à la nature. L'homme ne peut pas être séparé de la nature parce qu'elle est la condition de sa subsistance et parce qu'elle est le milieu qui donne sens à son existence. Or « la fiction marchandise ne tenait aucun compte du fait qu'abandonner le destin du sol et des hommes au marché reviendrait à les anéantir », et cela explique que « le contre-mouvement consista à contrôler l'action du marché en ce qui concerne les facteurs de production que sont le travail et la terre »[14]. Les luttes sociales des ouvriers, centrées sur les conditions de travail et sur les salaires, ne sont pas séparées de leur fondement naturel : quand on les replace dans leur contexte, on mesure qu'elles portent en fait sur le contrôle des ressources naturelles indispensables à leur survie et sur leur cadre de vie. Elles ont une dimension matérielle, le besoin de satisfaire leurs besoins physiologiques élémentaires, mais aussi une valeur morale, en ce qu'elles expriment la souffrance éprouvée au spectacle de la dégradation naturelle, de la pollution et du saccage de la santé humaine.

Dans sa critique du capitalisme, Polanyi pointe la symétrie entre l'exploitation de l'homme et celle de la nature. Le marché ne peut imposer son esprit et ses règles qu'en soumettant le travail et la terre à la logique de la concurrence et du profit. Or, écrit-il, « le travail n'est que l'autre nom de l'activité économique qui accompagne la vie elle-même – laquelle, de son côté, n'est pas produite pour la vente mais pour des raisons entièrement différentes –, et cette activité ne peut pas non plus être détachée du reste de la vie, être entreposée ou mobilisée ; la terre n'est que l'autre nom de la nature, qui n'est pas produite par l'homme[15] ». En réduisant l'homme et la nature à de simples facteurs de production, le marché tranche les liens qui les unissent, nie leurs significations morales et abolit les normes et valeurs qui structurent les rapports sociaux. La violence de cette « grande transformation » prive l'homme de son ancrage dans la nature, de ses repères et de ses protections, et c'est cet arrachement qui explique la puissance des réactions sociales à la marchandisation du monde. Les communautés humaines sentent instinctivement que « permettre au mécanisme de marché de diriger seul le sort des êtres humains et de leur milieu naturel [...], cela aurait pour résultat de détruire la société. [...] Dépouillés de la couverture protectrice des institutions culturelles, les êtres humains périraient, ainsi exposés à la société ; ils mourraient, victimes d'une désorganisation sociale aiguë, tués par le vice, la perversion, le crime et l'inanition[16] ». Soumise aux forces du marché, réduite à l'état de marchandise, détachée de la vie humaine, la nature devient la proie fragile du capitalisme. Quand l'homme ne se dresse pas pour la protéger de cette exploitation sans bornes, elle se trouve « réduite à ses éléments, l'environnement naturel et les paysages souillés, les rivières polluées, la sécurité militaire compromise, le pouvoir de produire de la nourriture et des matières premières détruit[17] ». Transformer la nature en un simple facteur de production dont on peut se servir et user à sa guise, c'est oublier qu'elle apporte bien plus à l'homme que les sources matérielles de sa subsistance : « La fonction économique n'est que l'une des nombreuses fonctions vitales de la terre. Celle-ci donne sa stabilité à la vie de l'homme ; elle est le lieu qu'il habite ; elle est une condition de sa sécurité matérielle ; elle est le paysage et les saisons. Nous pourrions aussi bien imaginer l'homme venant au monde sans bras ni jambes que menant la vie sans terre[18]. »

Le premier socialisme se comprend, dans cette lecture, comme la réaction d'une société qui entend protéger la vie sociale ainsi que la nature dont elle est issue et dans laquelle elle est immergée, contre la subordination de toutes choses à la concurrence et au profit. Avant d'être une doctrine ou une idéologie, le socialisme est un réflexe spontané des sociétés menacées par la dissolution de leur organisation et de leur substrat naturel. Le premier socialisme, écrit Polanyi, « n'était ni un mouvement politique ni un mouvement ouvrier. Il représentait les aspirations des gens du peuple, frappés par l'avènement de l'usine, qui voulaient découvrir une forme d'existence qui ferait de l'homme le maître de la machine[19] ». Bien que Marx et ses successeurs aient qualifié cette première mobilisation de « socialisme utopique », elle était tout sauf utopique, et tirait au contraire sa force du fait qu'« elle était d'inspiration éminemment pratique ». Ses problèmes étaient « intrinsèquement ceux de la vie quotidienne tels que la qualité de la nourriture, du logement et de l'éducation, le niveau des salaires, la manière d'éviter le chômage, l'assistance en cas de maladie et d'autres choses du même ordre[20] ».

L'écologie morale des pauvres

L'historien britannique Edward P. Thompson a montré, quelques décennies plus tard, que cette dimension à la fois pragmatique et morale du premier socialisme plongeait ses racines dans les mobilisations sociales de la société préindustrielle. Analysant les émeutes frumentaires à la fin du XVIIIe siècle, il révèle qu'elles n'étaient pas de simples réactions à une privation, mais aussi l'expression de ce qu'il appelle une « économie morale des pauvres ». Si les brutales hausses des prix du blé étaient contestées, c'était d'abord bien entendu parce qu'elles mettaient en péril la subsistance des travailleurs, mais aussi parce qu'elles se heurtaient à un consensus sur les « pratiques légitimes et illégitimes », à « une vision traditionnelle cohérente des normes et des obligations sociales, des fonctions économiques propres aux différents acteurs de la communauté »[21]. Le marché, en d'autres termes, n'affectait pas seulement les conditions matérielles de la subsistance des humains, mais aussi leur sens commun. Une grande part des relations que nous qualifierions aujourd'hui d'« économiques » étaient régulées à l'époque par des normes non monétaires – un « écheveau de coutumes et d'usages » – formées sur le marché local, elles-mêmes issues de la sécularisation de l'éthique religieuse. Quand le marché a commencé à s'imposer, avec sa froide logique de prix, impersonnelle et abstraite, il a écrasé le monde moral antérieur, pourvoyeur de sens et constitutif de la communauté humaine. Cette « nouvelle économie politique était purgée d'impératifs moraux encombrants[22] », elle reposait sur une pure

« rationalisation monétaire » qui bouleversait les normes et valeurs préexistantes. Les premiers mouvements ouvriers coopératifs qui se constituèrent en Angleterre, à l'inspiration de Robert Owen et de ses disciples, se nourrirent de cette économie morale des subsistances. Ils exprimaient la résistance de significations partagées, l'attachement à une certaine idée de la communauté humaine et de son lien à la nature, que le marché, dans sa violence rationalisatrice, heurtait de plein fouet.

En ramenant le socialisme à ses origines matérielles et morales, comme le font Durkheim, Polanyi ou Thompson, on redécouvre que son noyau normatif n'est pas la propriété collective des moyens de production ou l'intervention de l'État dans l'économie, qui ne sont que des moyens qu'on a trop souvent pris pour une fin en soi, mais l'aspiration plus fondamentale à soumettre les forces du marché à une logique d'autodétermination démocratique. « Le socialisme, écrit Polanyi, est au premier chef la tendance inhérente d'une civilisation industrielle à transcender le marché autorégulateur en le subordonnant consciemment à une société démocratique[23]. » Cette définition du socialisme, qui renoue avec l'ambition de rendre aux citoyens le contrôle de leur vie en soumettant le domaine de l'économie à l'exigence d'autonomie collective, fut redécouverte dans les années 1960-1970 par les penseurs qui tentaient de faire converger l'écologie politique naissante et le socialisme. Cornelius Castoriadis formalisait ainsi la dynamique de la modernité comme l'opposition de deux tendances antagoniques, deux « significations imaginaires ». D'un côté, « la signification de l'expansion illimitée d'une prétendue maîtrise "rationnelle" sur le tout, nature aussi bien qu'humains » qui « correspond à la dimension capitaliste des sociétés modernes ». D'un autre côté, « la signification de l'autonomie individuelle et sociale » qui correspond « au projet démocratique, émancipatoire, révolutionnaire »[24]. André Gorz écrivait dans la même veine : « Il faut concevoir le socialisme comme la subordination restrictive de la rationalité économique – qui consiste toujours en la recherche du rendement maximal, mesurable au profit réalisé, par quantum de capital circulant ou fixe – à des buts sociétaux démocratiquement élaborés[25]. » Cette définition du socialisme en termes d'autonomie collective, s'opposant aux forces d'aliénation du marché, est aussi au cœur de son renouveau théorique récent. Erik Olin Wright souligne en ce sens que « si "démocratie" est le nom donné à la subordination du pouvoir étatique au pouvoir social, "socialisme" est celui qui désigne la subordination du pouvoir économique au pouvoir social[26] ». Nancy Fraser s'inscrit dans la même direction en définissant le socialisme comme le « contrôle démocratique sur le surplus social » : « Si nous sommes impliqués dans les décisions sur quoi produire, comment produire et où investir le surplus social, alors nous ne sommes plus simplement en train de réguler l'économie de l'extérieur mais de transformer l'économie de l'intérieur[27]. » Franck Fischbach définit quant à lui le socialisme comme « la proposition d'une extension de la forme démocratique du gouvernement à l'ensemble de la vie sociale », « à commencer par la sphère du travail, de la production, de la consommation et des échanges marchands »[28].

L'intérêt que présente cette réélaboration conceptuelle, c'est qu'elle offre un cadre où peuvent converger des luttes concrètes aux origines diverses. Les mouvements de résistance contre le mal que le capitalisme inflige à la nature et aux humains restent aujourd'hui épars, quand ils ne s'opposent pas entre eux. Tout l'enjeu de l'écosocialisme consiste à mailler ces luttes entre elles et à bâtir des alliances politiques pour leur donner une vocation majoritaire, tout comme l'enjeu du premier socialisme, il y a deux siècles, consistait à fédérer les luttes des ouvriers, des artisans, des paysans et des plus pauvres pour contrer la domination du capital. D'un point de vue théorique, la perspective de Polanyi offre un cadre idéal pour articuler ces luttes concrètes autour d'une critique commune. Nancy Fraser montre, dans cette perspective, que les luttes sociales, environnementales, féministes, anticoloniales et antiracistes ont la même origine : toutes traduisent les tensions qui opposent le régime capitaliste aux conditions de sa possibilité[29]. Cette critique avait été esquissée par l'historienne américaine Carolyn Merchant, qui se revendique de l'écosocialisme et est l'une des principales sources d'inspiration des mouvements écoféministes, dès la fin des années 1970[30]. Entre le XVe et le XVIIe siècle, écrivait-elle, « une économie de subsistance dans laquelle les ressources, les biens, l'argent ou le travail étaient échangés contre des marchandises fut remplacée dans de nombreux domaines par l'accumulation illimitée de bénéfices provenant d'un marché international. La nature vivante fut déclarée morte, tandis que l'argent mort fut doté de vie. » La logique de marchandisation s'est constamment étendue : « La nature, les femmes, les noirs et les ouvriers ont été mis sur la voie d'un nouveau statut de ressources "naturelles" et humaines offertes au système mondial moderne[31]. »

S'inspirant de ces travaux, et s'appuyant sur Marx et Polanyi, Nancy Fraser indique que le propre de la logique capitaliste est de produire du profit en ne rémunérant pas, ou seulement partiellement, les différents facteurs qui contribuent à la production et génèrent donc du profit. Marx avait montré que le capitaliste ne paie à l'ouvrier que le salaire indispensable à sa survie, gardant pour lui la plus-value, c'est-à-dire la différence entre ce salaire de misère et la valeur réellement produite par le travailleur. La même logique est à l'œuvre dans l'exploitation de la nature : le capital s'approprie des ressources qu'il considère comme gratuites pour générer du profit. Et l'exploitation coloniale n'est que la projection dans l'espace de cette double forme d'exploitation, puisqu'elle consiste à spolier les terres et le travail humain de pays lointains, à s'approprier leurs ressources naturelles, leurs énergies fossiles et leurs espaces pour y entreposer les déchets industriels, privant au passage les populations locales de leur lieu de vie et des conditions de leur subsistance. La logique qui sous-tend la domination masculine est identique. Les profits générés par le capitalisme requièrent, au-delà du travail humain et des ressources naturelles, un travail de reproduction de la force de travail (nourriture et autres soins aux personnes), qui est généralement l'œuvre des femmes mais qui, parce qu'il se déroule dans la sphère domestique, n'est pas socialement considéré ni rémunéré. Et lorsque ces fonctions entrent dans la logique marchande (sous la forme de crèches, de cliniques et maisons de repos privées, de chaînes de restauration rapide et de services de nettoyage), elles sont majoritairement confiées à des femmes et à des personnes issues de l'immigration, et s'accompagnent de conditions de travail pénibles et de salaires bas. En un mot comme en cent : les combats sociaux, les luttes féministes, écologiques, anticoloniales et antiracistes constituent tous l'expression des contradictions entre le capitalisme d'une part et les conditions indispensables à sa reproduction et à son expansion d'autre part. Dans leur réalité matérielle, ces luttes prennent la forme de « conflits écologico-distributifs », pour reprendre le terme du géographe et économiste Joan Martinez-Allier. Elles sont, en d'autres termes, indissolublement sociales et environnementales, en ce qu'elles portent sur les « schémas sociaux, spatiaux et temporels qui modèlent l'accès aux avantages que l'on peut obtenir grâce aux ressources naturelles de l'environnement », y compris dans le champ du travail, du cadre de vie et de la mobilité[32]. Il s'agit donc de leur permettre de trouver le chemin de leur convergence, pour former une force sociale et politique à vocation majoritaire, susceptible de renverser les rapports de domination existants. Mais, pour donner à cette ambition politique toute sa force, il faut que le socialisme fasse son propre examen de conscience, et dresse de son glorieux passé un héritage sous bénéfice d'inventaire.

6
Le nouvel esprit du socialisme

La force du capitalisme est d'avoir su intégrer les critiques qu'on lui opposait chaque fois qu'elles menaçaient de l'emporter, et de s'inventer ainsi un « nouvel esprit », adapté à l'air du temps[1]. Le socialisme est-il capable de la même souplesse ? Peut-il s'enrichir des critiques qui lui ont été adressées, souvent de l'intérieur, et dénouer les nœuds qui l'ont lié au productivisme quand il tentait de libérer l'homme de ses chaînes et de lui apporter l'abondance ? Peut-il revenir à son noyau normatif originel, renouer avec la première critique du capitalisme, et dessiner les contours d'une société dans laquelle la rationalité économique est subordonnée aux besoins sociaux et aux équilibres naturels ? Oui, mais cela suppose un *aggiornamento*. Car si l'on peut reconnaître au socialisme le mérite d'avoir contribué à « consigner dans la mémoire des luttes sociales une considération spécifique pour la matérialité de l'autonomie[2] », il faut aussi et simultanément reconnaître que, comme toutes les idéologies émancipatrices modernes, l'idée du socialisme s'est « largement appuyée sur la perspective de la prospérité matérielle pour se rendre désirable[3] ».

Ruptures métaboliques

Si Polanyi fut le premier à mettre en évidence le fait que la soumission de l'homme et de la nature à la logique marchande renvoie aux deux faces d'une même pièce, la réflexion avait été entamée, un siècle plus tôt, par Karl Marx. Et, bien que l'auteur du *Capital* n'ait pas développé cette intuition, il est possible, à partir de sa critique, de construire une analyse systématique de la logique d'exploitation de l'humanité et de la nature inhérente au capitalisme. Dans les *Manuscrits de 1844*, publiés à titre posthume, le jeune Marx écrivait que « dire que la vie physique et intellectuelle de l'homme est indissolublement liée à la nature ne signifie pas autre chose sinon que la nature est liée à elle-même, car l'homme est une partie de la nature[4] ». En d'autres termes, d'un point de vue matérialiste, l'humain et le naturel, loin de s'opposer, sont deux dimensions de la même réalité. Le lien indissoluble qui les unit s'exprime dans le travail. C'est à travers cette activité essentielle que l'homme transforme la nature et que, ce faisant, il se transforme lui-même et développe ses facultés : « C'est précisément en façonnant le monde objectif que l'homme s'affirme réellement comme un être générique[5]. » Le Marx de la maturité, auteur de la plus puissante critique du capitalisme qui ait jamais été produite, a-t-il oublié ces intuitions de jeunesse ? Pas tout à fait. Dans le premier tome du *Capital*, Marx établit un lien entre l'exploitation par les capitalistes de l'homme et de la nature, en analysant la question de la durée du travail. Il rappelle que « la journée de travail possède une limite maxima » qui est fixée par les « bornes physiques de la force de travail » d'une part, et par des « limites morales d'autre part ». Les premières limites renvoient aux besoins physiologiques élémentaires : l'homme doit se nourrir, se vêtir, se reposer, dormir... Les « limites morales » renvoient quant à elles aux « besoins intellectuels et sociaux » des travailleurs. Mais qu'elles soient physiques ou morales, ces limites révèlent une certaine idée de la nature humaine, que le capitalisme bafoue, sciemment et délibérément. Le capital étant du « travail mort, qui, semblable au vampire, ne s'anime qu'en suçant le travail vivant[6] », il ignore tout ce qui pourrait entraver sa propre croissance : « Dans sa passion aveugle et démesurée, dans sa gloutonnerie de travail extra, le capital dépasse non seulement les limites morales, mais encore la limite physiologique extrême de la journée de travail. Il usurpe le temps qu'exigent la croissance, le développement et l'entretien du corps en bonne santé. Il vole le temps qui devrait être employé à respirer l'air libre et à jouir de la lumière du soleil. » Tous les moments essentiels à la reproduction de la force de travail humain, ceux qui sont consacrés aux repas et au sommeil en particulier, sont réduits au minimum, quitte à mettre la vie du travailleur en péril : « Le capital ne s'inquiète point de la durée de la force de travail. Ce qui l'intéresse uniquement, c'est le maximum qui peut en être dépensé en une journée. » Mieux vaut une ressource intense et de brève durée qu'une ressource durable mais à faible rendement. Le capital est l'antithèse parfaite du développement soutenable.

Dans sa critique, Marx ne recourt pas seulement à la métaphore du vampire assoiffé de sang, épuisant toutes les énergies de sa victime. Il esquisse aussi, en passant et sans s'y appesantir, une comparaison entre la vie humaine et celle de la terre. Le capital, écrit-il, « atteint son but en abrégeant la vie du travailleur, de même qu'un agriculteur avide obtient de son sol un plus fort rendement en épuisant sa fertilité[7] ». Une logique d'extraction sans limite est à l'œuvre dans les deux cas, nourrie par une soif de profit que rien ne peut étancher. Marx revient sur ce parallèle entre l'homme et la terre dans les textes qui formeront le troisième et dernier tome du *Capital*. Entre-temps, il a lu les travaux de l'agronome allemand Justus von Liebig, qui s'inquiète de l'impact d'une exploitation agricole de plus en plus intensive sur la qualité des sols. Faisant écho à une préoccupation largement partagée à l'époque, il craint qu'une croissance démographique galopante et une urbanisation rapide ne soumettent les terres agricoles à une pression insoutenable. Quand les hommes habitent loin du lieu où sont produites leurs ressources alimentaires, une rupture se crée : des ressources croissantes sont tirées du sol, sans que les contreparties qui permettraient de les reconstituer ne lui soient restituées. Liebig, comme le théoricien du socialisme Pierre Leroux quelques années auparavant, recommandera, pour pallier ce grave problème, de collecter les « excréments solides et liquides des habitants de la ville, et de rendre à chaque fermier la part issue des produits qu'il a précédemment fournis à la ville » de manière que « la productivité de la terre soit maintenue intacte pour les temps à venir »[8].

Marqué par la lecture de Liebig, dont il cite abondamment les publications, Marx reprend littéralement sa critique de l'agriculture intensive et l'inscrit dans sa propre analyse du capitalisme : « Avec la prépondérance toujours croissante de la population des villes qu'elle agglomère dans de grands centres, la production capitaliste d'une part accumule la force motrice historique de la société ; d'autre part elle détruit non seulement la santé physique des ouvriers urbains et la vie intellectuelle des travailleurs rustiques, mais trouble encore les échanges organiques entre l'homme et la terre, en rendant de plus en plus difficile la restitution de ses éléments de fertilité. » Le capital cherche à s'accumuler sans cesse et épuise à cette fin toutes les ressources disponibles. Qu'il exploite l'énergie humaine ou les ressources naturelles, il ne poursuit qu'une seule et même logique : l'augmentation des profits. Se dessine ainsi une dynamique d'extraction exponentielle et sans limite : « Chaque progrès de l'agriculture capitaliste est un progrès non seulement dans l'art d'exploiter le travailleur, mais encore dans l'art de dépouiller le sol ; chaque progrès dans l'art d'accroître sa fertilité pour un temps, un progrès dans la ruine de ses sources durables de fertilité. [...] La production capitaliste ne développe donc la technique et la combinaison du processus de production sociale qu'en épuisant en même temps les deux sources d'où jaillit toute richesse : la Terre et le travailleur[9]. » Marx y revient quelques années plus tard dans les textes qui formeront le livre III du *Capital* : « La grande industrie et la grande agriculture mécanisée agissent de concert. Si, à l'origine, la première tend à ravager et à ruiner la force de travail, donc la force naturelle de l'homme, tandis que la seconde s'attaque directement à la force naturelle de la terre, elles finissent par se conjuguer dans leur marche en avant : le système industriel à la campagne affaiblit également les travailleurs et, pour leur part, l'industrie et le commerce procurent à l'agriculture les moyens d'épuiser la terre. » Ainsi se produit une « rupture irrémédiable dans le métabolisme déterminé par les lois de la vie[10] ». L'analyse agronomique de Liebig conduit ainsi Marx à revenir sur une dimension du capitalisme qu'il avait entrevue dans le premier tome du *Capital*, mais qu'il avait largement laissée de côté par la suite. Si l'exploitation du travailleur est la manifestation la plus brutale et moralement la plus choquante du capitalisme, on aurait tort de l'y réduire. Le capitalisme est aussi responsable de l'épuisement des ressources naturelles, et les deux dimensions sont indissociables.

Au-delà de sa dimension critique, la théorie de la rupture métabolique trace aussi la perspective normative d'un rapport entre l'homme et la nature conforme aux équilibres vitaux. Si la logique d'accumulation continue du capital est la source de l'exploitation de la nature, il faut, pour protéger la Terre, poser le principe de son inaliénabilité : « Aucune société, aucun peuple, ni même toutes les sociétés d'une époque prises ensemble, ne sont les propriétaires de la Terre. Ils n'en sont que les possesseurs, les usufruitiers, et ils devront la léguer aux générations futures après l'avoir améliorée en *boni patres familias*[11]. » Après avoir dénoncé le fait que le capitalisme épuise l'énergie humaine et les ressources naturelles, Marx expose, dans les derniers chapitres du *Capital*, le principe d'une relation équilibrée entre l'homme et la nature : « La liberté ne peut consister qu'en ceci : les producteurs associés – l'homme socialisé – règlent de manière rationnelle leurs échanges organiques avec la nature et les soumettent à leur contrôle commun au lieu d'être dominés par la puissance aveugle de ces échanges ; et ils les accomplissent en dépensant le moins d'énergie possible, dans les conditions les plus dignes, les plus conformes à leur nature humaine[12]. » Un lien logique est établi entre le rapport des hommes à la nature et le rapport des hommes entre eux : c'est seulement s'ils reprennent le contrôle de leurs échanges avec la nature, et s'ils renoncent à une logique de concurrence au profit d'une logique d'association, que les hommes peuvent espérer établir avec la nature dont ils sont une composante une relation équilibrée et donc soutenable.

Partant de ces passages épars de l'œuvre de Marx, le sociologue américain James O'Connor a formalisé ce qu'il appelle une « seconde contradiction » du capitalisme[13]. Marx avait pointé les tensions *internes* du capitalisme, celles qui opposent les forces productives aux rapports de production et qui, suscitant des crises à répétition, devaient selon lui conduire à son effondrement. O'Connor complète cette critique en mettant l'accent sur les tensions entre le capitalisme et des facteurs qui lui sont *extérieurs* mais qui sont néanmoins indispensables à sa perpétuation. Il s'appuie pour ce faire sur la notion de « conditions de la production » avancée par Marx. Parmi celles-ci, Marx évoquait les « conditions naturelles », et distinguait celles qui étaient relatives à « la nature de l'homme lui-même » et celles qui concernaient « la nature qui l'entoure », à savoir la « richesse naturelle en moyens de subsistance, c'est-à-dire fertilité du sol, eaux poissonneuses etc. et richesse naturelle en moyens de travail, tels que les chutes d'eau vive, rivières navigables, bois, métaux, charbon et ainsi de suite »[14]. Sans en formuler la théorie, Marx indiquait que, dans sa quête insatiable de profit, le capital tend à exploiter sans limites ces facteurs naturels, mettant ainsi en péril ses propres conditions de reproduction. Développant le propos, O'Connor affirme qu'en considérant la nature comme une source gratuite de matières premières, de sols fertiles et de lieux où accumuler les déchets de l'activité industrielle, le capitalisme spolie la Terre, mais sape aussi à terme ses propres « conditions naturelles de reproduction ». Les crises écologiques, et les mobilisations qu'elles suscitent, peuvent être interprétées de ce point de vue comme les signes d'une « contradiction » du capitalisme que Marx n'a pas théorisée mais que l'on peut construire avec ses propres concepts[15].

L'actualisation de la critique marxienne du capitalisme permet aussi de souligner les liens intimes qui unissent les désastres environnementaux et l'exploitation coloniale. Marx montre que l'impérialisme est inhérent à la logique capitaliste : lorsqu'il a épuisé les ressources vitales de la classe ouvrière urbaine, le capital puise dans les campagnes de nouvelles recrues qui viennent gonfler les rangs du prolétariat, et quand il étouffe dans un territoire où toutes les ressources humaines et naturelles ont été épuisées, il étend son spectre vers des contrées lointaines, dont les ressources naturelles et humaines font l'objet de la même exploitation systématique. Le raisonnement est loin de se réduire à une argumentation théorique et abstraite. Dès la fin du XVIIIe siècle, l'Europe connut effectivement une première crise écologique grave, marquée par les déboisements massifs, l'érosion des sols, les tempêtes de sable, les pluies d'été abondantes et le déclin des rendements agricoles. Combinées à une forte croissance démographique (la population européenne a presque doublé entre 1750 et 1850), ces tensions écologiques ont causé des crises de subsistance récurrentes à la fin du XVIIIe siècle et dans les premières décennies du XIXe. Ces tensions ne purent être surmontées que par le recours sans cesse croissant aux ressources venues d'ailleurs. Sans la violence de la conquête et de l'exploitation coloniale, l'Europe n'aurait pas pu se procurer les ressources indispensables à sa propre subsistance[16]. Le blé, le bois, le coton, le sucre, le thé, le café et le chocolat produits dans les Amériques, souvent grâce au travail des esclaves arrachés au sol africain, furent aussi essentiels au développement européen que l'exploitation du charbon[17].

Les sciences climatiques naissantes ont d'ailleurs été mobilisées, dès la fin du XVIIIe siècle, pour légitimer idéologiquement ces entreprises. L'idée selon laquelle l'homme pouvait altérer le climat par sa gestion des forêts et des sols a servi à justifier l'exploitation coloniale, en arguant de la supériorité de la science agronomique des Européens sur l'ignorance des peuples dominés[18]. Les colonisateurs ont ainsi transformé les paysages des pays qu'ils ont soumis à leur domination pour y imposer les monocultures indispensables à leur propre style de vie. On a vu dans le premier chapitre que ces mécanismes de domination impérialiste se prolongent aujourd'hui. Les multinationales des pays riches continuent d'imposer leurs conditions dans ces pays dont elles contrôlent une large part des ressources naturelles et fossiles. Nombre de grandes entreprises nationales sont, elles aussi, inscrites dans un schéma impérialiste : les monocultures de soja, de maïs et d'huile de palme détruisent les forêts et épuisent les sols, au profit de l'industrie agro-alimentaire européenne et nord-américaine. Les « mécanismes de marché » mis en place pour lutter contre le changement climatique et la perte de biodiversité contribuent à renforcer cette asymétrie : les forêts à croissance rapide et les cultures destinées aux agro-carburants, plantées pour acquérir des crédits carbone émis par les industries des pays riches, fragilisent les puits de carbone et la biodiversité, et bafouent les droits des populations locales. La logique impérialiste identifiée par Marx est, plus que jamais, au cœur des termes de l'échange écologique global. Aujourd'hui comme hier, l'Europe « vit d'un espace qui n'est pas le sien[19] ».

L'impasse productiviste

Si l'œuvre de Marx permet de fonder une critique sociale et écologique du capitalisme, et de dégager le cadre normatif d'un socialisme intégrant la question des limites naturelles[20], on peut difficilement faire abstraction du fait que la même œuvre a servi par ailleurs à justifier les projets prométhéens qui ont causé quelques-unes des plus grandes catastrophes humaines et écologiques du XXe siècle. Et si cette utilisation de son œuvre a été possible, c'est parce qu'elle renferme aussi, dans sa foisonnante complexité, une conception des rapports entre l'homme et la nature qui est l'une des formes les plus pures de productivisme. Il y a le Marx des *Manuscrits de 1844* qui rappelle la naturalité de l'être humain et le Marx du *Capital* qui s'inquiète de l'épuisement des hommes et des sols, mais il y a aussi le Marx du *Manifeste du Parti communiste*, qui exprime avec son ami Engels sa fascination pour la « soumission à l'homme des forces de la nature », le « défrichement des continents entiers » et le « déchaînement des forces productives », et appelle à « faire disparaître peu à peu l'opposition de la ville et de la campagne »[21]. Toute tentative de restaurer l'idée du socialisme pour fédérer les luttes sociales, environnementales, féministes et anticoloniales de notre temps se doit d'affronter ce fait historique, et d'exposer comment il est possible de détacher le noyau critique et normatif du premier socialisme du paradigme productiviste avec lequel il a fait alliance pour atteindre la liberté dans l'abondance.

Que le premier socialisme ait accordé davantage d'attention à l'exploitation de l'homme qu'à celle de la nature s'explique en grande partie par les circonstances de l'époque. Au milieu du XIXe siècle, dans l'Angleterre industrielle que Marx et Engels ont sous les yeux, les travailleurs font l'objet d'une exploitation absolue. Leur vie quotidienne est un mélange de souffrance au travail, d'insalubrité et de malnutrition dans la maigre part de leur vie qui échappe au travail, ce qui les condamne aux maladies endémiques et à la mort précoce. Quant à la nature, elle est aussi à cette époque l'objet d'une intense exploitation par le capitalisme – et Marx se penche, on l'a vu, sur les phénomènes qui animent alors le débat public, la fertilité des sols, la pollution des villes et des rivières, la déforestation –, mais on ne parle pas encore de dérèglement climatique ni de rupture des équilibres écologiques globaux. La première analyse systématique des dégâts que l'humanité cause à son environnement, menaçant de la rendre inhabitable pour elle-même, est celle du diplomate et philologue américain George Perkins Marsh, *L'Homme et la Nature, ou la géographie physique telle que modifiée par l'action de l'homme*, publiée en 1864. Avant cette date, les soucis pour la « soutenabilité » concernent principalement la préservation des ressources naturelles, en particulier les réserves forestières et la fertilité des sols[22]. Au temps du *Capital*, l'exploitation de l'homme est absolue, celle de la nature est encore relative. On ne peut donc pas projeter sans anachronisme la perception qui s'est développée un siècle plus tard quand, à l'issue de longues luttes sociales, les conditions de vie et de travail des ouvriers s'étaient nettement améliorées, tandis que la dégradation de l'environnement s'était au contraire sérieusement aggravée, atteignant un stade critique. De ce point de vue, on peut reprendre à propos de Marx ce que Hans Jonas dit de Kant, à savoir qu'il « n'avait pas besoin de méditer sur le rapport de l'homme à la nature avec l'insistance qui doit être la nôtre aujourd'hui, car il ne pouvait être question à l'époque d'une menace sur la nature[23] ».

Mais l'oubli de la nature par Marx et ses successeurs n'est pas qu'affaire de circonstances. Il est aussi intrinsèquement lié à la fascination qu'ils éprouvent pour la révolution accomplie par la bourgeoisie. Pour ces hommes qui aspirent à dégager les lois de la société, comme Darwin a défini celles de la nature, la science et la technique sont par essence porteuses de progrès. Le spectacle d'une humanité qui défriche, arase, creuse des canaux, construit des routes et des voies de chemin de fer, extrait charbon et minerais de la terre, transforme toute matière, détruit la nature primaire pour lui en substituer une autre, secondaire, façonnée par l'homme, ce spectacle suscite chez ces socialistes pétris de science et aspirant au progrès de l'humanité des réactions où l'effroi se mêle à l'admiration. La bourgeoisie elle-même, pourtant adversaire désigné, est louée pour sa capacité de détruire tout ce qui entrave les forces productives. Le vrai problème du capitalisme, pour Marx et Engels, ce n'est pas que l'abondance détruise la nature, c'est que cette destruction ne profite pas aux travailleurs. La solution n'est donc pas de sortir du productivisme, mais de transférer la propriété des moyens de production. Il ne s'agit pas de renoncer au « déchaînement des forces productives », mais de les mettre sous le contrôle et au bénéfice d'un autre agent historique, le prolétariat. La critique de Marx, comme l'a justement montré Cornelius Castoriadis dès les années 1950, se cantonne à la propriété des moyens de production, sans remettre en cause la technique elle-même : « Marx participe déjà intégralement de l'imaginaire capitaliste : pour lui, comme pour l'idéologie dominante de son époque, tout dépend de l'augmentation des forces productives. » Il n'y a dès lors chez lui « aucune critique de la technique capitaliste » ni de l'« organisation du processus de travail ». Technique et organisation du travail sont la traduction d'une rationalité qui paraît évidente. « L'essentiel de ses critiques porte sur l'utilisation qui est faite de cette technique et de cette organisation : elles profitent uniquement au capital, au lieu de profiter à l'humanité entière[24]. »

L'orientation scientiste et productiviste du premier socialisme a laissé des traces durables dans les divers courants politiques inspirés de Marx. Lorsque, au tournant des XIXe et XXe siècles, les socialistes réformistes comme Eduard Bernstein et les républicains convertis au socialisme comme Jean Jaurès se livrent à un premier héritage sous bénéfice d'inventaire, ce n'est pas contre le productivisme que leur critique se dresse. Les deux penseurs du socialisme démocratique reprochent à Marx d'avoir sous-estimé l'autonomie du politique, ils réhabilitent la démocratie parlementaire, la négociation syndicale et les initiatives coopératives et mutualistes, jetant les bases d'un pluralisme socialiste[25]. Bernstein se livre par ailleurs à un réquisitoire sévère contre les « lois de l'économie » que Marx avait prétendu dégager, arguant que la paupérisation de la classe ouvrière, la concentration du capital et la multiplication des crises du capitalisme conduisant à sa chute finale sont infirmées par les faits. Mais la fascination pour la science, les techniques et l'industrialisme reste intacte. Jaurès, dans un élan rigoureusement marxiste, reconnaît que « la classe bourgeoise et la classe ouvrière sont les filles d'un même monde moderne, d'un même système de production et de pensée. Elles ont l'une et l'autre besoin que la science développe par la liberté de l'esprit les forces productives de l'homme[26] ». Tout au long du XXe siècle, la social-démocratie restera fidèle à cette ligne productiviste. Pour sortir le prolétaire de sa misère, il faut de la prospérité. Pour construire des droits sociaux, une protection sociale et des services publics, il faut de la croissance[27]. Même lorsqu'il est directement confronté à la question environnementale, le mouvement ouvrier peine à se départir de ce réflexe productiviste. La question des pollutions sur le lieu de travail en est la parfaite illustration. La protection des travailleurs contre les effets de la pollution professionnelle sur leur santé est l'une des revendications fondatrices du socialisme, traduisant son souci écologique originel. Mais, dans les faits, elle s'est généralement traduite par une forme de monétisation des dommages subis, plutôt que par leur suppression. Au lieu de réclamer un meilleur environnement professionnel, les organisations syndicales ont souvent, écrivait Bruno Trentin, négocié des augmentations salariales, « comme un "dédommagement" de la négation ou du non-exercice de certains droits[28] ».

Les remises en cause de ce phénomène ont été rarissimes dans la gauche européenne du XXe siècle. En 1977, le dirigeant communiste italien Enrico Berlinguer appelait le mouvement ouvrier à « faire sienne la bannière de l'austérité[29] » : à « la consommation privée, source de parasitisme et de privilèges », une austérité de gauche devait opposer une « moralité nouvelle », fondée sur les valeurs de la « rationalité, la rigueur, la justice, la jouissance de biens authentiques, c'est-à-dire la culture, l'instruction, la santé, un rapport sain et libre à la nature »[30]. Berlinguer concédait qu'une telle politique supposait « certains renoncements et certains sacrifices », mais il y voyait « un acte libérateur pour les grandes masses, assujetties à d'anciennes et intolérables formes de soumission et de marginalisation », et la source de « nouvelles solidarités », ébauchant « un large mouvement démocratique, au service d'une œuvre de transformation sociale »[31]. Discours singulier dans le panorama des gauches de l'époque, mais qui fut sans lendemain : au moralisme des années 1970 succéda rapidement la nouvelle débauche de consommation des années 1980. Les échecs répétés du socialisme d'inspiration marxiste à intégrer la question des limites naturelles dans son projet d'autonomie, malgré les intuitions naturalistes du jeune Marx, invitent à repenser la manière dont sont conçues les relations entre l'homme et la nature.

L'humain en sa nature

Si le socialisme a longtemps fait alliance avec le productivisme, il ne fut pas le seul courant de pensée contemporain à se laisser charmer par ce chant des sirènes. Conservateurs, libéraux et communistes étaient, eux aussi, convaincus que l'abondance matérielle, dont les sciences et technologies portaient la promesse, conduirait à la liberté. Toutes héritières de Bacon et de Descartes, les pensées politiques modernes partageaient le rêve de « dominer la nature », et la conviction qu'en agissant de la sorte elles œuvraient « pour le bien général de tous les hommes ». L'idée d'une séparation entre l'homme et la nature, ce que l'on appelle la vision dualiste du monde, avait d'ailleurs des racines profondes. Le médiéviste américain Lynn T. White Jr en fait remonter les origines aux transformations religieuses accomplies en

Europe il y a un bon millénaire : « Dans sa forme occidentale, écrit-il, le christianisme est la religion la plus anthropocentrique que le monde a connue. [...] En contraste absolu avec le paganisme antique et les religions asiatiques [...], non seulement le christianisme établit un dualisme entre l'homme et la nature, mais encore il soutient que c'est Dieu qui veut que l'homme exploite la nature pour ses propres fins[32]. » Le positivisme moderne ne serait, en d'autres termes, que la forme sécularisée de la représentation du monde issue du christianisme et devenue dominante en Europe à partir du XIe siècle. L'historien français Pierre Hadot considère lui aussi que le dualisme séparant l'homme et la nature trouve son origine dans la « perspective créationniste chrétienne ». Dans les représentations antiques antérieures au christianisme, l'homme, la nature et les divinités participent d'une même réalité, d'un grand tout indissociable. Le propre du christianisme est de faire de la nature « un objet fabriqué par un artisan distinct d'elle et qui la transcende. Œuvre de Dieu, elle n'est plus divine[33] ». De là découle l'« attitude dominatrice de la science moderne », puisque « déjà dans la Genèse, Dieu ordonnait à l'homme de dominer la terre[34] ». Quand ils cherchent à percer les secrets de la nature à l'aide de la science expérimentale, et à la dominer en faisant usage des techniques, les humains ne font que répondre, selon Bacon et Descartes, au dessein que Dieu leur a assigné.

Ce qui a été construit peut être déconstruit. Rien de tout cela n'est universel ni immuable. L'anthropologie comparée nous enseigne que « la manière dont l'Occident moderne se représente la nature est la chose du monde la moins bien partagée. Dans de nombreuses régions de la planète, humains et non-humains ne sont pas conçus comme se développant dans des mondes incommunicables et selon des principes séparés[35] ». De là à considérer que tous nos maux viennent de l'ignorance des autres formes du vivant par des humains qui se croient le centre du monde, il n'y a qu'un pas, franchi par de nombreux théoriciens de l'écologie qui promeuvent une éthique élargie au vivant dans son ensemble, aux espèces et aux écosystèmes qui le constituent, et appellent à substituer à l'anthropocentrisme une approche bio- ou écocentrique[36]. Relativiser les intérêts des humains, élargir le point de vue aux autres composantes du vivant, nous conduirait à porter un jugement plus critique sur notre action et à privilégier la conservation de la nature plutôt que sa transformation.

Ces débats, qui ont engendré un vaste champ de recherches dans le domaine de la philosophie et de l'éthique environnementales et qui animent nombre de mouvements écologistes, aussi théoriques puissent-ils paraître, ne doivent pas être éludés. Les idées et les représentations du monde agissent profondément sur le cours des choses, et le socialisme, étant particulièrement attentif aux conditions matérielles de l'autonomie, ne peut pas se redéfinir sans s'interroger sur ce qu'il doit au dualisme de la modernité occidentale, et sur la manière dont les relations entre l'homme et la nature peuvent être redéfinies.

Cela n'implique pas pour autant de rompre radicalement avec une approche humaniste, au profit de visions du monde où l'homme se dissout dans la nature, jusqu'à y perdre sa singularité. Un tel virage est à la fois inutile et périlleux.

Périlleux d'abord, parce que, d'un point de vue politique, les tensions qui traversent les débats sur la transition climatique, opposant anthropocentrisme et écocentrisme, éthique de l'action ou de la conservation, « divisent les éthiques environnementales et affaiblissent leurs efforts pour une action concertée et efficace », comme l'écrivait il y a trente ans déjà le philosophe américain Bryan Norton[37]. Le narcissisme des différences mineures, opposant entre eux les courants défendant la justice climatique, ne sert que leurs adversaires conservateurs. Ce virage est en outre inutile, parce que, contrairement à ce qu'affirment les tenants d'une vision écocentrique, il n'est absolument pas nécessaire, pour respecter et réparer la nature, de lui étendre les droits reconnus à l'homme ou de lui reconnaître une « valeur intrinsèque ». Tout en maintenant un point de vue humaniste, on peut parfaitement concevoir que la nature a, au-delà de son utilité matérielle, une valeur esthétique, morale, spirituelle et scientifique, qui suffit amplement à justifier sa conservation. C'est ce que disait déjà Polanyi, et que Bryan Norton appelle un « anthropocentrisme faible ». Dans une telle approche, la singularité de l'homme au sein de la nature n'est pas remise en cause, mais cela n'implique pas que la nature soit perçue comme un simple moyen. Même quand on la considère du point de vue des humains, elle vaut beaucoup plus que les « services environnementaux » auxquels la réduisent les économistes libéraux. La valeur de la nature aux yeux des humains tient aux émotions qu'elle suscite et qui contribuent à la formation de leur intelligence, de leur sensibilité et de leur sens moral. On peut donc fonder une critique de la réduction de la nature à sa valeur marchande sans qu'il soit nécessaire de donner une valeur en soi à la nature. Les excès des approches centrées sur l'homme, qui ont justifié tous les saccages naturels, doivent être dénoncés, mais cela n'implique pas qu'il faille rompre avec les fondements humanistes des pensées politiques modernes. Car, à trop vouloir tordre le bâton dans l'autre sens, on risque de remplacer un abus par un autre. Comme l'écrit le théoricien américain de l'écologie sociale Murray Bookchin, « si les théories libérales et marxistes ont préparé les bases idéologiques du pillage du monde naturel, les antihumanistes "biocentrés" et les dévots de la "loi de la nature" sont peut-être en train de préparer le pillage de l'esprit humain[38] ». Il faut donc rester prudent à l'égard de ces « tentatives réductionnistes d'absorber le social dans l'évolution naturelle, de faire s'effondrer la culture dans la nature dans une orgie d'irrationalisme, de théisme et de mysticisme, d'assimiler l'humain à une simple animalité, ou d'imposer une "loi naturelle" artificielle à une société humaine obéissante[39] ». Plutôt que d'opposer l'humanisme et le naturalisme, on peut les concilier dès lors que l'on réaffirme avec le jeune Marx que « la vie physique et intellectuelle de l'homme est indissolublement liée à la nature ». C'est ce que dit Murray Bookchin quand il écrit que « nous ne sommes pas moins des produits de l'évolution naturelle que de l'évolution sociale[40] » et invite à élaborer un « matérialisme historique » du développement naturel. L'évolution biologique telle qu'elle est décrite depuis Darwin ne se réduit pas à un processus de sélection naturelle qui élimine les êtres vivants les plus fragiles, elle est aussi et surtout une adaptation constante du vivant à ses conditions d'existence, adaptation qui engendre des formes de vie toujours plus complexes. Cette évolution n'est pas seulement biologique, elle touche aussi la rationalité et la créativité humaines : plus les formes du vivant se diversifient, plus l'humain vivant dans la nature voit la gamme de ses expériences s'élargir. Contre les tendances de la société capitaliste à standardiser tous les biens et à simplifier les structures de la vie sociale, l'écologie sociale réaffirme la valeur de la diversité, autant dans sa matérialité biologique que dans ses dimensions intellectuelles et spirituelles.

D'une telle approche procède logiquement le choix d'une éthique de l'action, plutôt qu'une préférence pour la conservation. Conserver intacts les derniers sanctuaires de la nature primaire est certes essentiel – tant parce qu'ils constituent des témoignages irremplaçables des dynamiques de la nature antérieures à l'action transformatrice de l'homme, que par le rôle de réservoir de la biodiversité et de puits de carbone qu'ils jouent. Mais on aurait tort de faire de la « conservation » d'un « patrimoine naturel » la seule approche légitime. D'abord parce que la nature secondaire, celle qui a été façonnée par l'interaction entre les humains et les autres formes du vivant, ne peut plus vivre seule : sans les soins des communautés humaines, les écosystèmes tels que les oasis, les pâturages, les bocages... retourneraient rapidement à l'état de désert ou de forêt, et la biodiversité s'en trouverait appauvrie. Ensuite et surtout parce que les défis de la transition climatique rendent l'action de l'homme indispensable. Il faut à la fois réparer ce qui a été saccagé, aménager les territoires de la vie humaine pour qu'ils puissent survivre aux dérèglements climatiques, et transformer radicalement nos manières d'habiter le monde et de vivre des ressources dont il regorge, et cela implique un travail humain titanesque. Comme l'écrivait André Gorz il y a plus de quarante ans, « le projet "prométhéen", commun à la bourgeoisie des XVIIIe et XIXe siècles et à Marx, de "maîtriser" ou de "domestiquer" la Nature ne devrait pas choquer les écologistes ni être incompatible avec le souci d'une gestion de l'écosystème qui en ménage les grands équilibres : la domestication des ressources renouvelables, notamment de l'énergie solaire, est un projet au moins aussi "prométhéen" (quoique incomparablement moins destructif) que l'exploitation de l'énergie nucléaire[41] ». L'approche centrée sur la conservation, se réduisant à un rapport passif à la nature visant à lui permettre de suivre le cours de son développement spontané, pouvait avoir un sens quand les dégâts causés à l'environnement étaient encore relativement mineurs ; à l'heure de l'Anthropocène, elle ne peut plus suffire. Seule une volonté de s'attaquer radicalement aux fondements de nos modes de production et de consommation peut être à la hauteur des enjeux contemporains.

Troisième partie
Propositions

« L'homme est la nature prenant conscience d'elle-même. »

Élisée Reclus, *L'Homme et la Terre*, 1905.

« La nature n'est pas du passé, elle est le chantier non encore déblayé, les outils non encore conçus dans leur forme appropriée pour bâtir la demeure humaine qui n'a pas non plus encore de forme appropriée. »

Ernst Bloch, *Le Principe espérance*, 1976 (1944-1959).

7
Affronter l'oligarchie économique

La transition climatique n'est pas un long fleuve tranquille. Des pans entiers de nos économies carbonées seront déclassés, des filières nouvelles doivent être créées de toutes pièces, les sous-bassements énergétiques de notre alimentation, de nos habitats, de nos déplacements et de nos industries doivent être intégralement remplacés... Ce qui appellera des investissements massifs dans les infrastructures et les équipements, et la réorientation de la trajectoire professionnelle de millions de travailleurs. Soustraire des choix collectifs aussi essentiels au règne de la main invisible est d'autant plus nécessaire que, de l'aveu même des économistes libéraux, « les émissions de gaz à effet de serre constituent le plus grand échec du marché que le monde ait connu[1] ».

Démocratiser la planification

La logique du marché, des signaux prix et de l'harmonisation des comportements par une main invisible a pris une telle place dans nos imaginaires occidentaux que nous oublions parfois que cette hégémonie est récente. Dans l'entre-deux-guerres, quand il fallut réparer les dégâts sociaux immenses causés par la crise financière de 1929, ou après la Seconde Guerre mondiale, quand il fallut reconstruire les sociétés européennes de fond en comble, ce n'est pas au marché que les communautés humaines firent appel, mais à une volonté politique formée par la délibération démocratique et à l'action volontariste de pouvoirs publics travaillant en étroite concertation avec les partenaires sociaux, ce que l'on appelait alors la planification. Les besoins sociaux étaient définis par la puissance publique, s'appuyant sur de vastes enquêtes conduites par des légions de fonctionnaires, et la production était orientée, directement ou indirectement, dans cette direction. La planification est aujourd'hui largement décriée : réputée lente, lourde, inefficace, générant une vaste bureaucratie parasitaire et ankylosante, dominée par des technocrates agissant dans l'ombre, elle paraît peu compatible avec la culture individualiste et les exigences de transparence de nos sociétés avancées[2]. Ces caricatures ne doivent pas faire oublier que les conditions ont changé depuis l'époque glorieuse de la planification d'après guerre. Les technologies de l'information permettent de collecter des données très précises en temps réel et avec de faibles moyens. Et la gamme des instruments développés par la puissance publique pour orienter la production s'est largement développée : le soutien public à la recherche et au développement, les politiques industrielles, les prises de participation publiques dans le capital des entreprises privées, les mesures fiscales restrictives ou incitatives, les normes de produits, les standards traduisant la protection de droits sociaux ou environnementaux, les subsides à la production, les dispositifs de formation, les règles de la politique commerciale... tous ces instruments de l'action publique utilisés de manière coordonnée peuvent soumettre la production à des objectifs socialement définis, sans qu'il faille en revenir aux plans quinquennaux d'autrefois[3].

D'ailleurs, bien que les économistes classiques continuent à n'avoir d'yeux que pour les « mécanismes de marché », dans les faits, et en grande partie sous la pression des impératifs climatiques, la planification étend sans cesse son emprise. Elle domine d'abord à l'échelle globale : de vastes négociations multilatérales annuelles visent à définir des objectifs chiffrés de réduction des émissions, déclinés par secteurs et assortis de calendriers précis. Ce cadre global irrigue tous les étages inférieurs de la décision publique. Dans le contexte européen, l'Union et ses États membres se sont engagés, par application de ces accords mondiaux, à réduire leurs émissions de 55 % à l'horizon 2030 et à atteindre la neutralité carbone en 2050. Ces ambitions sont ensuite déclinées en objectifs quantifiables dans le domaine de l'industrie et de la production énergétique, et chaque État membre se voit assigner des cibles précises de réduction des émissions dans les autres secteurs. Le *Green Deal* porté par l'actuelle Commission européenne semble, de ce point de vue, renouer avec la philosophie de la planification qui dominait les politiques européennes des décennies d'après guerre, quand il s'agissait d'assurer l'autonomie alimentaire, la souveraineté énergétique et la reconstruction économique de l'Europe. Les objectifs sont différents, mais les méthodes se ressemblent : des dizaines de textes législatifs européens assignent des objectifs de réduction des émissions précis au secteur des transports, du résidentiel et des bureaux, à la production agricole et alimentaire… D'autres décisions contraignantes programment la fin de l'utilisation ou de la production de véhicules thermiques, de substances chimiques ou de pesticides… Organisée d'en haut, à l'échelle du continent, la planification s'étend ensuite aux ramifications plus fines des structures publiques : les régions, les villes, les communautés urbaines, les universités et les fondations publiques… sont de plus en plus nombreuses à annoncer leurs propres ambitions climatiques, et à les traduire en chiffres précis, inscrits dans des calendriers rigoureux. Les entreprises ne sont pas en reste : anticipant les désirs des consommateurs, les pressions de leurs actionnaires et l'activisme des régulateurs publics, elles programment leur propre décarbonation, à grand renfort de stratégies « zéro carbone », « zéro déchet » ou « 100 % durables » alignées sur des dates arrondies et rythmées par des étapes intermédiaires souvent calculées par tranches de cinq ou dix ans. Même le monde de la finance commence à comprendre qu'il doit se résigner à sortir des investissements carbonés et afficher des ambitions vertes inscrites dans des temporalités fermes. La planification, décrite comme une vieille lune il y a quelques années encore, ne s'est jamais aussi bien portée qu'en ces temps d'urgence climatique. La question n'est donc plus « faut-il planifier ? » mais « comment assurer que la planification, désormais généralisée, soit soumise aux délibérations des sociétés démocratiques, plutôt qu'au marché et à ses signaux prix, ou aux décisions des technocrates et des entreprises qui les conseillent ? ».

Soumettre à la délibération démocratique la question de savoir « que produire et comment produire » suppose d'abord que la norme publique, formelle et contraignante, soit réhabilitée. Certains des biens et services qu'il est nécessaire de produire dans l'optique de la transition climatique peuvent être décrits en termes abstraits et uniformes (une certaine quantité d'électricité d'origine renouvelable par exemple). Mais la plupart des « produits » ne peuvent être définis d'une manière aussi standardisée, et la planification dont ils doivent faire l'objet consiste à les soumettre à des standards (la quantité de matière et d'énergie qu'appellent leur production, leur durée de vie garantie, leur réparabilité et leur recyclabilité...). Or la très grande majorité des économistes classiques et des décideurs dont ils influencent le jugement restent convaincus que le prix constitue le seul instrument efficace des politiques publiques. Comme l'expliquait Albert Hirschman, « les économistes suggèrent souvent de remédier à une conduite immorale ou antisociale par la simple stratégie consistant à en augmenter le coût, plutôt que de l'enrayer en édictant des principes accompagnés de prohibitions ou de sanctions. La raison en est probablement qu'ils tiennent tous les citoyens pour des consommateurs qui ne changent pas de goût ou en changent de façon arbitraire, jusque dans leur comportement civique. Ce point de vue tend à négliger la possibilité que les gens soient capables de modifier leurs valeurs. L'un des buts principaux des lois et des réglementations officielles est de stigmatiser les attitudes antisociales et de transformer ainsi les valeurs et les codes de conduite des citoyens. Cette fonction éducative de la loi qui vise à instaurer une hiérarchie dans les valeurs et à en préconiser certaines est aussi importante que ses fonctions de dissuasion et de répression[4] ». Les sociétés, même les plus prospères, sont capables de s'imposer une autolimitation matérielle lorsqu'il s'agit de défendre des valeurs collectives considérées comme supérieures. Au sein même de nos sociétés de consommation, des règles extrêmement précises et rigoureuses ont été mises en place au nom de l'impératif de la sécurité, aussi bien dans l'industrie automobile que dans la construction des bâtiments, ou encore dans la production de biens de consommation courante destinés à des publics considérés comme vulnérables, tels que les jeux et jouets pour enfants. La santé s'est imposée elle aussi, tout au long de la seconde moitié du XXe siècle, comme un impératif catégorique justifiant l'adoption de règles très contraignantes dans l'industrie pharmaceutique, la chimie, le tabac et l'alcool et, beaucoup plus timidement, l'agroalimentaire. Rien n'empêche donc de concevoir que la protection de la biodiversité et la lutte contre les dérèglements climatiques finissent par s'imposer comme des orientations collectives privilégiées, justifiant le renforcement des règles qui limitent la logique de marché. De nombreuses normes ont été énoncées en ce sens depuis une trentaine d'années, visant à protéger les espèces menacées, à limiter l'exploitation forestière, à réduire la consommation d'énergie et l'exploitation de minerais et métaux rares, à limiter le recours aux pesticides ou la production de plastiques jetables... Plutôt que de taxer les comportements jugés nuisibles, ce qui a pour effet de les réserver à une élite, et ce faisant de les rendre encore plus désirables, ne peut-on par exemple interdire les jets privés, les voitures et bateaux les plus polluants au nom des impératifs climatiques, environnementaux et de santé publique ? N'est-il pas légitime, quand la nécessité de réduire les émissions se fait urgente, de cibler d'abord celles qui relèvent des biens de luxe[5] ? Une telle option a le mérite de traiter tous les citoyens de la même manière, en énonçant des règles universelles, là où les mécanismes agissant par les prix posent systématiquement des problèmes d'équité. En visant au premier chef les consommations les plus énergivores, réservées à une très petite élite, elles contribuent en outre à diffuser dans le corps social un sens de l'équité indispensable pour rendre acceptables d'autres normes contraignantes.

Au-delà de la production elle-même, la délibération démocratique devrait porter sur les règles de la consommation. Historiquement, c'est la transformation des modes de consommation qui a donné au capitalisme son dynamisme et a entraîné son extension spatiale[6]. Les trois mécanismes qui accompagnent le déploiement de la société de consommation depuis ses débuts méritent dès lors une attention particulière : le crédit, la publicité et l'obsolescence programmée. Rien n'interdit d'agir pour limiter drastiquement le recours au crédit à la consommation, qui conduit souvent au surendettement et à une pauvreté durable, comme l'a fait la Belgique en 2011. On peut aussi, comme l'ont fait la Suède, la Norvège et le Québec, prohiber le recours aux techniques de manipulation psychologique dans la publicité, interdire la publicité destinée aux enfants ou, à l'instar des villes de Grenoble et Sao Paulo, supprimer les panneaux publicitaires dans l'espace urbain.

Dans le même esprit, la lutte contre l'obsolescence programmée constitue un objet privilégié du contrôle démocratique de la production. Interdire de commercialiser des biens non réparables, obliger les producteurs à fournir les plans et à garantir la disponibilité des pièces de rechange, imposer le recours aux équipements les plus robustes, les plus sobres en matières premières et interchangeables... sont autant de moyens de réduire le gaspillage massif et de revaloriser le savoir-faire des réparateurs, professionnels ou amateurs[7]. Imposer des garanties longues et interdire la commercialisation des extensions de garantie et des pratiques qui conditionnent le salaire des vendeurs à la vente de ces produits financiers, ce sont aussi des manières simples d'imposer démocratiquement à l'économie des valeurs de soutenabilité qu'elle ne défendra jamais spontanément, parce qu'elle n'y a pas intérêt.

Partager le pouvoir dans l'entreprise

La démocratisation de la sphère de la production et des échanges ne se cantonne pas à la dimension macroéconomique, elle suppose aussi de renouveler la réflexion sur le partage du pouvoir au sein des entreprises. Le socialisme utopique prémarxiste, né dans la fabrique, était très attentif à cette dimension locale[8]. La social-démocratie d'inspiration marxiste, quant à elle, a privilégié la grande échelle, ce qui a eu pour conséquence que « la gauche européenne n'a pas su saisir la dimension institutionnelle de l'entreprise[9] ».

Or l'entreprise demeure, malgré sa mort souvent annoncée, l'unité économique première, et les règles qui la gouvernent ont une influence très profonde sur l'économie dans son ensemble et sur la vie des travailleurs. La manière dont les pouvoirs sont répartis entre les actionnaires et la direction, les procédures qui déterminent les décisions d'investissement, les méthodes de management, les formes de la concertation sociale, les principes de rémunération, le poids des décideurs financiers au sein de la direction... tous ces éléments du gouvernement des entreprises influencent de manière déterminante l'évolution du capitalisme, et les choix d'investissements en particulier[10]. La vie du travailleur salarié est marquée dans toutes ses dimensions par cette logique oligarchique : son salaire, son temps et ses conditions de travail, ses droits sociaux, son statut, tout dépend en premier lieu du bon vouloir des détenteurs du capital. Et cette asymétrie de pouvoir entre actionnaires et travailleurs n'a cessé ces trente dernières années, au gré de l'internationalisation et de la financiarisation du capitalisme, de s'accentuer[11].

Marquée par la vulgate marxiste, la social-démocratie a longtemps vu dans la propriété publique des entreprises la seule réponse à ce problème. Au sein d'une entreprise publique, les objectifs et stratégies, le volume d'emplois, les droits des travailleurs... tout cela est défini par des administrateurs publics, qui sont censés être responsables devant les élus et agir en concertation étroite avec les représentants des travailleurs. Ce raisonnement optimiste a, dans les faits, rarement été confirmé. Comme le rappelait le syndicaliste italien Bruno Trentin, il apparaît avec le recul que la propriété publique des moyens de production « n'a pas influencé le moins du monde les formes d'organisation du travail, ni donné aux travailleurs et à leurs syndicats le pouvoir d'intervenir dans le domaine des programmes d'investissement des entreprises[12] ». Les faits invitent aussi à considérer avec prudence l'hypothèse selon laquelle les entreprises publiques seraient par nature plus respectueuses de l'environnement : sur les cent entreprises les plus émettrices de gaz à effet de serre du monde, 16 sont privées, 43 sont des compagnies d'État et 41 sont des entreprises à capital public[13]. Cela confirme le jugement critique de ceux qui, comme Cornelius Castoriadis, mettaient en garde contre le risque de placer tous les espoirs du socialisme dans le simple transfert de propriété du privé vers le public.

Depuis quelques années, on observe un regain d'intérêt pour la réflexion sur la manière dont le pouvoir est exercé au sein de l'entreprise, dans la continuité des débats d'après guerre sur l'autogestion et la cogestion. La première, qui reste largement répandue dans le secteur de l'économie sociale et solidaire, et fait de ce secteur l'une des alternatives les plus crédibles au capitalisme, peine à s'étendre dans les entreprises recherchant le profit et à dépasser l'échelle locale. Quant à la cogestion, expérimentée en Allemagne depuis la fin de la Seconde Guerre mondiale et ensuite dans les pays nordiques, elle est présentée par ses défenseurs comme une voie permettant d'allier une amélioration de la productivité et une réduction des inégalités, en particulier salariales. Elle a toutefois perdu de sa force transformatrice avec le temps : dans les rares pays qui l'encouragent, seules les grandes entreprises sont concernées et la proportion de représentants élus par les travailleurs s'est réduite. Dans la pratique, une logique de conciliation entre syndicats et actionnaires s'est installée, émoussant la force de contestation des salariés.

Consciente des défauts de ces mécanismes, la sociologue belge Isabelle Ferreras a proposé une nouvelle piste de réflexion[14]. Partant du point de vue selon lequel les entreprises doivent être considérées comme des entités politiques, vu leur pouvoir dans la définition des choix collectifs, elle s'inspire de la trajectoire des États européens pour penser leur démocratisation. Certains d'entre eux sont passés à la démocratie à travers un événement révolutionnaire, mais la plupart ont connu un parcours de démocratisation progressif, traversant une longue phase de confrontation et de négociation entre le pouvoir de l'oligarchie d'une part et celui du peuple d'autre part. Le bicamérisme, répartissant le pouvoir de faire les lois entre une assemblée représentant le pouvoir de la propriété et une autre exprimant la volonté populaire, a été la forme institutionnelle classique de ce gouvernement mixte. Avec le temps, le pouvoir de la propriété s'est érodé, et l'assemblée populaire a affirmé sa primauté, le bicamérisme n'étant plus, dans la plupart des cas, que la rémanence d'un passé lointain. Rien n'empêche de concevoir, à partir de cette expérience historique, une transformation analogue du pouvoir économique. Concrètement, le conseil d'administration des entreprises pourrait être constitué de deux chambres, l'une comprenant des représentants du capital, l'autre des représentants des travailleurs. Les deux chambres se partageraient le pouvoir « législatif » dans l'entreprise, elles désigneraient les membres de l'exécutif (le comité de direction), fixeraient la stratégie de l'entreprise, définiraient la répartition des profits entre salaires, investissements et dividendes, et assureraient le contrôle du pouvoir exécutif. Les procédures, empêchant une chambre de décider sans l'autre, forceraient les deux corps à développer une culture et des pratiques de négociation, en une authentique forme de partage du pouvoir. Avec le temps, comme il advint des sénats aristocratiques, la chambre des actionnaires pourrait voir son influence diminuer au profit des travailleurs associés.

Les adversaires de cette idée lui reprochent de sous-estimer l'évolution récente des entreprises, insérées dans le cadre d'une économie de plus en plus mondialisée et financiarisée. La généralisation de la sous-traitance, l'externalisation d'une part croissante des tâches, les délocalisations et l'internationalisation des chaînes de valeur auraient tant dilué le pouvoir de décision qu'il serait devenu impossible de le contrôler de l'intérieur. De surcroît, l'individualisation des modes de gestion au sein de l'entreprise et la mise en concurrence des services rendraient toute représentation collective illusoire[15]. Que les entreprises soient intégrées dans des chaînes de valeur internationales où le pouvoir devient de plus en plus impersonnel, c'est incontestable. Que les entreprises en plateforme de la nouvelle économie échappent aux canons classiques de l'entreprise l'est tout autant. Il n'en reste pas moins qu'une très grande part des emplois salariés sont issus d'entreprises moyennes dont les centres de décision sont encore localisés au cœur des lieux de production, et que leur démocratisation constituerait une avancée décisive et pouvant servir de précédent pour les autres. Comme toute innovation institutionnelle, le bicamérisme économique pose des questions de procédure (comment sortir d'une confrontation entre les deux chambres ?) et de coordination (comment organiser un tel mécanisme à l'échelle d'entreprises multinationales ?), mais elles ne peuvent être élucidées que par l'épreuve de l'expérience.

La démocratisation des entreprises ne les conduira pas mécaniquement vers la soutenabilité, mais elle peut y contribuer. Quand Michael Löwy affirme que « dans une société écosocialiste, les travailleurs de l'usine eux-mêmes auront une conscience écologique suffisante et éviteront de prendre des décisions nuisibles à l'environnement et à la santé de la population locale[16] », son propos relève du vœu pieux. En s'appuyant sur les trop rares études empiriques, on peut toutefois confirmer que les entreprises soumises à des règles démocratiques internes prennent davantage soin de l'environnement et de la santé publique. Elles atteignent une productivité identique, voire meilleure que celle des entreprises conventionnelles[17], les inégalités salariales y sont moins larges et les discriminations, notamment celles que subissent les femmes, moins répandues. Les crises économiques y sont aussi gérées avec moins de dégâts sociaux, et les travailleurs, qui vivent souvent près de leur lieu de travail, évitent de privilégier les technologies et processus les plus polluants[18]. Le mouvement est encore trop timide pour qu'on puisse en tirer des leçons de portée générale, mais il pointe dans la bonne direction.

Réhabiliter les communs

La démocratisation du pouvoir au sein des entreprises privées n'est pourtant pas une panacée, parce qu'elle se heurtera toujours au pouvoir des actionnaires de se retirer du jeu. Les détenteurs du capital, lorsqu'ils estiment que leurs profits deviennent insuffisants, peuvent décider de revendre leurs parts, de cesser l'activité ou de la déplacer vers des contrées où les règles sont moins contraignantes, et aucun dispositif institutionnel visant à partager le pouvoir au sein d'une entreprise privée ne peut mettre fin à cette asymétrie. Raison pour laquelle les mécanismes visant à socialiser le capital peuvent s'avérer indispensables dans la perspective d'une transition gouvernée démocratiquement. Dans le cadre des débats climatiques, les propositions de socialisation du capital portent le plus souvent sur des facteurs dits naturels, indispensables à la survie du genre humain, et qui devraient dès lors être considérés comme des biens communs, soustraits à la logique de l'appropriation privée et soumis à des méthodes de gestion collective. L'eau, les ressources halieutiques, les forêts, les sols, voire certaines ressources minérales essentielles, devraient ainsi être considérés comme un capital naturel universel, et faire l'objet de régimes de propriété collectifs, étatiques ou coopératifs, visant une gestion durable définie démocratiquement par l'ensemble des parties prenantes[19]. Certains économistes invitent à considérer l'atmosphère terrestre elle-même comme un bien commun, une propriété universelle, ce qui justifierait la taxation de ceux qui émettent du CO_2 et le versement des montants ainsi collectés à tous les citoyens, sous la forme d'un « dividende carbone »[20].

Ces débats sur la socialisation des fondements naturels de nos économies méritent d'être étendus aux actifs industriels essentiels. La taxation du carbone émis par les industriels et la multiplication des normes publiques contraindront toujours plus les entreprises de l'économie grise, qui seront amenées à réduire ou à réorienter drastiquement leur production. Mais aussi longtemps qu'ils resteront dans des mains privées, les secteurs clés de l'industrie carbonée disposeront d'un pouvoir de pression sur les décideurs politiques qui leur permettra de ralentir, voire d'empêcher l'adoption de telles normes, comme le montre le lobbying continu et à peine dissimulé des producteurs d'énergies fossiles. Dans ce secteur, comme dans ceux de l'automobile, de l'aéronautique ou du transport aérien, les détenteurs du capital pourraient en outre être tentés, pour préserver leurs profits, de n'envisager que la réduction de leurs effectifs. La socialisation de certains secteurs clés de nos économies peut dès lors s'avérer indispensable dans la perspective de la transition climatique, si l'on veut en garantir l'efficacité et l'équité sociale.

Le fait que les deux tiers des industries fossiles appartiennent aux États, directement ou indirectement, amène toutefois à ne pas perdre de vue que le simple transfert du capital, du privé vers le public, ne constitue pas une garantie de vertu climatique. Ce qui compte, c'est moins le transfert de la propriété en soi que le fait que le pouvoir de décision économique soit exercé de manière démocratique. Telle était la philosophie du plan Meidner-Hedborg, pensé par les économistes du principal syndicat suédois dans les années 1970, qui, bien qu'il n'ait jamais été mis en œuvre, demeure le projet de contrôle démocratique de l'économie le plus ambitieux qui ait jamais été conçu. Cherchant à combiner le contrôle ouvrier à l'échelle des entreprises et la socialisation du capital au plan national, il envisageait le transfert progressif du capital des grands groupes suédois vers des fonds détenus par les travailleurs et leurs représentants[21]. Concrètement, 20 % des bénéfices auraient été transférés chaque année dans un tel fonds, sous forme d'actions non cessibles, si bien qu'au bout de vingt à trente-cinq ans les actions auraient été majoritairement détenues par les travailleurs et leurs représentants. Adopté par le principal syndicat suédois en 1976, le plan fut abandonné quelques années plus tard face à la résistance du monde des affaires.

Le principal instigateur de ce plan ancrait clairement son projet dans une volonté de gestion démocratique de l'économie, contrecarrant la concentration du pouvoir économique[22]. C'est aussi cette volonté de démocratisation qui amène ses défenseurs contemporains, comme le sociologue Erik Olin Wright, à plaider pour une revitalisation de ce plan : un tel mécanisme réduirait les chantages à la délocalisation et au désinvestissement qui sont l'essence du pouvoir des grandes firmes[23]. Transposé dans le contexte contemporain, le transfert des actions tel qu'envisagé par le plan Meidner pourrait se faire vers des fonds sectoriels qui n'investiraient que dans les infrastructures collectives de mobilité, les énergies renouvelables, l'économie circulaire..., et qui seraient gérés selon des méthodes démocratiques, assurant ainsi une transition des investissements que le capital privé est incapable de garantir[24].

8
Briser la spirale des inégalités

Depuis la fin des années 1980, la dérégulation libérale et la globalisation de l'économie ont conduit à une très forte augmentation des écarts de rémunération et de patrimoine. Dans le même temps, la crise qui a durement frappé les régions industrielles traditionnelles a produit un chômage massif et un déclin brutal des bassins urbains liés à la grande industrie. Dans un tel contexte, le sentiment de relégation a heurté de larges pans de la classe ouvrière et les habitants des territoires frappés par le chômage massif et la décrépitude urbaine. L'habileté de la nouvelle droite, dont Donald Trump restera pour l'histoire l'incarnation iconique, a consisté à exploiter le ressentiment généré par ces transformations sociales et politiques profondes, en opposant au sentiment d'impuissance et d'abandon une promesse de protection et de réappropriation du destin collectif[1]. On voit ainsi se dessiner une nouvelle fracture politique entre une classe moyenne urbaine, hautement qualifiée, à revenus plutôt élevés, ouverte au monde et convaincue de la nécessité d'accélérer la transition climatique, et des groupes sociaux relégués dans les anciens bassins industriels et les territoires péri-urbains, moins formés et confinés dans le chômage ou les emplois précaires, qui voient dans les frontières une protection et se méfient d'une écologie perçue comme un luxe[2].

On ne doit pas sous-estimer, dans ce réalignement politique, le poids des facteurs environnementaux. Que les bastions qui ont glissé des partis ouvriers vers des mouvements politiques ethno-nationalistes soient des territoires centraux de l'économie grise, de la *Rust Belt* américaine au *Red Wall* britannique, en passant par la Ruhr et le Nord de la France, est loin d'être une coïncidence[3]. C'est là que les travailleurs ont vécu dans leur chair les conséquences environnementales du modèle productiviste et extractiviste. Quand Barack Obama annonce la fin du charbon et fait l'éloge des énergies renouvelables au cœur des bassins miniers de Pennsylvanie, il ne soulève pas seulement chez les cols bleus la crainte de perdre leur emploi, il blesse aussi la fierté d'une classe et d'une région où le métier de mineur jouit d'une grande considération. Donald Trump, ensuite, a beau jeu de dénoncer les chimères des progressistes et de ramasser les morceaux.

Les droites contemporaines ne sont plus simplement néolibérales, elles sont aussi ouvertement conservatrices et climatosceptiques. Sous Donald Trump, les États-Unis ont quitté l'Accord de Paris et continué à soutenir massivement les industries extractives et les producteurs d'énergie fossile; ils ont affaibli la protection sociale, octroyé des privilèges fiscaux aux plus riches; attaqué les droits des femmes, banalisé la misogynie et promis de bâtir des murs contre les migrants. Ces choix font système, ils illustrent ce que Bruno Latour appelle la « sécession des riches » : « Tout se passe comme si une partie importante des classes dirigeantes (ce qu'on appelle aujourd'hui de façon trop vague les "élites" était arrivée à la conclusion qu'il n'y aurait pas assez de place sur terre pour elles et pour le reste de ses habitants », et avait fait le choix de « se débarrasser au plus vite de tous les fardeaux de la solidarité » et de « construire une sorte de forteresse dorée pour les quelques pour-cent qui vont pouvoir s'en tirer »[4]. Contre ces tentations sécessionnistes, la gauche n'a pas de défi plus impérieux que de démontrer qu'il est possible de défendre une conception universaliste de l'émancipation tout en tenant compte des limites physiques de notre planète.

De la croissance à l'accroissance

Que les mouvements socialistes, dans leurs composantes politiques ou syndicales, aient fait de la croissance un pilier fondamental de leur politique, cela n'a rien d'étonnant. Pour promettre à tous la jouissance des droits et libertés qui avaient longtemps été réservés à la bourgeoisie, quoi de plus efficace que de se projeter dans un avenir où la prospérité serait si abondante que nul n'en serait plus exclu ? Quoi de mieux pour entretenir l'espoir de progrès au fil des décennies que d'assurer aux travailleurs que, grâce à leur labeur et aux combats du mouvement ouvrier, leurs enfants vivront mieux qu'eux ? Et ce ne furent pas que vaines promesses : tout au long du XXe siècle, l'Europe a vu la misère, la pauvreté et les inégalités reculer, tandis que le grand nombre accédait aux droits et libertés, ainsi qu'aux conditions matérielles qui permettent d'en jouir pleinement.

Cela explique que le mouvement ouvrier ait longtemps nourri, et continue de nourrir, des craintes aiguës à l'endroit de la décroissance. Le concept souffre d'avoir été associé à ce que Hans Jonas aurait appelé un « nouvel ascétisme ». Le préfixe « dé- » donne à penser que la réduction de la production et de la consommation matérielles est inévitable – au moins dans les sociétés les plus riches.

Poser la question de la croissance et de sa finitude, c'est d'abord s'interroger sur la pertinence des indicateurs qui président au pilotage de l'économie mondiale depuis quelques décennies. La critique est connue : parce qu'il ne mesure que la valeur des activités rémunérées, le produit intérieur brut intègre dans le calcul de la prospérité des activités nuisibles aux humains et à la nature, il ne tient pas compte de nombreuses formes de travail non rémunérées qui contribuent pourtant au bien-être et à la cohésion sociale, et il ignore le coût environnemental et humain de nombreuses formes de production. Il gagnerait donc à être remplacé par des indicateurs qui tiennent compte des équilibres écologiques et qui mesurent le bien-être réel des populations plutôt que leur simple richesse monétaire. Ces critiques ne datent pas d'hier. Quelques années après sa diffusion seulement, son fondateur, l'économiste américain Simon Kuznets, écrivait que « lorsqu'on préconise "plus" de croissance, il faudrait préciser plus de croissance de quoi et pour quoi[5] ». Depuis plus de vingt ans, les travaux se multiplient, visant à compléter ou remplacer le PIB par d'autres indicateurs mesurant le bien-être réel des populations et tenant compte des limites physiques de la planète, sans toutefois qu'ils débouchent à ce stade sur aucune modification des critères utilisés par les institutions économiques internationales et donc par les États[6].

Par ailleurs, réduire le débat sur la prospérité à un bilan comptable de la production de biens et services sans tenir compte de leur nature, c'est s'empêcher de comprendre les dynamiques inhérentes à la transition climatique. Le passage de la société carbonée d'aujourd'hui à un monde équilibré et soutenable suppose évidemment qu'un certain nombre d'activités soient réduites, voire éteintes. On sait qu'il faudra arrêter d'extraire, de raffiner et de brûler les énergies fossiles ; mettre fin à la déforestation et à l'extraction massive d'autres ressources naturelles, et cesser de fabriquer des produits jetables. On sait que les déplacements en voiture individuelle, en avion et en bateau, la consommation de données digitales ou de protéines animales... devront diminuer dans les pays les plus prospères si l'on veut permettre aux autres de continuer à se développer. Mais nombre d'autres secteurs peuvent et même doivent voir leur activité continuer de croître si l'on veut réussir la transition[7]. C'est le cas notamment de la fabrication de véhicules électriques légers, du développement et de la maintenance des sources d'énergie renouvelable, du maraîchage, de l'agriculture et de l'élevage agroécologiques, de la production de matériaux de construction et d'isolation renouvelables, et de l'ensemble des activités de recyclage associées à ces productions... C'est le cas aussi de l'aménagement des bâtiments et des espaces publics, et du développement des transports en commun, ce qui suppose de continuer à produire de l'acier, du verre et du ciment, des composants électriques et électroniques... D'autres secteurs qui ne sont pas forcément au cœur de la transition climatique peuvent par ailleurs continuer à se développer presque sans limite, tant leur impact carbone est limité et leur contribution au bien-être collectif essentielle : il en va ainsi de la santé, des soins aux personnes, de la plupart des activités culturelles et du tourisme écologique. Dans le même temps, les effets des dérèglements climatiques se faisant d'ores et déjà ressentir, il faudra reboiser, planter des haies et creuser des mares agricoles, aménager les berges des fleuves et des zones inondables pour réduire l'impact des fortes précipitations et prévenir les inondations ; entretenir les pâtures ouvertes et les sous-bois pour réduire les risques d'incendie ; verdir les zones urbaines pour aménager des îlots de fraîcheur...

Le thème de la décroissance ne doit donc pas être compris comme un nouveau commandement, nous intimant l'ordre de vivre dans une frugalité plus ou moins subie. Il doit plutôt être vu comme une « fiction performative pour signifier la nécessité d'une rupture avec la logique productiviste et consumériste », comme le dit Serge Latouche, son concepteur et inlassable avocat. Il ne s'agit pas tant de s'imposer des quotas, rappelant les tickets de rationnement de sinistre mémoire, que de « retrouver le sens des limites ». *Stricto sensu*, on devrait d'ailleurs plutôt parler d'*accroissance* que de décroissance[8]. Ce qui nous ramène à l'idée d'état stationnaire qu'évoquaient Mill et Keynes à la fin du

XIXe siècle et au début du XXe. Réduire notre consommation matérielle et son impact sur l'environnement et le climat, cela ne revient pas à vivre de manière plus rudimentaire, mais à imaginer « une *nouvelle conception de la richesse*, dans laquelle l'équité et la soutenabilité dans la reproduction de la vie (de *toute* forme de vie) est au centre de notre vision de l'avenir[9] ».

La gauche a tout intérêt à se saisir de ce débat sur les limites de la croissance, non seulement parce qu'il permet de construire une critique solide des indicateurs et des règles de gouvernance de l'économie capitaliste, mais aussi et surtout parce qu'il ramène l'enjeu redistributif en pleine lumière. Aussi longtemps que nous restons enfermés dans la perspective d'une croissance sans bornes, nous pouvons nous épargner la peine de réfléchir à la juste répartition de la prospérité matérielle. L'augmentation constante de la richesse nous permettra toujours d'escompter des progrès sociaux futurs et d'apaiser les tensions sociales en projetant leur résolution vers des « attentes différées[10] ». Dès lors que l'on s'inscrit dans le scénario d'un état stationnaire, au contraire, ces questions ne peuvent plus être éludées. Nous sommes contraints de nous poser sans délai la question de la justice sociale : comment répartir la prospérité entre les services collectifs indispensables à l'émancipation de tous d'une part et les revenus personnels d'autre part ; et quels écarts accepter entre ces revenus personnels ? Ainsi comprise, l'absence de croissance n'implique pas seulement de « réduire l'intensité matérielle et énergétique de l'économie pour la ramener dans une relation d'équilibre avec le monde vivant », mais aussi et surtout la nécessité de le faire « en distribuant les revenus et les ressources de manière plus équitable, en libérant les gens du travail inutile, et en investissant dans les biens publics nécessaires à l'épanouissement »[11].

Une telle perspective est-elle condamnée à ne séduire que les partisans de la sobriété volontaire ? Pas forcément. Dans nos sociétés réputées matérialistes et individualistes, la perspective d'une réduction de la consommation matérielle globale peut convaincre plus largement, si elle s'accompagne d'une réflexion sur les sources réelles du bien-être, et d'un engagement à en étendre le bénéfice à ceux qui en sont aujourd'hui exclus. Car, contrairement à ce que dit le proverbe, l'argent ne fait pas toujours le bonheur. Au Royaume-Uni, entre 1957 et 2010, les revenus des particuliers ont doublé, mais, dans le même temps, le taux de personnes qui se disent heureuses a baissé drastiquement, passant de 52 % à 36 %[12]. La même tendance a pu être observée aux États-Unis[13]. Quatre explications permettent d'éclairer cet apparent paradoxe. D'un point de vue strictement matériel d'abord, on observe que si la richesse contribue au bien-être, ce phénomène est plus relatif qu'absolu. Dans une famille pauvre, l'augmentation du revenu disponible, réduisant les privations, les souffrances et les humiliations qui les accompagnent, améliore sensiblement le bien-être. Dans une famille riche, le mécanisme est moins automatique : quand tous les besoins fondamentaux sont comblés, et que l'on peut en outre s'offrir des consommations « superflues » qui procurent un plaisir ou une satisfaction supplémentaires, une nouvelle augmentation de revenu n'amène pas forcément un surcroît de bien-être. D'autant que les satisfactions procurées par la consommation matérielle tendent à décroître avec le temps : l'achat d'un nouvel équipement électro-ménager, par exemple, suscite un plaisir immédiat d'une certaine intensité, mais qui s'atténue au fil du temps, quand sa présence est devenue évidente.

On observe ensuite que la croissance des revenus, nécessaire pour accroître la consommation de biens et de services, se paie de sacrifices qui altèrent la satisfaction personnelle. L'augmentation du nombre d'heures travaillées ou passées dans les embouteillages, la diminution corrélative du temps consacré à la vie familiale ou sociale, et l'intensification du stress et des maladies professionnelles, sources de souffrances physiques ou psychiques, compensent largement les satisfactions tirées de la consommation matérielle, quand elles ne les outrepassent pas.

En troisième lieu, il faut garder à l'esprit que le confort matériel et la sécurité d'existence qu'il rend possible ne sont que l'une des conditions d'une vie épanouie. L'homme étant un être moral, il se nourrit aussi de reconnaissance sociale, d'épanouissement dans le travail, d'appartenance à une communauté, du sentiment d'être valorisé et respecté par ses pairs... Or les enquêtes qui mesurent l'évolution du bonheur à travers le temps montrent qu'une grande partie des citoyens des pays les plus développés, tout en reconnaissant que leur situation matérielle s'est améliorée, éprouvent le sentiment que les « aspects non matériels de la vie étaient réellement meilleurs autrefois[14] ». Cette dégradation est particulièrement sensible dans le monde du travail. Alors que l'obligation de travailler est restée une contrainte morale dominante, les valeurs associées au travail ont changé. La fierté associée à la force physique, au travail éprouvant, à l'expérience et aux tâches manuelles exigeant la maîtrise d'un savoir-faire rigoureux a décliné, au profit d'une survalorisation des diplômes universitaires et des aptitudes personnelles[15]. L'orgueil associé au statut de producteur, contribuant à la prospérité de la communauté, a cédé la place au culte des formations intellectuelles et à la valorisation du consommateur.

Enfin, d'un point de vue collectif, les enquêtes internationales qui interrogent les populations sur leur bonheur montrent qu'un haut niveau de satisfaction est moins lié à la prospérité du pays dans l'absolu qu'à son faible niveau d'inégalités et à la disponibilité de services publics de qualité[16]. Des pays dont le revenu disponible par habitant est inférieur à 10 000 dollars par an ont pu atteindre des niveaux d'espérance de vie et un taux de satisfaction à l'égard de l'existence nettement supérieurs à ceux des pays les plus riches, en investissant massivement dans l'éducation et la santé[17]. Ces enquêtes démontrent aussi que les pays qui investissent largement dans l'éducation et la santé, les retraites, la protection contre le chômage et l'invalidité sont beaucoup moins confrontés aux pathologies de la société hypermoderne : la criminalité et la violence y sont moins importantes, tout comme la pauvreté, l'isolement, les dépressions et les addictions. Le sens de la communauté, la confiance sociale, l'engagement civique y sont aussi plus développés. Et tout cela nourrit un sentiment général de sécurité et de bien-être, qui contribue à réduire la « consommation de compensation »[18].

Renforcer les biens communs

Ces constats plaident pour un accroissement des investissements dans les biens collectifs et les services publics nécessaires à l'épanouissement personnel et à la cohésion sociale. Depuis une vingtaine d'années au moins, le discours public dominant sur le changement climatique met l'accent sur la responsabilité individuelle et sur l'auto-ajustement des comportements guidés par le signal des prix de marché : le citoyen-consommateur est financièrement incité et moralement invité à agir de manière responsable en orientant ses choix vers des biens et services durables[19]. Cette préférence publique pour la responsabilité individuelle présente des inconvénients majeurs. Elle obère d'abord le fait que miser sur l'adaptation des comportements des consommateurs pris isolément est à la fois plus coûteux et moins efficace que d'opter pour des orientations collectives. Quand des millions de familles sont incitées à changer de voiture plutôt que de se tourner vers les transports en commun, par exemple, le coût pour la collectivité est infiniment plus élevé et l'impact sur la baisse de la consommation d'énergie infiniment moindre. En faisant du revenu disponible l'arbitre unique des choix de consommation, la logique des adaptations individuelles pose en outre des problèmes d'équité : les plus riches pourront toujours s'offrir des biens et services écologiquement vertueux, tandis que les autres groupes sociaux n'auront pas d'autre choix que de se rabattre sur des biens et services d'une moindre qualité environnementale, et qui affectent leur santé. L'accent mis sur la responsabilité personnelle des consommateurs a enfin l'inconvénient d'associer l'écologie à des restrictions. S'il est si facile aux conservateurs de dénoncer l'écologie comme punitive, austère, janséniste... c'est parce qu'elle est associée à des choix, et que choisir, c'est renoncer. Quand l'écologie consiste à renoncer à sa voiture et à l'avion, à manger moins de viande, à déménager vers un logement plus petit et à acheter moins de vêtements, il n'est pas étonnant qu'elle soit perçue comme un nouveau surmoi castrant nos désirs les plus élémentaires. L'écologie des choix individuels dresse ainsi contre elle à la fois les plus pauvres, qui n'ont pas accès aux produits présentés comme les plus vertueux, et les groupes sociaux privilégiés, qui craignent de devoir renoncer aux plaisirs matériels qui font le charme discret de la bourgeoisie.

Dans la trajectoire historique du socialisme, la préférence a été largement donnée au renforcement des choix collectifs. L'État social, en développant les services publics, transforme en profondeur les rapports sociaux : il sort de la sphère marchande une grande partie des fonctions relatives à l'épanouissement personnel, de la santé à l'éducation, en passant par la culture et le soin aux jeunes enfants et aux personnes âgées, et les rend accessibles au plus grand nombre. Les services publics aident ainsi à réduire les inégalités face à des besoins humains essentiels et contribuent à l'amélioration de la sécurité d'existence, de la santé publique et de l'épanouissement personnel. En outre, tout service offert gratuitement et universellement ouvre une brèche dans la logique d'appropriation et de profit[20].

Le mouvement vers la gratuité des biens et services essentiels est loin d'être terminé. Même dans les États sociaux les plus avancés, la gratuité effective et universelle de la santé et de l'éducation appelle de nouveaux investissements. Garantir à tous un accès à un logement sain, à l'eau vitale et aux énergies nécessaires est dans la majeure partie des régions du monde – et même dans les pays les plus riches – un objectif qui reste largement à atteindre. Toute société qui entend augmenter le bonheur moyen de ses membres, tout en respectant les limites inhérentes à notre monde physique, devrait commencer par définir démocratiquement le socle de droits humains indispensables pour mener une vie décente, les consacrer dans ses textes constitutionnels et les rendre opposables à l'État. Cela encouragera les pouvoirs publics à bâtir les services correspondants, et à garantir durablement leur accessibilité et leur universalité, et donnera aux citoyens et aux associations le pouvoir de contester la puissance publique lorsqu'elle ne tient pas ses engagements. Dans certains domaines, comme la santé ou l'éducation, dont la contribution au bien-être individuel et collectif a été amplement démontrée, la gratuité totale peut être aisément défendue. On peut, dans la même logique, considérer que les soins apportés aux enfants en bas âge et aux personnes âgées qui ne peuvent plus mener une vie autonome devraient être également accessibles à tous. De même, toute personne devrait pouvoir bénéficier d'un accès gratuit aux moyens de mobilité indispensables pour travailler et mener une vie sociale. La gamme des biens considérés comme essentiels à l'épanouissement personnel dépend des choix démocratiques propres à chaque société. Certaines municipalités et collectivités territoriales étendent déjà les services gratuits aux bibliothèques et autres institutions culturelles, aux crèches, aux cantines et activités extra-scolaires, aux piscines et autres équipements sportifs, aux transports publics, voire aux services funéraires. D'autres garantissent une alimentation naturelle aux enfants dans les crèches et les écoles, aux malades et aux personnes dépendantes dans les hôpitaux et les maisons de repos, ce qui constitue non seulement un investissement essentiel dans la santé publique, mais aussi un soutien à l'agriculture naturelle et de proximité.

Ce mouvement séculaire de développement des services essentiels et accessibles à tous devrait constituer l'un des piliers fondamentaux de toute perspective écosocialiste[21]. D'un point de vue environnemental, mutualiser ces fonctions permet d'en réduire largement l'impact carbone : un tramway produit douze fois moins de gaz à effet de serre que la centaine de voitures nécessaires pour transporter le même nombre de passagers ; une cantine publique permet de réduire les consommations d'énergie et le gaspillage de produits alimentaires ; les équipements sportifs collectifs consomment infiniment moins d'espace, de matériaux et d'énergies que des équipements privés[22]... D'un point de vue social, ces services publics favorisent l'interaction entre les groupes sociaux et les générations, et ils créent des emplois que le « marché du travail » ne fournit pas. Du point de vue de la culture publique, en encourageant les expériences coopératives et participatives et en soutenant l'innovation sociale, le déploiement de l'offre de services publics de base contribue à étendre le domaine des activités humaines relevant d'autres modalités que celles du marché, et cultive des valeurs de coopération et de solidarité.

Contenir l'écart des richesses

On a vu dans la première partie que les revenus les plus élevés privilégient les consommations les plus énergivores (maisons plus grandes et plus équipées, voitures plus lourdes, voyages lointains...) et que cela tend à tirer vers le haut, par effet d'imitation, la consommation énergétique et matérielle des autres groupes sociaux. À côté du renforcement des services publics de base, toute perspective ambitieuse et crédible de transition climatique doit dès lors comporter une stratégie de réduction des inégalités de revenus et de patrimoine. C'est d'abord une question d'efficacité : si les plus hauts patrimoines continuent à croître aussi rapidement que ce fut le cas ces dernières années, les émissions des hyperriches continueront d'exploser, ruinant les efforts des autres catégories sociales. C'est ensuite une question de légitimité : il est impossible, dans une société démocratique, de demander à la majorité de la population de contenir sa consommation matérielle pour lutter contre le changement climatique si, dans le même temps, une oligarchie climatique continue d'étaler au grand jour son mode de vie dispendieux et environnementalement désastreux.

Après avoir été longtemps négligée, voire occultée par les sciences économiques, la question des inégalités revient d'ailleurs au centre des débats depuis quelques années. Les travaux d'Anthony Atkinson, de Thomas Piketty et d'autres ont remarquablement démontré que les inégalités résultent de choix politiques, et qu'il est parfaitement possible d'y apporter des réponses politiques. Signe que les temps changent, les institutions économiques internationales comme le FMI, la Banque mondiale ou l'OCDE, qui furent les chantres et les leviers de la dérégulation néolibérale, s'ouvrent timidement à ces réflexions et plaident du bout des lèvres pour des mesures publiques internationales permettant de réduire le nivellement par le bas auquel se livrent les États occidentaux depuis une trentaine d'années.

Dans les débats sur la réduction des inégalités, l'accent est souvent mis sur la fiscalité. Comme le rappelle Thomas Piketty, l'économiste qui a remis ce thème au centre des débats mondiaux depuis une dizaine d'années, « la principale raison expliquant la réduction des inégalités de revenus » en Europe et aux États-Unis entre les années 1930 et la décennie 1980 fut la « déconcentration de la propriété »[23], laquelle s'explique en grande partie par le fait que les démocraties occidentales appliquaient à cette époque des taux d'imposition très progressifs. Entre 1932 et 1980, aux États-Unis, le taux applicable aux tranches de revenus les plus élevées était de 81 % tandis que les plus hautes successions étaient taxées à hauteur de 74 %. Au Royaume-Uni à la même époque, le taux maximal était de 89 % pour les hauts revenus et de 72 % pour les hautes successions[24]. Le démantèlement progressif de ce système fiscal très redistributif a conduit à une hyperconcentration de la richesse. Entre 1980 et 2018, le pour-cent le plus riche, aux États-Unis, a vu sa part du patrimoine national progresser de 22 % à 37 %. Les neuf dixièmes de la population voyaient, dans le même temps, leur part tomber de 40 % à 27 %[25]. Que les consommations ostentatoires aient explosé au cours de la même période n'est pas une coïncidence. Aux États-Unis, pour lutter contre la renaissance d'une oligarchie financière, les candidats de gauche du Parti démocrate ont proposé, lors de la campagne présidentielle de 2020, de cibler particulièrement le patrimoine des 0,1 % des Américains les plus riches, ceux qui détiennent à eux seuls 20 % du patrimoine du pays. Fixé à 2 % entre 50 millions et 1 milliard de dollars, et à 3 % au-dessus de 1 milliard, ce nouvel impôt sur la fortune rapporterait 1 % du revenu national (une *exit tax* de 40 % permettant par ailleurs de lutter contre l'évasion fiscale). Les candidats démocrates d'inspiration socialiste, comme Bernie Sanders et Alexandria Ocasio-Cortez, ont en outre proposé de taxer les plus hauts revenus à des taux oscillant entre 70 % et 77 %. Poursuivre le combat pour une fiscalité plus progressive et pour le rétablissement d'impôts sur la fortune est indispensable si l'on veut enrayer le cycle de concentration de la richesse qui s'est ouvert il y a une quarantaine d'années et ses conséquences climatiques et sociales dramatiques. Dès lors que le pour-cent le plus riche parmi les Terriens génère à lui seul plus d'émissions que la moitié la plus pauvre du monde, la redistribution est un enjeu climatique en soi. Comme la gauche du Parti démocrate américain, les gauches européennes devraient faire de l'établissement d'une taxe européenne sur la fortune leur premier étendard. À défaut d'un tel prélèvement, la concentration de la richesse se poursuivra. Les chiffres collectés par Thomas Piketty montrent que si la part des patrimoines hérités n'était « que » de 40 % du patrimoine total dans les années 1970, elle est devenue majoritaire dans les années

1980-1990, atteint aujourd'hui les trois quarts et représenterait, à taux de croissance et de rendement constant et en l'absence de réforme fiscale, 90 % dans deux générations. En d'autres termes, si les tendances actuelles à la concentration du capital se poursuivaient, dans deux générations, seuls 10 % du patrimoine national seraient encore issus du travail, le reste constituant un pur effet de rente.

À côté de la fiscalité classique, portant sur les revenus et les patrimoines, la perspective de la transition climatique amène à s'interroger sur la nécessité de soumettre à un prélèvement les émissions de carbone elles-mêmes. L'atmosphère étant un patrimoine commun à tous les humains, ceux qui y accumulent des gaz à effet de serre ne devraient-ils pas être contraints d'en payer le prix ? La question mérite d'autant plus d'être posée que les plus riches étant les principaux responsables de ces émissions, ils seraient les premiers affectés. En termes relatifs toutefois, les groupes sociaux inférieurs risquent d'être pénalisés par un tel mécanisme car même si leur consommation d'énergie est moindre, elle représente une plus grande part de leurs dépenses. Le mouvement français des Gilets jaunes, né de la protestation contre la hausse des taxes sur les carburants décidée par le président Macron, a montré qu'une hausse des prix énergétiques, même limitée, peut faire basculer des personnes à faibles revenus dans la précarité. Une contribution carbone n'est donc défendable que pour autant qu'elle contribue à renforcer les mécanismes de redistribution. De nombreux économistes plaident pour que l'intégralité des revenus d'une telle contribution soient réalloués aux ménages, mais ils recommandent de restituer la même somme forfaitaire à tous[26]. Les estimations établies aux États-Unis montrent qu'une distribution linéaire de ce type n'aurait qu'un effet redistributif très limité : les 10 % des ménages les plus riches verraient leur revenu disponible décroître légèrement, tandis que pour les 10 % les plus pauvres cette redistribution représenterait une augmentation de revenu d'une dizaine de pour-cent[27]. Si l'on veut recourir à ce mécanisme pour corriger les inégalités environnementales et sociales, il faut donc en accentuer le caractère redistributif, en établissant un plafond de revenus au-delà duquel aucun dividende carbone n'est versé, et en augmentant les versements aux ménages disposant d'une faible capacité contributive, ou souffrant d'isolement géographique. Dans de telles conditions, des dividendes carbone octroyés automatiquement et mensuellement, à l'instar d'autres formes de soutien public comme les allocations familiales, peuvent étendre et renforcer la gamme des instruments de lutte contre les inégalités.

La lutte pour la justice fiscale ne doit pas obérer les mécanismes qui agissent en amont de la redistribution. Dans l'absolu, la manière la plus efficace de réduire les inégalités est de s'attaquer à la formation primaire des revenus, c'est-à-dire aux mécanismes de définition des salaires. On rejoint ici l'ambition socialiste de démocratisation des entreprises et de l'économie en général : les études montrent en effet que les inégalités salariales sont d'autant plus faibles que le poids des organisations syndicales est plus fort[28]. À côté de la voie syndicale, le débat sur le plafonnement par voie légale des plus hauts revenus mérite d'être rouvert. De tout temps, les peuples ont considéré que l'écart des rémunérations au sein d'une société donnée ne pouvait pas être sans borne. Ce que l'on observe depuis trente ans, c'est pourtant une exacerbation continue des écarts de rémunération : la part des salaires dans les revenus est en baisse constante, au profit des revenus du capital qui sont concentrés dans les mains d'une petite partie de la population, et le différentiel entre les bas salaires et les rémunérations des dirigeants d'entreprise a explosé[29]. Si l'on veut éviter les phénomènes de sécession qui se manifestent quand le mode de vie des plus riches est si dispendieux qu'il est sans commune mesure avec le reste de la société, il faut reprendre le débat sur le salaire maximal. Une enquête internationale menée en 1999 indiquait que, dans la plupart des pays riches, les écarts considérés comme légitimes entre les revenus d'un patron de grande entreprise et celui d'un ouvrier non qualifié étaient de 1 à 5[30]. Les législations établissant de telles échelles sont aujourd'hui pratiquement inexistantes, à l'exception de quelques dispositions réglementaires concernant les revenus des dirigeants des entreprises publiques, comme celles qui ont été fixées en Belgique dans la décennie 2010.

La Fondation Copernic a pourtant montré que « la société française a aujourd'hui les moyens non seulement d'assurer à tous ses membres un niveau de vie décent, mais aussi de distribuer plusieurs centaines de milliards selon des critères différenciés[31] » pour récompenser le mérite ou le risque professionnels. Si la moitié du revenu global était utilisée pour octroyer à tous les ménages un budget permettant de mener une vie décente, les revenus les plus élevés pourraient encore être quatre fois supérieurs à ces montants de base. Le raisonnement est largement théorique, mais il a le mérite de pointer le caractère extrêmement oligarchique de la distribution actuelle des revenus : moins de 2 % des ménages verraient en effet leur revenu plafonné si un tel mécanisme était établi. Pour 98 % de la population, un revenu maximal fixé à quatre fois le revenu permettant de mener une vie digne représenterait un *statu quo* ou une nette amélioration. Réduire ces écarts ne ramènerait pas seulement de la décence dans les relations sociales et au sein des entreprises, mais contribuerait aussi à éviter que la part de la richesse mondiale détenue par 1 % de la population, en l'occurrence les hyper-riches qui émettent déjà plus de gaz à effet de serre que la moitié la plus pauvre du monde, continue de se concentrer.

9
Garantir la sécurité d'existence

La perspective climatique oblige la pensée socialiste à procéder à un *aggiornamento* radical, mais elle lui offre aussi l'occasion de réaffirmer l'actualité de ses orientations essentielles. Soumettre la sphère de la production et de la consommation à la délibération démocratique, n'est-ce pas la meilleure manière de se poser enfin les questions trop longtemps éludées, « que produire et comment produire » pour répondre aux besoins humains, tout en respectant les limites physiologiques des humains et les limites physiques de notre environnement naturel ? Admettre que les pays les plus riches doivent cesser de consommer toujours plus d'énergie et de matières premières, pour permettre à d'autres de se développer tout en préservant les équilibres écologiques globaux, n'est-ce pas s'obliger à examiner à nouveaux frais la question de la juste répartition des richesses dans nos sociétés prospères ? À ces deux interrogations essentielles, évoquées dans les chapitres précédents, s'en ajoute une troisième : comment éviter que les craintes légitimes suscitées par les changements en cours et à venir suscitent des réactions qui pourraient ruiner la transition, voire aggraver les tensions sociales et territoriales actuelles ? Comment assurer, pour le dire en termes positifs, que chacun jouisse de la sécurité d'existence, dans un monde en mouvement constant, que la transition climatique et digitale bouleversera toujours plus ?

La question fut au cœur des débats socialistes dès la fin du XIXe siècle. Quelques années après la mort de Marx, se démarquant des prédictions de son ami, Friedrich Engels notait que la tendance à la prolétarisation généralisée de la classe ouvrière ne se produisait pas, mais qu'un autre péril, l'« incertitude de l'existence », était en voie de devenir la marque du capitalisme avancé[1]. Un bon siècle plus tard, la crainte que le passage à une économie décarbonée détruise une large part des emplois actuels forme l'un des motifs majeurs de rejet de la transition climatique. Des États-Unis de Trump au Brésil de Bolsonaro, en passant par nombre de pays industriels d'Europe centrale, les dirigeants conservateurs ont habilement exploité ces inquiétudes, en activant tous les poncifs climatosceptiques, pour attirer à eux les votes des travailleurs des industries traditionnelles.

Ces craintes ne sont d'ailleurs pas sans fondement. Certes, l'économie décarbonée de demain sera dans l'ensemble plus intensive en travail humain que le modèle extractiviste et productiviste actuel. Les énergies renouvelables sont plus intensives en main-d'œuvre que le nucléaire et les énergies fossiles ; il en va de même de l'agroécologie comparée à l'agriculture industrielle, comme de la fabrication durable des biens manufacturés par rapport à la production industrielle à obsolescence programmée... La transition vers une économie décarbonée devrait par ailleurs créer de nombreux emplois dans la rénovation énergétique des bâtiments, la mobilité douce et collective, le recyclage des matières et le tourisme local. L'adaptation aux changements climatiques nous obligera à consacrer davantage de moyens humains à la préservation de la biodiversité et des paysages. Les effets des dérèglements climatiques se faisant déjà sentir, y compris en Europe, les travaux d'adaptation permettant de limiter les conséquences des sécheresses et inondations vont appeler la mobilisation d'une large force de travail[2]. Mais la transition d'une économie grise à une économie soutenable impliquera la destruction ou à tout le moins la transformation de millions de postes de travail. Rien qu'au sein de l'Union européenne, on recense aujourd'hui 500 000 emplois dans les industries du charbon, 14 millions dans l'automobile, 12 millions dans le transport routier, 6 millions dans l'industrie lourde, 5 millions dans le transport aérien, 500 000 dans l'aéronautique, 240 000 dans le transport maritime. Tous ne sont pas directement amenés à disparaître, mais tous seront affectés par la « décarbonation » de l'économie[3].

La digitalisation pourrait, selon les scénarios les plus optimistes, créer autant d'emplois qu'elle en détruira, mais elle provoquera elle aussi la disparition de pans entiers du monde du travail. Selon certaines études, plus de la moitié des emplois actuels pourraient être remplacés par des technologies digitales au cours des deux prochaines décennies. Tout geste et toute opération intellectuelle qui peuvent être standardisés sont susceptibles d'être effectués par un robot ou un logiciel. Cette tendance est déjà largement en cours dans la grande distribution, la finance, les services postaux, le secteur des voyages, de l'embauche, des centres d'appel, et peut s'étendre aux métiers du soin aux personnes, de la sécurité (vigiles), du transport de personnes (chauffeurs), de l'hôtellerie, de la restauration et des cafés, etc.[4]. D'un point de vue libéral, cette « destruction créatrice » n'est qu'un mal nécessaire, voire un levier d'innovation et de croissance. Mais, dans la vie réelle, cela revient à condamner à une inactivité forcée des millions de travailleurs coincés entre deux âges de l'économie, et à faire régner sur l'ensemble de la société un climat d'anxiété qui ronge les existences individuelles[5].

Face à ce péril, les réponses apportées par le mouvement ouvrier reposent sur un triptyque : garantir l'accès de tous au travail, assurer un revenu de remplacement permettant de mener une vie digne à tous ceux qui ne peuvent pas travailler et développer des services publics qui offrent à tous les conditions essentielles de l'épanouissement personnel et social, en particulier l'éducation et la santé. Chacun de ces trois piliers demeure fondamental dans la perspective de la transition climatique, et y trouve même une nouvelle actualité.

Répartir justement le travail nécessaire

Historiquement, pour garantir un emploi à tous, le mouvement ouvrier a mis au cœur de ses revendications la réduction collective du temps de travail. Puisque les progrès technologiques et les gains de productivité rendent possible une meilleure distribution du travail disponible, il faut organiser la baisse du temps moyen consacré au travail, au profit de la vie personnelle. Ce point de vue a parfois été partagé par des libéraux : en 1930, constatant l'« anomalie monstrueuse du chômage dans un monde rempli de besoins insatisfaits[6] », Keynes plaidait pour que le travail nécessaire « soit partagé entre le plus grand nombre possible », ce qui signifiait à terme selon lui des « postes de trois heures par jour ou de quinze heures par semaine »[7]. Si les objectifs de Keynes sont loin d'être atteints, la réduction du temps consacré au travail dans les pays les plus prospères fut une tendance lourde jusqu'à il y a peu. Le congé hebdomadaire, la limitation des journées de travail, les congés payés, l'allongement des études et le départ anticipé à la retraite, l'allègement des horaires en fin de carrière, l'extension des droits à la formation et le développement des congés partiels permettant de mieux concilier vie professionnelle et vie privée... toutes ces conquêtes ont permis de passer d'une année de travail de 3 000 heures au début du XXe siècle à un peu plus de la moitié au milieu des années 1980. Mais, depuis lors, le mouvement est enrayé. Au cours des trente dernières années, la durée moyenne de travail hebdomadaire, mensuel ou annuel est restée stable, et cela malgré le fait que des gains massifs de productivité aient été engrangés. Dans le même temps, l'accélération des transformations technologiques et la mutation des entreprises et de leurs méthodes de gestion ont conduit à pérenniser le chômage massif, à banaliser les périodes de non-emploi et à précariser les statuts et les trajectoires professionnels.

Cela rend la perspective de la réduction du temps de travail d'autant plus essentielle. Les gains de productivité liés à la digitalisation de l'économie et de la société réduisent la quantité de travail disponible, lequel devrait être mieux réparti pour éviter l'« anomalie monstrueuse » dénoncée par Keynes.

Cette ambition trouve des justifications supplémentaires dans la perspective de la lutte contre les dérèglements climatiques. Depuis une vingtaine d'années, les recherches comparatives ont en effet montré que les sociétés dans lesquelles le temps de travail est réduit voient diminuer la consommation d'énergie[8], ainsi que l'empreinte écologique et l'intensité carbone, et cela autant dans les pays pauvres et émergents que dans les pays les plus riches[9]. À titre d'exemple, et pour se limiter aux régions du monde qui sont les principales responsables de l'émission de gaz à effet de serre, si les États-Unis abaissaient leur temps de travail moyen pour rejoindre le niveau européen, leur intensité énergétique se réduirait de 20 %[10]. Ce n'est bien entendu qu'une projection abstraite, mais elle a le mérite d'attirer l'attention sur cette dimension trop souvent occultée de la répartition plus équitable du travail disponible.

Le travail comme droit fondamental

À elle seule, la réduction du temps de travail ne suffira pas à garantir à tous une sécurité d'existence. La double transition digitale et climatique multipliera les risques de perdre son emploi sans en trouver d'autres, ou de passer par de longues phases de chômage avant de réintégrer le monde du travail. C'est la raison pour laquelle, aux États-Unis, les promoteurs du *Green New Deal* et les démocrates d'inspiration socialiste ont élargi le débat à la garantie d'emploi[11]. S'inscrivant dans la double filiation du projet de *Bill of Rights* que Roosevelt avait proposé à la nation américaine dans son discours sur l'état de l'Union de 1944, et du mouvement des droits civiques porté par Martin Luther King, ils invitent à considérer le travail comme un droit constitutif de la citoyenneté. Puisqu'il est une condition essentielle d'épanouissement, de reconnaissance sociale et d'intégration, et un élément indispensable dans la lutte contre les discriminations, le travail doit être considéré comme un droit fondamental, opposable à l'État[12]. Dès lors que le marché se révèle incapable d'assurer le plein-emploi et un niveau de rémunération correct pour tous, il revient à l'État de corriger ces « échecs de marché », en offrant à tout citoyen la possibilité d'occuper un emploi à durée indéterminée, correctement rémunéré et assorti de droits à la formation et à la protection sociale. Assumant la fonction d'employeur en dernier ressort, l'État joue ainsi un rôle de stabilisateur automatique et de garant de la cohésion sociale[13].

La plupart des États européens interviennent déjà de multiples manières pour corriger les échecs du marché du travail : ils créent des emplois publics, ils subventionnent les entreprises de l'économie sociale et solidaire, ils assurent un revenu de remplacement aux personnes ayant perdu leur emploi et soutiennent la formation et la création d'activités. Dans un tel contexte, la garantie d'emploi est moins une création *ex nihilo* que la théorie d'une pratique, qu'elle vise à faire évoluer. Elle a en ce sens le statut d'une « idée régulatrice » : il s'agit de donner un horizon politique aux interventions publiques actuelles, construites au cas par cas, et de renforcer leur potentiel d'émancipation. En substance, au lieu de déployer une intense énergie administrative à sanctionner les demandeurs d'emploi qui travaillent dans l'économie informelle pour compléter leurs revenus, il vaut mieux leur permettre d'atteindre le salaire minimal, de se constituer des droits et de se former, en travaillant dans une entreprise d'économie sociale répondant à des besoins sociaux insatisfaits[14]. Sur le plan global, le fait que les personnes ayant perdu leur emploi conservent un revenu équivalent au salaire minimal permet d'enrayer les spirales de la récession. Sur le plan individuel, en leur évitant de s'enfoncer dans un chômage de longue durée, on augmente leurs chances de retrouver un emploi. La garantie d'emploi permet ainsi de lutter contre les effets secondaires du chômage (la pauvreté, les tensions familiales, les addictions et troubles de la santé mentale, la perte de compétences, la solitude et les violences intrafamiliales...) et de réduire le risque de leur reproduction de génération en génération.

Si cette idée trouve une nouvelle actualité dans la perspective de la transition climatique, c'est non seulement parce que la transition menace de nombreux postes de travail, mais aussi parce que les besoins sociaux qui ne sont couverts ni par le marché du travail ni par le secteur public sont amenés à se multiplier. Qu'il s'agisse de lutter contre la désertification, de reboiser, d'entretenir la biodiversité, de développer le maraîchage local et l'agriculture urbaine, de recycler les déchets en matériaux, en composts et énergies, de créer des cuisines collectives et des centrales de mobilité partagée...

l'adaptation aux dérèglements climatiques et la transition vers une société décarbonée font naître de nouveaux besoins collectifs. Le soin porté à la préservation et à la régénération de notre environnement se prolonge dans l'attention aux besoins humains non satisfaits. Si l'on veut s'attaquer sérieusement à l'« épidémie de solitude[15] » qui frappe nos sociétés hyperdéveloppées et hyperindividualistes, il faudra multiplier les lieux de sociabilité et de créativité, développer les aires de jeu, les activités extra-scolaires et les structures de soutien scolaire (comme les écoles de devoirs en Belgique), les lieux de *co-working* et d'apprentissage partagé... En créant de nouvelles filières, dans l'entretien de l'environnement, la transition alimentaire, la cohésion sociale, le développement personnel... la garantie d'emploi permet d'expérimenter de nouvelles pratiques sociales et de nouvelles modalités de travail. L'histoire de l'économie sociale et solidaire montre que des activités créées au départ sous une forme expérimentale sont souvent pérennisées, dès lors qu'elles ont fait la preuve de leur utilité sociale. Dans la durée, ces nouvelles pratiques contribuent à enraciner dans la culture collective des attitudes de respect et de bienveillance à l'égard de notre environnement naturel et humain, et des représentations positives de la solidarité et de la cohésion sociale, à rebours des réflexes individualistes hérités de la société de consommation.

Universaliser la protection sociale

Si la réduction du temps de travail et la garantie d'emploi permettent de lutter contre l'« anomalie monstrueuse du chômage dans un monde rempli de besoins insatisfaits », elles ne dispensent pas de réfléchir à la consolidation de la sécurité sociale. Même dans l'État social et écologique le plus avancé, une partie de la population ne sera pas en mesure de travailler. Les partisans de l'allocation universelle appellent dès lors à repenser radicalement la philosophie de la sécurité sociale. Plutôt que de parier sur l'improbable retour du plein-emploi, arguent-ils, il faut admettre que le travail perd de sa centralité dans nos sociétés prospères, et penser d'autres formes de sécurité d'existence et d'émancipation que celles qui sont liées aux droits du salarié. Tout adulte devrait, dans cette optique, se voir octroyer un revenu de base, strictement individuel, délié de toute condition et de toute contrepartie, permettant de mener une vie digne et de développer sa propre activité émancipatrice.

Sur le plan des principes, cette idée peut s'inscrire dans une perspective écosocialiste. Puisque la richesse d'une nation résulte non seulement du travail des générations présentes, mais aussi de celui des générations précédentes et des ressources naturelles, elle doit être considérée comme formant, en grande partie, un patrimoine commun. C'est ce que disait déjà la Charte de Quaregnon, le document fondateur du parti ouvrier belge, en 1894 : « Les richesses en général, et spécialement les moyens de production, sont ou des agents naturels ou les fruits du travail – manuel et cérébral – des générations antérieures, aussi bien que de la génération actuelle ; elles doivent, par conséquent, être considérées comme le patrimoine de l'humanité. » Au sortir de la Seconde Guerre mondiale, l'économiste socialiste anglais George Cole écrivait dans le même esprit : « La puissance productive présente est en fait le résultat conjoint de l'effort présent et de l'héritage social de l'inventivité et du talent incorporé dans l'état d'avancement et d'éducation atteint dans les arts de la production ; et il m'a toujours semblé parfaitement juste que tous les citoyens partagent ensemble le profit de cet héritage, et que seul le solde du produit après cette allocation soit distribué sous la forme de récompenses et d'incitations pour les services productifs présents[16]. » Dans cette perspective, il est légitime de considérer que tous les membres d'une société devraient avoir droit à un « dividende social », qui peut être versé en une fois à chaque citoyen à l'entrée dans l'âge adulte[17], ou distribué tout au long de l'existence, sous la forme d'un revenu personnel et inconditionnel.

Certaines versions du revenu de base, d'inspiration libérale, envisagent de le substituer intégralement aux prestations de sécurité sociale existantes et de déréguler le marché du travail. Une telle approche est évidemment incompatible avec un horizon écosocialiste. Mais d'autres versions du revenu de base considèrent au contraire qu'il doit s'accompagner du maintien, voire du renforcement des règles régissant le marché du travail, notamment le salaire minimal, et qu'il peut être complété par des prestations de sécurité sociale supplémentaires. L'objectif est dans ce cas de renforcer les droits du travailleur face aux détenteurs du capital[18]. Dès lors qu'il dispose d'un certain revenu, qui lui est octroyé par la collectivité de manière totalement inconditionnelle, le citoyen-travailleur ne serait plus obligé de « se vendre » au capitaliste. Ne dépendant plus de lui pour sa survie, ou plus tout à fait, il pourrait décider librement de réduire son temps de travail, voire refuser un emploi peu attractif et mal rémunéré, ce qui devrait à son tour contraindre les employeurs à améliorer la qualité des emplois et leur rémunération.

Il s'agit là d'un pari que, à défaut d'expérience de large échelle, on ne peut ni infirmer ni confirmer. Si le revenu de base est suffisamment élevé pour permettre à tous de vivre dignement, comme dans la formule du « salaire à vie » proposée par Bernard Friot[19], on peut le considérer comme une véritable forme d'émancipation par rapport à la logique capitaliste. Mais, dans la plupart des propositions, il est fixé à un niveau plus modeste, afin d'en limiter le coût public. Dans ces conditions, on peut craindre avec André Gorz qu'il « fonctionne comme une subvention déguisée aux employeurs : elle les fonde et les encourage à créer des emplois à salaire insuffisant et à conditions de travail indignes[20] ».

Ces débats révèlent une fracture persistante, à gauche, entre ceux qui mettent tous leurs espoirs dans le plein-emploi et ceux qui considèrent que le travail n'est plus ou ne devrait plus être le premier levier de l'intégration sociale. Cette opposition est largement artificielle, et gagnerait à être dépassée. Dans son plaidoyer en faveur de la lutte contre les inégalités et l'insécurité d'existence, l'économiste britannique Anthony Atkinson cherchait à échapper à cette fausse antinomie. Refusant d'ériger un mécanisme particulier en solution universelle, il défendait un panel large de mesures de lutte contre les inégalités, insistant d'abord sur l'indispensable renforcement du pouvoir des organisations syndicales et du salaire minimum, et sur la mise en place d'un écart maximum entre les salaires les plus hauts et les plus bas. Il défendait également l'accentuation du caractère progressif de la fiscalité et la nécessité d'en étendre la portée à la taxation du capital et des successions. Le travail étant une source essentielle d'intégration et de reconnaissance sociales, Atkinson plaidait en outre pour la garantie d'emploi et pour la mise en place d'un « revenu de participation » inspiré de l'allocation universelle. Convaincu que les mécanismes de solidarité et de lutte contre les inégalités ne pouvaient être étendus qu'en renforçant les sentiments de réciprocité dans la société, il considérait que les bénéficiaires du revenu de participation devaient accepter de livrer, en contrepartie, des prestations au bénéfice de la collectivité, soit sous la forme d'un travail rémunéré, soit en se formant ou en cherchant un travail, soit encore en s'occupant d'enfants ou de personnes âgées ou en consacrant une partie de leur temps à des activités bénévoles. Il s'éloignait ainsi de la logique inconditionnelle du revenu de base, tout en adoptant une approche très large des « contreparties » exigées par la société. Le mérite d'une telle approche est de sortir des alternatives stériles opposant le travail à l'oisiveté ou la garantie d'emploi au revenu de base.

Le travail demeure une valeur essentielle de nos sociétés – et les tâches immenses qu'appelle la transition climatique supposent l'engagement dans le travail de la plus large part possible de la population. Mais aucune société ne pouvant assurer un travail à la totalité de ses membres, des mécanismes de solidarité déliés du travail resteront toujours indispensables. Les plaidoyers en faveur d'un revenu de base inconditionnel ont le mérite, de ce point de vue, de nous forcer à porter un regard critique sur les réformes de la sécurité sociale accomplies au cours des quatre dernières décennies. Depuis le début des années 1980, les prestations ont été de plus en plus ciblées sur les publics les plus pauvres, et modulées en fonction des revenus et de la composition du ménage. Parallèlement, les exigences de contreparties (sous la forme de recherche d'emploi, de formation, voire de travail contraint) se sont sans cesse accrues. Ces évolutions se sont accompagnées d'une accentuation des contrôles, alourdissant le coût administratif des dispositifs, les stigmates et les humiliations subis par les bénéficiaires, et aggravant le phénomène du non-recours aux droits. En plaidant pour l'inconditionnalité, les défenseurs du revenu de base invitent à une évaluation critique des réformes de la protection sociale des dernières décennies, qui se sont révélées non seulement injustes et stigmatisantes mais aussi largement inefficaces[21]. Plutôt que de plaider pour le remplacement des prestations de sécurité sociale existantes par un revenu de base, on peut défendre l'idée d'une réforme de la protection sociale inspirée des principes d'inconditionnalité et d'universalité. Cela permettrait de mieux lutter contre la pauvreté en relevant les prestations sociales et en réduisant le non-recours aux droits ; de réduire le travail bureaucratique de contrôle et les enquêtes humiliantes ; d'assurer la neutralité des choix éthiques et de contrer les rapports de domination au sein des familles – des hommes sur les femmes et des parents sur leurs enfants majeurs. Reconnaître l'importance du travail dans la vie personnelle et sociale ne doit donc pas empêcher de réfléchir simultanément à l'universalisation de la protection sociale.

La transition climatique conduisant inévitablement à la disparition d'une proportion significative des emplois existants, il est urgent de réfléchir à la manière de renforcer à la fois les mécanismes favorisant l'intégration dans le monde du travail, telles la réduction collective du temps de travail et la garantie d'emploi, et les instruments de protection sociale. Une attention particulière devrait être portée, dans cette optique, aux plus jeunes. C'est en effet entre la fin de l'obligation scolaire et le début d'une vie professionnelle stable, soit entre dix-huit et vingt-cinq ans environ, que les inégalités sont les plus criantes. Selon le milieu social dont ils sont issus, les jeunes se répartissent entre ceux qui ont la possibilité de suivre des études supérieures et ceux qui commencent à travailler tôt, entre ceux qui doivent financer eux-mêmes leurs études et ceux qui sont soutenus par leur famille, entre ceux qui peuvent accepter des stages non rémunérés qui enrichiront leur formation et étofferont leur réseau social et ceux qui n'en ont pas le loisir. Parmi ceux qui travaillent, c'est aussi à cet âge que dominent les contrats précaires et les emplois mal rémunérés. On pourrait donc envisager l'instauration d'un « revenu de base » centré sur cette tranche d'âge, équivalent par exemple à la moitié du salaire minimum et cumulable avec d'autres sources de revenus, qui nivellerait en grande partie ces inégalités, réduirait drastiquement la pauvreté chez les jeunes et ferait du choix de travailler ou d'étudier une liberté réelle. Un tel revenu de base ne remplacerait pas les mécanismes assurantiels ou assistantiels dont bénéficient déjà les jeunes, au même titre que tous les autres citoyens, mais il viendrait les compléter, tenant compte des difficultés inhérentes à cette période charnière de l'existence et du fait que les inégalités qui s'y cristallisent ont tendance à durer pendant tout le reste de l'existence. Par ailleurs, sachant que l'État consacre déjà en moyenne 120 000 euros à la formation de chaque jeune, mais que dans les faits de nombreux jeunes arrêtent leurs études précocement et n'en dépensent que la moitié, tandis que d'autres en dépensent deux fois plus, un « droit de tirage » de 100 000 à 150 000 euros pourrait être octroyé à toute personne n'ayant pas suivi d'études supérieures avant vingt-cinq ans et souhaitant le faire plus tard dans la vie[22]. La jeune génération étant celle qui subira de plein fouet les effets des dérèglements climatiques, alors qu'elle n'en est en rien responsable, la création d'un tel mécanisme constituerait une première traduction concrète de l'idée de solidarité envers les générations futures. Organisée à l'échelle européenne, comme l'ont suggéré les jeunes participants à la Conférence sur l'avenir de l'Europe en 2022, elle allègerait les finances publiques nationales déjà très éprouvées, et donnerait au projet européen un supplément d'âme dont elle a bien besoin.

Quatrième partie
Stratégie

« Jusqu'ici, les sociologues n'avaient prévu pour l'avenir (ils ne pouvaient faire autrement) que des difficultés techniques : nous voyons en revanche, à travers les jeunes, que les difficultés de l'avenir ne sont pas du tout techniques, mais politiques. »

Pier Paolo Pasolini, *Il caos*, 2015.

« *And now, how do we get there ?* »

Anonyme.

10
Pour le peuple, par le peuple

Lorsque l'on a construit la critique du monde dans lequel on vit et tracé les contours de celui dans lequel on souhaiterait vivre, reste à se poser la question centrale du politique, la plus difficile et souvent la plus négligée : comment passer de l'un à l'autre ? Où sont les brèches qui peuvent être élargies pour saper les fondements du pouvoir en place ? Quels sont les groupes sociaux porteurs d'une vision alternative de la société, et à quelles conditions peuvent-ils former un nouveau bloc majoritaire ? Quels obstacles dressent les institutions existantes et comment les surmonter ?

Ces questions de méthode et de stratégie, qui étaient centrales dans la genèse du mouvement ouvrier, sont très peu présentes dans les réflexions sur la transition climatique. De l'aveu des premiers historiens de la pensée écologique, la question du « *how to get there from here*[1] ? » en est pratiquement absente. Centrée sur l'impératif catégorique de préservation de la planète, elle accorde beaucoup plus d'importance au fait que « les bonnes choses soient faites qu'à la manière de les faire[2] ». La réflexion stratégique est l'angle mort de l'écologie politique.

Cela s'explique en partie par le fait que les sciences de l'esprit ont joué dans sa genèse un rôle fondamental, et que cela continue de marquer sa tournure d'esprit[3]. Ceux qui, dès la fin des années 1960, alertaient l'opinion quant aux dangers liés à la dégradation du patrimoine naturel et au changement climatique, espéraient que le choc causé par ces révélations provoquerait une réaction spontanée et universelle. Ils ne cherchaient pas à convaincre un secteur de l'opinion en particulier, ou à mettre en mouvement un groupe social donné, mais escomptaient une conversion générale des esprits, dont découlerait, presque naturellement, une transformation des pratiques.

Ce spontanéisme était déjà présent dans l'éthique de la responsabilité de Hans Jonas. Après avoir formulé son impératif catégorique : « Agis de façon que les effets de ton action soient compatibles avec la permanence d'une vie authentiquement humaine sur terre[4] », Jonas ne dit rien de la manière dont il pouvait s'imposer comme une maxime universelle. Il se contentait de parier sur le fait que la multiplication des « catastrophes de petite portée » finisse par « nous inspirer la peur nécessaire face aux grandes catastrophes »[5]. Un quart de siècle plus tard, constatant que cette prévision ne s'était pas accomplie, Jean-Pierre Dupuy en déduisait que « la peur de la catastrophe n'a aucune force dissuasive » et invitait à « inscrire la catastrophe dans l'avenir d'une façon beaucoup plus radicale. Il faut la rendre inéluctable ». C'est seulement quand nous pourrons « croire à la réalité de la catastrophe », écrivait-il, que nous pourrons aussi « trouver enfin le sursaut nécessaire pour la prévenir »[6]. Il fallait, en d'autres termes, passer de la peur à l'effroi pour se donner les moyens d'éviter l'inévitable.

Dans les faits, ce « catastrophisme éclairé » ne s'est pas montré plus efficace que l'« heuristique de la peur » de Jonas. Mais c'est toujours dans la psychologie qu'un grand nombre d'écologistes cherchent les causes de notre incapacité collective à réagir et les moyens d'y remédier. Le thème du déni est au cœur de ces réflexions. Nous, les humains, serions paralysés par l'immensité du défi. L'évocation répétée des conséquences néfastes des changements climatiques, loin de nous guider vers l'action, aurait en réalité un effet inhibiteur. Imaginant le désastre qui nous attend, nous serions sujets à l'anxiété et à la sidération. Incapables de réagir, nous nous contenterions de justifier les contradictions entre nos valeurs et nos actes. Sentant inconsciemment qu'accepter la réalité du cataclysme à venir pourrait nous plonger dans une anxiété paralysante, nous tentons de nous convaincre que la situation est moins critique qu'on ne le dit, que rien ne presse, et acceptons avec soulagement tous les récits qui tentent de nous convaincre que le problème est surévalué, que nous avons tout le temps d'y répondre ou qu'il suffit de faire confiance à la science et aux techniques. La prégnance de ce mécanisme psychique expliquerait le succès des théories climatosceptiques. Quand ces formes banales de déni ne suffisent pas, nous pouvons encore faire le choix de la diversion. Penser à autre chose, considérer comme prioritaires d'autres fléaux plus lointains et moins à notre portée, nous allège du poids de la culpabilité. La définition d'un coupable idéal est une autre stratégie possible : pour nous Européens, l'Amérique opulente ou la Chine en quête de prospérité forment des boucs émissaires commodes, suffisamment lointains pour nous exonérer de nos propres responsabilités. Et, lorsque aucun de ces stratagèmes psychiques ne fonctionne, il nous reste la faculté de nous replier sur nous-mêmes, de chercher à nous accommoder de la situation dans la solitude, en tirant prétexte de notre impuissance[7].

Oasis et archipels

Ce n'est pas la première fois que l'on assiste à une psychologisation des phénomènes sociaux menaçant d'éclipser le politique. À la fin des années 1950, Hannah Arendt mettait en garde contre l'influence croissante de la psychanalyse sur les débats publics. Notre seule espérance, écrivait-elle, réside dans le fait que, parce que nous ne nous accommodons pas du monde tel qu'il est, nous continuons de croire en la possibilité de le transformer. En nous encourageant au contraire à apprendre à vivre avec notre souffrance, la psychanalyse nous détourne de cette ambition politique. La psychologisation des phénomènes sociaux conduit au retrait civique. L'isolement de l'artiste, la solitude du philosophe, les relations humaines qui se jouent dans l'amour ou l'amitié sont de précieuses ressources de sens et d'énergie, des oasis qui « dispensent la vie, qui nous permettent de vivre dans le désert sans nous réconcilier avec lui ». Mais, avertissait Arendt, « les oasis qui peuvent dispenser la vie sont anéanties lorsque nous y cherchons refuge[8] ». Dès lors qu'elles ne sont plus un lieu où l'on se ressource pour affronter le désert, mais un lieu où l'on se retire, le désert l'emporte.

Les discours qui se définissent aujourd'hui comme relevant du champ de la « collapsologie » montrent que la tentation de l'oasis reste vivace[9]. Dénonçant la multiplication des crises et leur imbrication les unes dans les autres, les collapsologues ne cherchent pas à en former une théorie générale, ni même à en identifier les causes. Les crises sont là, comme une espèce de fatalité, elles s'entremêlent, se conjuguent, conduisant inéluctablement à l'effondrement du monde. Le système global est si intriqué et si complexe qu'il est devenu infiniment vulnérable. Les États et les organisations internationales sont impuissants à infléchir le cours des choses. Le catastrophisme de Jean-Pierre Dupuy était méthodologique, il visait à se représenter la possibilité de la catastrophe pour penser et mettre en œuvre le plan d'action qui permettrait de l'éviter ; le catastrophisme des collapsologues est ontologique, il voit dans la catastrophe une réalité inéluctable[10]. L'effondrement est présenté comme une certitude scientifique, une loi de l'histoire irréfutable et infaillible ; la multiplication des crises présentes est avancée comme la preuve empirique des crises à venir ; seules demeurent incertaines la répartition de ces petites catastrophes à répétition entre les différentes régions du monde et la date de l'effondrement fatal. Certains humains sont assez lucides pour mesurer l'ampleur de ces crises et leur caractère systémique ; ils peuvent faire le choix de se préparer à la catastrophe, en bâtissant dans le désert des oasis où ils pourront survivre avec ceux qui, comme eux, auront eu la prescience de l'apocalypse. Dans ces petites communautés autarciques, ouvertes et bienveillantes, s'exprime une solidarité morale à l'égard des peuples lointains qui luttent eux aussi pour leur survie. Parfois, ces communautés pourront même rejoindre ceux qui, puisant à l'énergie du désespoir, multiplient les luttes de résistance. Dans ces combats, où se renforce la loi humaine de l'entraide, ils trouvent la force de ne pas sombrer dans la dépression. Les luttes éparses ne visent pas tant à changer le monde qu'à aider à vivre dans l'imminence du cataclysme en préfigurant le monde que l'on pourra bâtir après coup, sur les ruines fumantes du défunt empire thermo-industriel. On peut difficilement imaginer un discours plus radicalement dépolitisant que celui-là. Dans de telles approches disparaissent non seulement l'ambition révolutionnaire, mais aussi toute volonté réformiste. Seule demeure la volonté d'« explorer les changements que nous pouvons faire à l'intérieur de nos têtes et de nos corps, afin de nous accorder à notre époque[11] ».

Tout en résistant à la tentation du repli, d'autres visions écologistes demeurent inscrites dans une perspective de petite échelle et laissent dans le flou la question de la transition globale. C'est le cas notamment de l'écologie sociale de Murray Bookchin, qui actualise les visions issues du socialisme libertaire et utopiste de Charles Fourier ou de Robert Owen. Dans la société idéale qu'il imagine, la première structure de la vie collective est la commune « librement créée, à échelle humaine et intime dans ses relations consciemment cultivées ». Pour affronter les problèmes de plus grande échelle, une « Commune composée de nombreuses petites communes » devra être établie, dans une logique qui rappelle la Commune de Paris et le fédéralisme libertaire de

Proudhon. Cette fédération de communes sera à son tour reliée à d'autres grandes Communes « au niveau fédéral par des écosystèmes, des biorégions et des biomes ». Ces communautés, adaptées aux échelles humaines et naturelles, seraient fondées sur « la "loi du retour" de la nature. Recyclant leurs déchets organiques en éléments nutritifs compostés pour les jardins et en matériaux », elles intégreraient aussi « les installations solaires, éoliennes, hydrauliques et de production de méthane ». Leurs habitants auraient un travail « plus artisanal qu'industriel », qu'ils alterneraient avec des responsabilités publiques. Murray Bookchin ne cache pas une forme de nostalgie pour un monde où les relations sociales demeuraient inscrites dans une proximité physique. Son modèle, dit-il, est inspiré d'un monde pas si ancien qui « connaissait la communauté sous la forme de quartiers », où les habitants « communiquaient de façon personnelle sur les perrons des immeubles, aux coins des rues et dans les parcs plutôt que par voie électronique » et où ils recevaient « la plupart des produits de consommation de petites fermes situées à quelques kilomètres du centre-ville ». Dans cet éden, le « monde s'autorégulait en ce qui concerne les affaires personnelles et sociales, était d'une échelle et d'une décence plus humaines, était plus stable dans sa structure de caractère, et plus compréhensible en tant qu'entité sociale pour ses citoyens[12] ». Ce mode de pensée, qui reflète et inspire nombre de pratiques communautaires en Europe et en Amérique du Nord, reste résolument inscrit dans la célébration du « *small is beautiful* ». Bookchin n'en dit pas plus sur la problématique de la transition globale, considérant qu'« il ne nous appartient pas de décrire en détail comment les Communes du futur se confédéreraient et coordonneraient leurs activités communes[13] ». Si ces communes fédérées ne sont pas aussi isolées ni retirées du monde que les oasis des collapsologues, il reste difficile de concevoir comment l'archipel qu'elles constituent serait en mesure de faire basculer le système productif global.

Cette limite se retrouve dans toutes les approches écologistes inspirées des pratiques d'autonomie locale. Ainsi le psychanalyste et anthropologue américain Joel Kovel entrevoyait-il la perspective que se dessine à travers ces luttes éparses un « archipel de zones écosocialistes libérées » qui se « propageraient selon différents axes jusqu'à ce que la planète soit écosocialiste »[14]. D'autres, à l'instar du penseur libertaire Raoul Vaneigem, cherchent des raisons d'espérer dans les luttes des mouvements zapatistes du Chiapas, mêlant la résistance des peuples indigènes, les luttes paysannes, la théologie de la libération et la guérilla marxiste-léniniste, et aspirant à former une société postcapitaliste vivant en harmonie avec la nature, sans passer par la conquête du pouvoir d'État. Vaneigem concède toutefois, non sans amertume, que l'expérience se heurte à la force de séduction du capitalisme : « Bon nombre de jeunes gens quittent les communautés zapatistes pour gagner les États-Unis, où tournicote frénétiquement le miroir aux alouettes du consumérisme. » Plus près de chez nous, regrette-t-il, on observe « la même addiction chez les migrants, fuyant la misère et la guerre » qui « préfèrent à l'entraide, proposée par les collectifs libertaires, les ZAD et les terres libres, les affres d'un périple qui les enverra croupir sur les amas d'ordures d'un fantasmatique Eldorado »[15]. Quoi de plus désespérant, pour un militant, que de constater que la cause qu'il défend n'est pas embrassée par ceux qu'elle prétend servir ?

D'un point de vue théorique, une organisation politique fondée sur des groupements adaptés aux réalités des biorégions et des communautés humaines constitue la forme la plus pure de l'ambition écosocialiste. En tant qu'« utopie réelle », cette perspective stimule les imaginations et contribue à rendre la transition désirable. Mais elle est tellement éloignée du monde réel qu'on ne peut pas, surtout s'il nous reste dix ans pour enclencher les réformes indispensables en vue d'atteindre la neutralité carbone, y voir un modèle applicable dans un horizon immédiat. L'écologie sociale de Bookchin est une puissante source d'inspiration pour des pratiques locales qui préparent et préfigurent le monde postcapitaliste, mais elle laisse entière la question de la transformation des dispositifs institutionnels existants.

Le politique, le savant et le profane

La transition climatique peut-elle s'effectuer dans le cadre des institutions existantes ? La démocratie représentative, que l'on dit en crise depuis plus de trente ans, est-elle capable d'organiser des transformations aussi radicales de nos modes de production et de consommation, et de générer dans le même temps un large mouvement d'adhésion populaire ? Nombre de militants écologistes, sans aller jusqu'au pessimisme radical de Hans Jonas, en doutent.

Dans ses réflexions sur la forme que pourrait prendre une « démocratie écologique », le philosophe et militant écologiste Dominique Bourg ne cache pas ses doutes face à la « pratique politique actuelle » et « au comportement consumériste favorisé par la représentation moderne »[16]. Obsédés par leur réélection, les politiques ne privilégieraient que les préoccupations de court terme. Quant aux citoyens, formés dans une démocratie représentative court-termiste, ils ne verraient que leur intérêt matériel immédiat. Le correctif que propose Bourg à ce biais démocratique consiste principalement à renforcer le rôle des organisations non gouvernementales actives dans le champ environnemental, lesquelles peuvent « être considérées comme les vecteurs de l'éco-citoyenneté, affranchies des contraintes territoriales et temporelles de l'organisation politique actuelle ». Concrètement, il s'agit d'abord de limiter la marge de manœuvre de la représentation politique en inscrivant dans la Constitution de nouveaux « devoirs étatiques » comme la « préservation de biens publics mondiaux ». Jusque-là, la démarche est assez classique : l'idée que la démocratie libérale n'est pas éthiquement neutre, mais qu'elle poursuit des finalités normatives qui sont énoncées dans la Constitution, sous la forme de droits ou d'objectifs politiques, est l'une des tendances lourdes des décennies d'après guerre. Après avoir consacré des droits individuels et des finalités sociales telles que le droit à la santé, au logement ou au travail, il est logique que les démocraties contemporaines, reflétant les défis et les préoccupations publiques présentes, affirment plus nettement dans leur loi fondamentale leurs ambitions climatiques. La singularité de la démarche de Dominique Bourg réside plutôt dans la manière dont ces finalités sont déclinées en mesures concrètes. Cette fonction essentielle devrait revenir selon lui à un nouveau sénat, qui serait chargé de rédiger les projets de lois climatiques en se nourrissant des apports de la science. Outre ce pouvoir d'initiative, cette haute assemblée disposerait d'un pouvoir de veto contre toute décision mettant en péril les ambitions climatiques. Afin de remplir ses missions au mieux, ce sénat devrait « être le plus légitime possible, sans pour autant constituer une institution représentative[17] ». Ses membres ne devraient dès lors être affiliés à aucune formation politique. Ils seraient désignés sur la base de listes proposées par les ONG, par cooptation et par tirage au sort. Afin de garantir la continuité de ces délibérations sénatoriales, les mandats seraient de neuf ans et le renouvellement se ferait par tiers tous les trois ans.

Ce qui frappe dans de telles propositions, c'est la profonde méfiance à l'égard du politique dont elles sont empreintes. Ces formules très oligarchiques visent dans le fond à rogner le pouvoir des représentants élus en les obligeant à composer avec des institutions non élues, dont la légitimité est censée résider dans leur scientificité, leur impartialité et leur absence d'ancrage spatio-temporel.

Alors que la démocratie représentative est réputée souffrir du déracinement de ses élus, formant une élite fermée, isolée dans sa tour d'ivoire, il est curieux de proposer comme remède de renforcer les mécanismes qui érodent encore un peu plus les liens entre les citoyens et les lieux de la délibération et de la décision. La tendance lourde du XXe siècle a consisté, au contraire, à tenter de compléter la démocratie représentative formelle par des modalités de représentation plus enracinées dans les terreaux socio-économiques concrets. Dans le « régime social-démocrate » des pays nordiques en particulier, la concertation sociale à l'échelle nationale est venue compléter la démocratie parlementaire en intégrant dans la délibération publique les acteurs représentant directement les intérêts et les visions du monde des travailleurs et des employeurs[18]. La planification d'après guerre, tant à l'échelle nationale qu'au plan européen, a recouru à des méthodes similaires, en associant les « partenaires sociaux » au diagnostic, à la prospective et au pilotage de secteurs stratégiques de l'économie. Reposant largement sur la planification, le *Green Deal* européen s'élabore lui aussi dans un processus de corégulation, discret mais intense, qui associe les technocrates et les représentants des secteurs concernés. La transition gagnerait à voir ces processus formalisés et démocratiquement contrôlés. La démocratisation de l'économie passe, on l'a vu, par la mise en place de nouveaux mécanismes de répartition du pouvoir au sein des entreprises, mais elle suppose aussi que la planification écologique globale, à l'échelle européenne et nationale, fasse l'objet d'un contrôle démocratique accru, afin d'éviter que les intérêts de certains secteurs clés soient en mesure d'empêcher l'adoption de mesures de régulation indispensables.

Dans cet esprit, la politiste Kalypso Nicolaïdis propose de soumettre les institutions publiques à un principe de surveillance démocratique universelle. Les citoyens ne peuvent contrôler les décideurs en permanence, et les organisations de la société civile qui soumettent les autorités à la critique ont peu de poids face à la puissance des lobbies. Imposer une transparence généralisée des processus décisionnels, et un accès universel aux documents qui les fondent, permettrait de corriger cette asymétrie de pouvoir. Le raisonnement s'inspire des réflexions de Jeremy Bentham, qui avait imaginé un dispositif carcéral où le gardien, placé au centre des cellules, pouvait les contrôler toutes même s'il n'était pas physiquement en mesure de les surveiller simultanément : les détenus, sachant qu'ils pouvaient être vus à tout moment, étaient en effet censés anticiper le contrôle et la sanction. Suivant ce principe, Kalypso Nicolaïdis imagine que des décideurs, publics ou privés, dès lors qu'ils auraient conscience que leurs documents, leurs délibérations et leurs décisions sont accessibles au public à tout moment, anticiperaient les contrôles des donneurs d'alerte et des organisations de la société civile, et adapteraient leur comportement en conséquence[19]. Dans les faits, les procédures qui étendent les principes de publicité ne sont jamais parfaitement efficaces, parce que les décideurs tentent toujours d'échapper à la vigilance critique en se retirant dans des lieux clos, mais les exemples scandinaves montrent néanmoins que, dans la durée, elles contribuent à installer une culture de la reddition des comptes qui réduit le pouvoir d'influence des lobbies – ne serait-ce que parce que, connaissant le risque de sanction, les décideurs publics limitent les contacts avec les intérêts privés[20].

Au-delà des procédures de contrôle de la décision publique, la deuxième manière de contrer le poids les lobbies consiste à élargir le spectre des acteurs impliqués dans la délibération publique. Cet impératif est d'autant plus actuel que la transition climatique amène à s'interroger sur la manière dont la nature et ses composantes peuvent faire entendre leur « voix » dans le concert des délibérations publiques. « Limiter la discussion aux humains, leurs intérêts, leurs subjectivités, leurs droits, écrivait Bruno Latour il y a une vingtaine d'années, paraîtra dans quelques années aussi étrange que d'avoir si longtemps limité le droit de vote des esclaves, des pauvres, des femmes[21]. » Poser ces questions ne revient pas à exiger de reconnaître des droits politiques classiques aux non-humains, ce qui paraît difficilement concevable sur un plan pratique, mais à se demander comment la démocratie représentative peut intégrer leur point de vue dans ses délibérations. On ne peut faire parler ou voter une plante, un animal ou un minerai, mais on doit trouver la manière d'inclure dans la délibération publique ces éléments non humains indispensables à la subsistance de l'homme. Il s'agit de concevoir ce que Bruno Latour appelle un pouvoir de *prise en compte*, d'assurer « que l'on n'a pas court-circuité arbitrairement le nombre de voix qui participent à l'articulation des propositions[22] », que les voix nouvelles et anciennes sont continuellement intégrées dans l'espace public, et que celui-ci reste constamment ouvert à la reconfiguration. Une réflexion sur les rôles respectifs des politiques, des fonctionnaires et des savants doit conduire par ailleurs à redéfinir un pouvoir d'*ordonnancement* de ces propositions. Le discours scientifique et celui des fonctionnaires et jurisconsultes occupe une place de plus en plus importante dans le débat démocratique, sans que les règles du jeu aient été modifiées en conséquence. La volonté d'assurer la durabilité des ressources naturelles dont dépend la subsistance de l'homme a d'ailleurs été, historiquement, à l'origine de l'inclusion des savoirs scientifiques et techniques dans les processus de décision politique[23]. Latour appelle à intégrer dans les dispositifs de délibération publique les pratiques d'expérimentation inspirées des protocoles scientifiques. « La vie publique s'est efforcée jusqu'ici d'imiter la science et d'attendre le salut de la raison : pourquoi n'essaierait-elle pas d'imiter les sciences en leur empruntant l'expérimentation qui est sans conteste leur plus grande invention[24] ? » Une pratique démocratique intégrant davantage le point de vue empirique des parties prenantes est susceptible d'élargir les points de vue et de les enrichir des expériences vécues par les acteurs concernés. Selon l'exemple célèbre du philosophe John Dewey, « celui qui porte la chaussure sait mieux si elle blesse et où elle blesse[25] ».

Ces réflexions théoriques sur l'ouverture de la démocratie aux enjeux environnementaux invitent à revenir à deux préoccupations démocratiques originelles. Quelle est, d'abord, la bonne échelle du politique, comment assurer l'adéquation spatiale entre les enjeux effectifs et les lieux où ils sont mis en débat ? Comment, ensuite, vérifier que tous ceux qui peuvent exprimer les nécessités écologiques et humaines d'une société donnée soient associés aux discussions. Sur le plan local, les procédures consultatives et participatives liées à l'aménagement du territoire ou à la gestion de la biodiversité tentent déjà depuis des décennies d'assurer la juste prise en compte du territoire et des intérêts concernés – pour la gestion du bassin d'une rivière par exemple, les frontières administratives doivent être dépassées, pour associer à sa gouvernance les populations locales, les agriculteurs, les pêcheurs, les défenseurs de la nature, ainsi que ceux pour qui la rivière constitue une source d'énergie ou un moyen de transport. La question qui se pose aujourd'hui est de voir comment ces principes peuvent inspirer le renouvellement des pratiques démocratiques de plus grande échelle.

Sur le plan national, on assiste à une multiplication, depuis une vingtaine d'années, des initiatives qui visent à ouvrir les processus décisionnels au point de vue de citoyens non élus. Cette pratique repose sur l'idée que la représentation politique classique traduit de moins en moins bien les volontés collectives, et fait l'hypothèse que l'intégration de citoyens profanes dans les enceintes délibératives traditionnelles peut remédier à ce défaut. La confrontation des visions respectives des élus, des experts et de citoyens profanes est réputée favoriser un apprentissage collectif[26]. En frottant son opinion à celle des scientifiques et des profanes, l'élu est contraint d'intégrer de nouveaux éléments d'analyse et de proposition. De leur côté, en s'impliquant dans la pratique représentative, les experts et les citoyens font l'expérience de la difficile conciliation des points de vue et des propositions, entre elles et avec le corpus des engagements constitutionnels, européens et internationaux que notre droit incorpore. Au départ, ces délibérations mixtes ont été principalement appliquées à des controverses relatives aux valeurs fondamentales (comme l'avortement ou l'euthanasie) ou aux questions procédurales (comme les règles électorales), avec l'espoir qu'elles aident à dépasser les blocages politiques historiques entre partis. Mais de telles interactions sont aussi susceptibles d'enrichir les débats lorsqu'ils portent, non pas sur les principes abstraits, mais sur les modalités concrètes d'action, et cela est particulièrement nécessaire en matière de transition climatique.

Le philosophe américain Bryan Norton, s'inspirant de l'éthique de la discussion de Habermas, distingue dans les débats sur l'environnement une « phase réflexive », qui consiste à dégager un consensus sur les critères et les indicateurs de mesure des valeurs environnementales et à définir sur cette base des objectifs généraux, et une « phase d'action », qui consiste à traduire ces objectifs de portée générale en actions concrètes et précises. Il souligne que, dans cette seconde phase, l'enjeu est de définir une « gestion adaptative de l'environnement » qui tienne compte des valeurs et des intérêts des différentes communautés locales, et plus généralement de la diversité des contextes[27], et plaide pour y développer des pratiques délibératives associant des citoyens non élus. La distinction entre ces deux phases est réductrice, tant il est difficile en pratique de dissocier les objectifs généraux des mesures qui les déclinent en actes, mais elle est analytiquement utile. Car, en matière climatique, s'il est relativement simple de se mettre d'accord sur de grands objectifs abstraits, y compris sur des objectifs chiffrés de limitation des gaz à effet de serre dont personne ne mesure réellement la portée, il est en revanche beaucoup plus délicat de traduire ces objectifs en mesures précises, parce que cela implique forcément de modifier des règles existantes, et donc d'affecter des intérêts, des valeurs et des habitudes. Les accords climatiques de portée générale sont adoptés dans des forums lointains, où les négociations sont principalement menées par des diplomates et des techniciens qui doivent rarement rendre compte de leur action. Mais les décisions concrètes qui mettent en forme ces principes généraux sont adoptées à des échelles nationales, régionales ou locales, où elles sont imputées aux élus qui, eux, n'échappent pas à la reddition des comptes. C'est là que des procédures hybrides, mêlant représentation et participation directe, apparaissent aujourd'hui utiles. Soumettre les objectifs de réduction des gaz à effet de serre à l'épreuve de la délibération publique, et susciter le débat sur les normes qui en découlent et qui affectent notre alimentation, nos villes et nos logements, nos biens manufacturés et notre mobilité… est indispensable si l'on veut éviter que la transition n'apparaisse, à l'instar des autres engagements internationaux, comme un processus déconnecté du terreau concret des démocraties. Cela explique que des procédures délibératives renouvelées s'installent dans les démocraties européennes, à l'instar de la Convention citoyenne sur le climat tenue en France en 2020 ou de la Conférence sur l'avenir de l'Europe de 2022. Comme on a vu la démocratie représentative s'étendre aux processus de concertation entre partenaires sociaux au XXe siècle, on peut concevoir qu'elle s'incorpore durablement, au XXIe siècle, des mécanismes de délibération entre citoyens non élus, qui constituent un deuxième élargissement du cadre démocratique.

D'un point de vue institutionnel, les choses sont relativement simples. Les processus décisionnels des démocraties parlementaires laissent une large place à de telles pratiques. Ils se décomposent en effet en différentes étapes, qui ouvrent toutes une possibilité d'implication plus large des citoyens et des scientifiques – depuis la définition du problème, la formulation des propositions et l'analyse de leurs mérites respectifs, jusqu'au choix de l'une ou plusieurs d'entre elles, la motivation de la décision, sa mise en œuvre, son évaluation et sa révision éventuelle. De plus, les pratiques délibératives intégrant des citoyens non élus ont fait l'objet de tant d'expériences et d'évaluations, au cours des dernières décennies, que l'on dispose d'un corpus suffisamment précis et complet de règles et d'usages qui permettent d'assurer l'inclusion la plus large de tous les points de vue et l'équité des processus de délibération[28]. Ces expériences ont démontré que les citoyens tirés au sort pour délibérer d'enjeux collectifs peuvent être amenés à changer d'avis en écoutant les experts et en débattant entre eux, et que ce processus discursif peut dès lors les conduire à dégager des choix largement consensuels. En termes de prises de décision, ces pratiques présentent donc une certaine efficacité.

Mais on aurait tort d'y voir une solution miracle. Après trois décennies d'expérimentations, il reste à démontrer comment ces processus délibératifs en miniature peuvent être articulés aux enjeux démocratiques nationaux et supranationaux. Ces innovations institutionnelles ne garantissent pas, par elles-mêmes, que la vie politique nationale gagne en intensité démocratique, parce que les citoyens qui n'ont pas été associés à ces débats, et n'ont donc pas été soumis aux mêmes arguments, n'approuveront pas forcément ces choix, et le risque qu'un fossé se creuse entre les assemblées délibératives tirées au sort d'une part et les instances élues d'autre part est bien réel[29]. Il reste donc indispensable de dégager les voies d'une politisation des choix climatiques qui articule les enjeux globaux et leur traduction locale, et qui engage la société dans son ensemble.

Telle est, traditionnellement, la tâche de la représentation démocratique. Ses processus peuvent être complétés et améliorés, mais sa fonction d'intégration collective demeure irremplaçable. Le vote en constitue la clé de voûte, et c'est lui qui donne à la représentation son caractère universel et son pouvoir réel. Le propre de l'élection est d'être un acte rétrospectif et prospectif à la fois : en émettant un vote, les citoyens formulent un jugement sur un bilan et expriment en même temps le choix d'un projet[30]. Le représentant élu, conscient de la double nature de l'acte électif, anticipe à tout moment le jugement de l'électeur, et ajuste son comportement et son discours en conséquence. Comme l'écrivait Condorcet, la représentation crée une « circularité entre le dedans et le dehors des institutions politiques[31] ». Ce rapport continu entre les électeurs et leurs élus assure « la longue durée et l'effectivité d'une opinion politique ou d'une constellation d'opinions politiques ». Alors que les panels restreints ont une durée de vie limitée, la démocratie représentative « reflète le jugement des citoyens sur une plateforme politique, un ensemble de demandes et d'idées, à travers le temps[32] ».

Si les pratiques délibératives impliquant des citoyens non élus peuvent donc utilement compléter la représentation issue du suffrage, elles ne peuvent pas la remplacer.

Assurer que la délibération s'ouvre aux voix jusqu'ici exclues des processus représentatifs classiques et que la diversité des points de vue permette de corriger les asymétries des processus décisionnels actuels est nécessaire. Mais il importe aussi de soumettre à la délibération politique des options trop souvent laissées aux savants et aux technocrates, et de mettre en évidence les questions de justice qu'elles soulèvent et qui sont généralement obérées. La « mise en scène » parlementaire des conflits qui traversent la société doit garantir l'inclusion subjective des citoyens dans la représentation nationale. Depuis ses origines, la vie parlementaire est rythmée par le « moment budgétaire » qui met en scène, chaque année, les enjeux de prélèvement et de redistribution. Il est parfaitement possible, et techniquement très simple, d'inscrire de la même manière dans le rythme annuel de la vie parlementaire un « moment climatique », qui mette en lumière les enjeux redistributifs inhérents aux politiques de transition. Chaque année, lors de la rentrée parlementaire – quelques semaines avant la « conférence des parties » réunissant sous l'égide des Nations unies les signataires de l'Accord de Paris –, la représentation nationale pourrait évaluer la manière dont elle a tenu les engagements pris l'année précédente, en examiner les conséquences sur les différentes catégories sociales et les différents territoires, et débattre des nouvelles mesures à prendre pour poursuivre et intensifier la transition et garantir la cohésion sociale et territoriale. La mise en débat public du « budget carbone » de chaque pays, et de la manière dont il est réparti entre les groupes sociaux et les territoires, constituerait ainsi un moment de structuration des opinions et d'inscription des enjeux climatiques globaux dans l'espace public national. Les partis seraient incités à mettre en évidence les phénomènes redistributifs qui se jouent autour de la transition climatique, dans un cadre discursif alimenté par la société civile.

Depuis quelques années, les marches pour le climat, les mobilisations des associations et plateformes environnementales, et l'écho donné par les médias aux dernières données relatives aux dérèglements climatiques, ont commencé à former les contours d'un espace public élargi à la question naturelle. Il reste à en intensifier la portée, pour inscrire résolument l'enjeu de la justice climatique au cœur des arènes démocratiques.

11
Mailler les luttes

Si les contours institutionnels d'une démocratie renouvelée pour faire davantage de place aux enjeux climatiques se laissent assez facilement définir, en extrapolant à partir des pratiques émergentes, il reste à concevoir la dynamique politique susceptible de l'alimenter et de lui donner un contenu. Ici aussi, la pensée écologique est le plus souvent restée évasive, voire silencieuse. Comme l'écrit l'historien de la pensée écologique Andrew Dobson, « l'une des caractéristiques de la théorie politique écologiste est qu'elle ne s'est jamais posé cette question : "Qui est le mieux placé pour apporter le changement social ?"[1] ». Le théoricien de l'écologie sociale Murray Bookchin le rejoint dans cette déploration quand il constate que « les écologistes partagent trop souvent avec les comptables le mode de raisonnement si dominant de nos jours, un mode largement analytique et classificatoire plutôt que processuel et développemental[2] ». Or la démocratie n'est pas un concept abstrait, ni une institution statique, mais le théâtre d'affrontements entre groupes sociaux porteurs de valeurs et d'intérêts différents. Et c'est de ces confrontations qu'émergent les dynamiques qui portent le changement social.

La pensée socialiste présente de ce point de vue un avantage stratégique : dès ses premiers jours, elle a intégré la réflexion sur les conditions de sa propre possibilité, et c'est même l'un des traits qui la caractérisent, par opposition au conservatisme ou au libéralisme[3]. Comme le note Axel Honneth, certaines traditions socialistes contemporaines ont renoncé à cette réflexion, « en présentant le socialisme comme une alternative purement normative aux théories libérales de la justice », mais une autre tradition d'inspiration marxiste, représentée notamment par Cornelius Castoriadis et Jürgen Habermas, maintient que le socialisme « constitue bel et bien une théorie attachée à s'assurer réflexivement de ses propres conditions de possibilité et à instaurer sur un plan pratique une nouvelle forme de vie collective[4] ». Comment articuler entre elles les luttes éparses qui naissent de la confrontation de nos sociétés à la logique capitaliste ? Quelle organisation collective est susceptible de mobiliser largement des groupes sociaux qui, aujourd'hui, ne se connaissent ni intérêts ni valeurs partagés ? Et comment maintenir dans la durée, face aux échecs et aux déceptions, la puissance de cette mobilisation initiale ?

Ces questions ont été éclipsées par la vulgate marxiste. En voulant faire du socialisme une science exacte, Marx a éliminé la question stratégique. Le prolétariat, dans lequel tous les groupes sociaux n'appartenant pas à la bourgeoisie capitaliste finiraient par tomber, était l'agent tout désigné du processus révolutionnaire. La lutte des classes, loi des lois de l'histoire, conduirait à l'abolition du capitalisme et de l'État et, après l'intermède de la dictature du prolétariat, viendrait le temps béni du communisme où tous les hommes, sans frontières ni distinctions, fraterniseraient. Antonio Gramsci a tenté de relativiser ce déterminisme, en arguant que le mécanisme de Marx est lui-même stratégique : il faut le voir comme « une forme de religion et d'excitant (mais à la façon des stupéfiants), rendue nécessaire et justifiée historiquement par le caractère "subalterne" de couches sociales déterminées. Lorsque l'on n'a pas l'initiative de la lutte et que la lutte elle-même finit par conséquent par s'identifier avec une série de défaites, le déterminisme mécaniste devient une force formidable de résistance morale, de cohésion, de persévérance patiente et obstinée[5] ».

La perspective révolutionnaire s'éloignant, ces débats sont redevenus essentiels dans la constitution du socialisme démocratique au début du XXe siècle, et ils ont profondément marqué la pratique et la théorie de la social-démocratie. Si le communisme soviétique a placé tous ses espoirs dans un centralisme démocratique dominé dans les faits par une nouvelle élite bureaucratique, le socialisme démocratique s'est quant à lui fondé, comme l'écrivait Karl Polanyi dès le lendemain de la Première Guerre mondiale, sur « la réalité concrète du mouvement ouvrier et les éléments d'avenir dont il est porteur », dégageant une « vue d'ensemble » à partir de la pratique portée par « les syndicats, les associations de branches, les coopératives et les communes ». Ces composantes diversifiées du mouvement ouvrier n'étaient pas des « structures conçues artificiellement, imposées d'en haut », mais le « résultat de l'activité autonome des travailleurs, de leur auto-organisation en plein développement »[6]. Et, face au capitalisme, elles ont permis de construire des stratégies de résistance et d'encadrement qui peuvent inspirer les stratégies écosocialistes.

Prendre le capitalisme en tenaille

Dans la foulée des travaux d'Erik Olin Wright, on peut définir quatre modalités principales d'opposition au capitalisme[7]. La première est la *fuite*, la tentative de s'extraire de l'ordre établi, de former des oasis d'autonomie en retrait et à l'abri de la logique d'accumulation du capital, à l'instar des communautés religieuses ou des collectifs autonomes nés de la protestation contre la guerre du Vietnam et la société de consommation dans les années 1960 et 1970. Nombre de mouvements écologistes contemporains restent inscrits dans cette logique de défection[8], soit parce qu'ils sont convaincus que le système est trop puissant pour être renversé, soit parce qu'ils sont plus désireux de nourrir des alternatives concrètes et immédiates « à l'échelle humaine » que de changer le monde.

À l'autre extrême, on trouve les tentatives de *renversement* du capitalisme, visant à l'éradiquer purement et simplement et à lui substituer un modèle de production et des rapports sociaux radicalement différents. Puisant aux sources du socialisme révolutionnaire, ce projet se fonde sur la conviction que le capitalisme est traversé de contradictions si fondamentales qu'il finira par en mourir, et que la tâche du mouvement révolutionnaire n'est autre que de hâter cette issue fatale. Les théories écomarxistes fondées sur l'idée de la « seconde contradiction », opposant le capitalisme aux conditions naturelles de sa propre reproduction, s'inscrivent dans cette perspective. Tout comme les théories sociales pariant sur l'épuisement des ressources morales et culturelles du capitalisme dans une société qui se détournerait progressivement de l'ethos du travail et de la consommation[9]. Reste qu'aucune de ces tendances ne s'est actualisée jusqu'ici, et que la diffusion planétaire du capitalisme semble au contraire démontrer que son pouvoir de séduction est intact.

Faut-il alors faire son deuil d'une alternative au capitalisme, se contenter de lui donner un visage humain et de le verdir ? Pas forcément, car entre la fuite et le renversement, d'autres stratégies subsistent, qui conservent un pouvoir corrosif largement inexploité. Celles qui relèvent de la *résistance*, la troisième forme d'opposition au capitalisme identifiée par Olin Wright, sont les plus répandues. Cette approche consiste en la multiplication de luttes ponctuelles, issues de la société civile et s'exprimant à travers elle plutôt qu'à travers les structures de l'État. Nourries de motivations diverses et pas forcément convergentes, ces contre-forces visent à limiter l'expansion de la logique capitaliste, voire parfois à regagner du terrain, mais sans remettre en cause le système lui-même. La plupart des combats écologiques contemporains s'inscrivent dans cette logique de « luttes qui s'opposent au capitalisme de l'extérieur sans pour autant tenter de prendre le pouvoir[10] ». C'est le cas par exemple des mouvements de préservation de la nature dressés contre des projets d'infrastructures, des groupements de consommateurs boycottant des produits toxiques, des communautés refusant l'installation d'une décharge dans leur environnement immédiat, des peuples indigènes bloquant les forages miniers ou la déforestation en brandissant leurs droits territoriaux coutumiers... Toutes ces formes de résistance expriment le « contre-mouvement » de la société qui cherche à se protéger contre la logique de profit qu'avait identifiée Karl Polanyi, mais elles n'affectent pas la logique capitaliste dans son essence et ne cherchent pas à la remplacer par un autre mode de production et d'autres rapports sociaux.

Vient enfin une quatrième forme d'opposition au capitalisme, celle du *démantèlement*, qui vise à multiplier les brèches à l'intérieur du système en vue de le subvertir graduellement. Les oppositions au capitalisme, même si elles prennent la forme de résistances isolées ou de réformes partielles et graduelles peuvent, en s'additionnant, finir par éroder les bases mêmes du système. « L'aspect quantitatif de ces réformes pourrait se résoudre en la qualité d'un changement radical, écrivait Herbert Marcuse il y a un demi-siècle, pour autant qu'elles affaibliraient de façon critique les groupes de pression de toute nature (économique, politique, culturelle), qui ont intérêt à conserver l'environnement et l'écologie sur lesquels repose le marché de profit[11]. » Les mouvements proto-socialistes du milieu du XIXe siècle qui aspiraient à construire des enclaves coopératives au sein de la société capitaliste ne sont jamais parvenus à s'étendre – et ont souvent eu du mal à durer. Quant aux prédictions de Marx selon lesquelles l'addition des crises du capitalisme finirait forcément par conduire à son effondrement, elles ne se sont pas confirmées. Face à cette double impasse, la voie de la transition graduelle et cumulative s'est imposée comme la forme principale du socialisme démocratique au XXe siècle. Son ambition était de transformer le système en accumulant des réformes partielles qui, prises isolément, ne peuvent venir à bout de la mécanique capitaliste mais qui, en s'additionnant et en se conjuguant, peuvent pas à pas subvertir la logique d'accumulation sans fin du capital. Il ne s'agit pas seulement de résister ponctuellement à l'oppression, mais de mettre en place, par la mobilisation, le rapport de force et la négociation collective, des réglementations, des contre-pouvoirs et des mécanismes de redistribution qui neutralisent graduellement les méfaits du capitalisme, et qui ce faisant préparent la société socialiste qui doit lui succéder. Dans cette optique, l'horizon révolutionnaire est maintenu, tout en assumant le caractère progressif de la transition. La sortie du capitalisme ne s'opère pas par un basculement soudain, mais par la marginalisation croissante de sa logique. Comme l'écrivait le pionnier de l'écosocialisme André Gorz, « une société devient socialiste quand les rapports sociaux modelés par la rationalité économique du capital n'occupent plus, par rapport aux valeurs et aux buts non quantifiable, qu'une place subalterne[12] ».

Pour un réformisme révolutionnaire

Les franges les plus radicales du mouvement ouvrier ont toujours reproché à cette approche gradualiste de rendre le capitalisme plus supportable et donc d'émousser les résistances et les contre-offensives. Ce jugement ne rend pas compte de la portée effective des institutions qui rendent cette transition possible. Si, d'un côté, elles consolident le capitalisme en atténuant la souffrance et l'humiliation qu'il génère, elles contribuent aussi, d'un autre côté, à en limiter la portée[13]. L'interdiction du travail des enfants, la journée de huit heures, les libertés syndicales, les congés payés, l'instauration de régimes de retraite, de chômage et de santé… ont certes rendu le capitalisme moins oppressant, mais ces réformes constituent aussi des contrepoids à la logique de marchandisation. De telles institutions ne visent pas seulement à limiter l'emprise de la logique capitaliste, elles servent aussi à anticiper la société socialiste et à en démontrer la possibilité contre ceux qui prétendent « qu'il n'y a pas d'alternative », et elles constituent ainsi un vecteur de mobilisation : chaque victoire, aussi partielle soit-elle, démontre la capacité de la résistance organisée à triompher, donnant aux militants du courage dans leur propre force et le désir d'arracher d'autres conquêtes.

L'effet cumulatif de ces réformes a indubitablement fait reculer l'espace des rapports marchands, dans la plus grande partie de l'Europe en tout cas. Dans les États sociaux les plus avancés, plus de la moitié de la richesse produite est socialisée et redistribuée au travers des mécanismes de la sécurité sociale, de la fiscalité et des services publics. Ce qui implique aussi que près de la moitié des postes de travail relèvent du secteur public ou non marchand, et échappent donc à la logique capitaliste[14].

Ces transformations sociales ne se sont pas accomplies dans un grand geste révolutionnaire, mais elles ont amélioré la santé, l'éducation et les conditions de vie des populations européennes, en l'espace de trois générations, comme aucune révolution dans l'histoire de l'humanité n'avait pu le faire. Elles demeurent de ce point de vue les réformes réelles les plus radicales que l'humanité ait connues. Comme l'écrivait le sociologue Robert Castel, « si on ne pense pas qu'une alternative globale au capitalisme est envisageable dans un avenir prévisible (car qui peut le penser sérieusement aujourd'hui ?), on est, qu'on l'avoue ou non, adepte d'une position réformiste. Dès lors, la lutte pour promouvoir ce nouveau compromis entre travail et marché représente l'option politique la plus avancée pour essayer de contrer l'hégémonie du marché. Ce choix est le plus volontariste qu'il est possible de faire si on ne se résigne pas à laisser aller le cours des choses[15] ».

Si l'on ne veut pas se contenter de luttes ponctuelles qui laissent indemne le système capitaliste, et si l'on concède que l'on ne peut pas l'abolir brutalement pour lui substituer intégralement une autre forme d'organisation sociale, la possibilité la plus crédible qui s'offre à nous consiste à soutenir toutes les formes d'organisations non capitalistes qui ont « le potentiel, sur le long terme, de devenir suffisamment importantes dans la vie des individus et des communautés pour que le capitalisme perde son rôle dominant dans le système[16] ». Il s'agit de prendre le capitalisme en tenaille, de le cerner, de l'encercler, en multipliant les institutions qui limitent son aire de jeu, et en amplifiant les mécanismes qui le soumettent à la règle démocratique[17].

Ce réformisme révolutionnaire a formé une culture civique et un répertoire d'action politique qui constituent un précieux réservoir de références et de pratiques pour penser la transition. Le va-et-vient entre le combat social porté sur le terrain des luttes ouvrières d'une part et l'activité parlementaire d'autre part ; l'inscription dans un même horizon politique de pratiques de solidarité aussi diversifiées que les coopératives, les mutuelles, les organisations syndicales, les écoles et bibliothèques populaires, les associations sportives ou de défense de la nature… tout cela a constitué une conscience collective et une praxis politique qui ont permis de mailler entre elles des luttes aux origines sociales et territoriales très diversifiées et qui se heurtaient souvent les unes aux autres. L'inscription des conquêtes immédiates dans l'horizon socialiste de long terme a construit une pédagogie de l'action qui a permis de maintenir vive la dynamique de luttes sociales malgré les ressacs et les divisions. La recherche de ce que l'on n'appelait pas encore des « rétroactions positives » a rendu possible un élargissement constant du champ des mobilisations : le développement progressif des mécanismes de solidarité a renforcé la cohésion sociale et les valeurs de solidarité au sein de la société, ce qui a permis de continuer à élargir les institutions qui lui donnent vie, et d'ouvrir un nouveau cycle de mobilisations. C'est là ce que Jaurès appelait l'« évolution révolutionnaire », qui consiste à « introduire dans la société d'aujourd'hui des formes de propriété qui la démentent et qui la dépassent, qui annoncent et préparent la société nouvelle, et par leur force organique hâtent la dissolution du monde ancien ». De telles réformes, concluait-il, ne sont pas « des adoucissants : elles sont, elles doivent être des préparations[18] ».

Tout l'enjeu de l'écosocialisme est d'actualiser cette praxis, ce qui suppose de se demander en quoi elle est liée à des circonstances historiques qui ne peuvent être répliquées, et comment en restaurer l'esprit dans les circonstances présentes. La pratique du réformisme révolutionnaire était beaucoup plus pragmatique et pluraliste que ne le laissent penser les caricatures qui réduisent le socialisme à l'intensification du rôle de l'État dans l'économie. Mais on ne peut faire abstraction du fait qu'elle n'a été rendue possible que par un concours de circonstances qui n'existe plus et qui n'est pas directement reproductible. Si un écosocialisme contemporain peut s'inspirer de la praxis du mouvement ouvrier, il doit aussi poser les conditions de sa propre possibilité dans un contexte qui est fondamentalement différent. La construction du mouvement socialiste en Europe a en effet bénéficié de conditions historiques particulièrement favorables, et qui ne sont d'ailleurs pas sans rapport avec la question des liens entre les sociétés humaines et leur environnement naturel. Ce n'est pas un hasard si les mouvements ouvriers les plus puissants se sont constitués au cœur du « croissant fossile » le long de la longue veine de charbon qui s'étend des Appalaches jusqu'au nord de l'Angleterre et au sud du Pays de Galles, avant de s'étirer vers le nord de la France, la Belgique, la vallée de la Ruhr et la Silésie[19]. Le rôle central du charbon et de l'acier dans la révolution industrielle et la forte concentration des mines et usines sidérurgiques établies à proximité de ces ressources naturelles ont conféré à certaines catégories de la classe ouvrière un rôle stratégique central. Mineurs, sidérurgistes, cheminots, dockers et matelots vivaient et travaillaient dans des bassins à forte densité de population où les contacts directs leur permettaient de prendre conscience de la communauté de leur sort et d'organiser leurs luttes. Jouissant de la faculté d'interrompre les chaînes d'approvisionnement du charbon vers les usines, les bureaux, les logements et les transports ferroviaires ou maritimes, ils jouèrent un rôle essentiel dans les grèves générales à travers lesquelles ils conquirent, au profit de l'ensemble de la classe ouvrière, des droits syndicaux et politiques qui permirent à leur tour de construire un rapport de force durable[20].

Sans céder à un déterminisme énergétique simpliste, on conçoit aisément que le passage au pétrole et au nucléaire a affaibli ces formes de mobilisation, et que la transition vers le renouvelable poursuit la dilution du pouvoir lié au contrôle des énergies. Si l'on ne peut pas reproduire ce concours de circonstances historiques singulier, on peut en revanche en tirer trois leçons pour notre temps.

Leçons de l'histoire du mouvement ouvrier à l'usage des militants climatiques

La genèse du mouvement ouvrier nous rappelle d'abord qu'aucune réforme profonde n'est possible sans la mobilisation de groupes sociaux particuliers mais porteurs de revendications susceptibles d'être partagées par d'autres catégories de la population. Dans ce processus, notait Karl Polanyi, un rôle essentiel est joué par « la relation qu'entretient une classe avec la société dans son entier » et « le succès de cette classe est déterminé par l'ampleur et la variété des intérêts autres que les siens propres qu'elle est capable de servir »[21]. L'espoir marxiste de définir un « sujet historique », un groupe social à vocation majoritaire qui pourrait à lui seul bouleverser le cours des choses, a été historiquement déçu et on ne voit pas ce qui, dans les temps présents, pourrait le ressusciter. Mais cela ne signifie pas qu'il faille abandonner toute analyse de la société et se ranger derrière la figure institutionnelle abstraite d'un espace public sans structures sociales.

Dans le sillage de Polanyi, on peut se demander quels groupes sociaux, dans la réalité contemporaine, sont suffisamment affectés pour porter le mouvement, et suffisamment centraux pour que leur combat puisse être rejoint par d'autres. Où sont, en d'autres termes, les équivalents actuels des mineurs, des dockers et des cheminots ? Peut-être tout simplement chez les mineurs, les dockers et les cheminots de notre temps, et dans les catégories socioprofessionnelles qui leur sont directement liées. Les mineurs furent le symbole des premières grandes luttes sociales de la fin du XIXe siècle et du début du XXe, le fer de lance de la résistance contre la révolution conservatrice de Margaret Thatcher dans les années 1980, et ils continuent d'occuper aujourd'hui dans le monde, y compris dans de nombreuses régions d'Europe et des États-Unis, une fonction économique centrale. Comme tous les autres travailleurs de l'économie carbonée, ils sont les premiers menacés par la transition climatique. Si la transformation de nos modes de production et de consommation est laissée aux mains du capitalisme et de sa « destruction créatrice », ils en seront les premières victimes et il serait logique qu'ils viennent grossir les rangs des conservateurs climatosceptiques. Si, en revanche, leurs organisations syndicales parviennent à exiger des politiques industrielles fortes, accélérant l'émergence de nouveaux secteurs où ils pourront valoriser leur savoir-faire, ainsi que des garanties d'emploi et des droits inconditionnels à la formation, les travailleurs de l'économie carbonée peuvent se rallier à une « transition juste ». Les cheminots symbolisent quant à eux la force de mobilisation des grands secteurs publics et la résistance contre leur privatisation. Ils peuvent à ce titre porter la revendication d'un réinvestissement massif dans les transports en commun et dans les services publics en général. Les cheminots et autres travailleurs du secteur des transports publics pourraient aussi former des alliances stratégiques avec les travailleurs de l'économie du *just in time*. Dans notre mode de production reposant sur l'accélération continue des flux logistiques, les travailleurs d'Amazon ou Alibaba, les postiers, les chauffeurs et les livreurs de l'économie de plateforme forment un « nouveau prolétariat », dont les droits, les conditions de travail et les rémunérations sont inversement proportionnels à l'utilité sociale. Disposant, comme les mineurs, les cheminots et les dockers de la fin du XIXe siècle et du début du XXe, de la faculté de paralyser notre économie de flux, ils pourraient se mobiliser conjointement pour porter des exigences communes, comme l'octroi de droits sociaux complets et la consécration d'un salaire minimal universel.

Dans l'opposition à l'austérité et la défense des investissements publics, ils trouveront des alliés naturels auprès des travailleurs des autres secteurs publics et non marchands, piliers d'une société qui reconnaît la valeur des biens essentiels à l'épanouissement personnel et à l'entretien du cadre de vie, comme la santé, l'éducation, le soin aux personnes ou la culture. Si l'exploitation de l'homme par l'homme et l'exploitation de la nature par les humains sont intimement liées, le soin porté à une nature qu'il s'agit de réparer, et le soin porté aux humains, ce que l'on appelle souvent le *care*, devraient être aussi logiquement liés. Souvent dévolus aux femmes, affectés de conditions de travail pénibles, de droits parcellaires et de rémunérations modestes, ces métiers du *care* sont indispensables dans la perspective du renforcement de l'émancipation universelle et devraient à ce titre figurer parmi les premiers fers de lance d'une transition écosocialiste.

Les agriculteurs constituent un autre groupe social susceptible de porter des revendications de portée générale. Ils sont les premiers exposés aux substances chimiques nocives de l'agriculture intensive, les premières victimes de la concentration continue du pouvoir dans les mains de quelques multinationales de l'agro-alimentaire, des semences et des pesticides. Entretenant les écosystèmes et les paysages, ils mesurent mieux que quiconque, et subissent de plein fouet, les effets des dérèglements climatiques. Bien qu'ils soient très minoritaires, géographiquement dispersés et socialement isolés, ils bénéficient d'un prestige associé à leurs fonctions vitales et au poids du monde paysan dans notre imaginaire collectif.

Dans la perspective d'une transition climatique planifiée, ces groupes sociaux peuvent trouver des alliés objectifs chez les employés du secteur public et de la fonction territoriale, ainsi que chez les cadres intermédiaires des entreprises, qui portent au quotidien la planification écologique, comme la classe moyenne modernisatrice de l'Amérique de Roosevelt devint rapidement l'un des piliers du *New Deal*. Chacun de ces groupes sociaux dispose d'une tradition propre de lutte, de références idéologiques et stratégiques qui peuvent être réactivées dans le contexte de la transition climatique et qui, en se conjuguant, peuvent constituer une majorité sociologique et politique porteuse de transformations sociales et environnementales radicales.

Comment ces intérêts objectivement convergents mais subjectivement épars, et ces luttes isolées, peuvent-ils se fédérer ? C'est la deuxième leçon pour notre temps que l'on peut tirer de l'histoire des luttes et conquêtes sociales : la nécessité de valoriser les confrontations politiques et de se désigner un adversaire commun. Après un demi-siècle d'atermoiements dans la lutte contre les dérèglements climatiques, on devrait enfin admettre qu'aucun mouvement social massif ne découlera spontanément d'une anticipation de dangers lointains et qu'aucun nouvel ascétisme ne pointe à l'horizon. Seule la généralisation de luttes sociales concrètes, ancrées dans des territoires et des réalités sociales singulières, mais s'inscrivant dans un horizon global, peut donner à la transition l'élan nécessaire. Les passions font partie intégrante de la politique. La révolte brise la léthargie, libère les énergies, et l'expérience de cette émotion partagée jette les bases d'une communauté de sens. L'indignation, en s'exprimant à travers des concepts de portée générale comme le désir d'autonomie ou de solidarité, l'attachement à la nature ou à la convivialité, rend possible la formation de grilles de compréhension et de valeurs partagées. La colère porte la revendication d'une réparation, un désir de justice. Dans les faits, ces sentiments puissants s'expriment sous des formes infiniment variées. Les mobilisations puisent aux expériences du passé, qui ont légué des grilles de lecture et des répertoires d'action propres à chaque contexte particulier. Aux États-Unis, la dénonciation du « racisme environnemental » par les minorités ethniques surexposées aux pollutions s'alimente à la longue histoire des luttes pour les droits civiques. En France, les Gilets jaunes ravivent l'imaginaire révolutionnaire des barricades. En Amérique latine, les luttes des peuples indigènes contre la construction de barrages ou de mines se nourrissent de la défense des droits ancestraux de pêche ou de chasse assurant la jouissance libre des biens naturels. Toute la difficulté consiste à inscrire dans un même mouvement d'ensemble des luttes dont les origines, la forme et la tournure diffèrent profondément. Ces conflits sont plus complexes que ceux d'autrefois, écrit Bruno Latour, « parce qu'ils portent sur des classes mais dont le lien aux questions de lieux, de sol, de terre et d'occupation des terres, est décalé par rapport aux classes sociales ». Il en résulte que ces conflits « ne font pas l'objet d'un enregistrement systématique et détaillé – d'un classement permettant d'aligner des groupes suffisamment nombreux pour agir[22] ». Il leur manque une « métrique commune », indispensable pour aligner les luttes et transformer les rapports de force.

Mais cela est-il vraiment neuf ? Unifier les luttes des ouvriers de différentes corporations et de différents bassins, les faire converger avec les luttes paysannes, surmonter les fractures territoriales, les clivages religieux et les barrières linguistiques, intégrer les revendications des classes moyennes pour former un bloc majoritaire, fut un combat permanent du mouvement ouvrier naissant. Dès lors que l'on ne suit pas Marx dans sa prédiction, jamais confirmée par les faits, d'une prolétarisation généralisée des différents segments de la classe ouvrière, la seule possibilité qui s'offre à nous consiste en la « création d'une “chaîne d'équivalences” entre les différentes luttes démocratiques[23] », comme l'écrivaient il y a déjà trente-cinq ans Ernesto Laclau et Chantal Mouffe. Cela ne revient pas à dissoudre les différences dans une identité de classe homogène, mais à faire en sorte que ces différences n'empêchent pas les citoyens de mesurer la communauté de leurs intérêts et de leurs valeurs. Historiquement, de tels processus de convergence subjective, unifiant dans un même mouvement des mobilisations socialement et géographiquement dispersées, n'ont jamais été possibles sans l'identification d'un adversaire commun. La formation d'un « nous » est un processus qui « implique nécessairement la détermination d'un “eux”[24] ». C'est là le vrai sens de l'opposition entre la gauche et la droite. Son contenu idéologique et ses soubassements sociologiques ont varié avec le temps[25], mais sa perpétuation rappelle « l'existence, au sein de toute société démocratique, d'une pluralité d'intérêts et de revendications qui, bien qu'ils soient en conflit et qu'ils ne puissent jamais être définitivement réconciliés, doivent pourtant être considérés comme légitimes[26] ». La polarisation est nécessaire pour mettre les communautés humaines affectées par les dérèglements climatiques en mouvement, et indispensable pour qu'elles articulent leurs combats autour d'objectifs partagés. C'est ce que le sociologue Georg Simmel appelait « la fonction de rassemblement du conflit : grâce à lui, non seulement une unité existante se concentre plus énergiquement sur elle-même, éliminant tous les éléments qui pourraient brouiller la netteté de ces contours face à l'ennemi – mais encore, des personnes et des groupes qui sans cela n'auraient rien à faire ensemble sont amenés à se rassembler[27] ». Au-delà de cette fonction constitutive, le fait d'entrer « dans un rapport antagoniste avec une force extérieure » consolide le groupe en resserrant « ses liens et renforçant son unité, dans sa conscience et dans son action »[28]. L'opposition au capitalisme constitue, de ce point de vue, la seule manière de dégager la « métrique commune » et de tracer les « chaînes d'équivalence » indispensables pour faire converger les luttes constitutives de la transition écologique et sociale. Le « double mouvement » identifié par Polanyi reste à cet égard d'une criante actualité : c'est de la résistance à l'extension continue de la logique marchande que découlent les mobilisations écologiques et sociales, les combats contre les discriminations fondées sur le genre ou l'origine ethnique et ceux des victimes de l'exploitation coloniale. Et c'est de la prise de conscience de l'identité de leur intérêt et de la source commune de leur souffrance que découleront les solidarités accrues entre ces luttes. Le capitalisme est un adversaire abstrait, certes, mais il s'incarne en une série de visages (les multinationales des énergies fossiles, de la chimie et de l'agro-alimentaire, la finance, les institutions internationales porteuses de l'idéologie néolibérale, etc.) qui aident à articuler les résistances.

S'opposer ne suffit pas. La colère que suscite en nous le saccage du vivant contribue à mobiliser les énergies, l'identification d'une cause commune aux souffrances vécues par tous ceux qui sont victimes de l'exploitation de l'humain et de la nature permet de fédérer les résistances mais, pour que de telles mobilisations ne s'effondrent pas au premier échec et à la première déception, il faut leur donner un horizon dans lequel s'inscrire. L'espoir doit relayer la colère. Les utopies jouent, de ce point de vue, un rôle essentiel dans les processus de transformation sociale. Le premier socialisme, celui de Fourier ou d'Owen, débordait de représentations d'un monde idéal, souvent pensé jusque dans les moindres détails. La littérature et la peinture nourrissaient ces perspectives en faisant voir la vie large qui règnerait dans l'univers socialiste. Dans cette Arcadie moderne, l'humain serait libéré du besoin et d'un travail assommant, grâce à la soumission de la technique aux intérêts collectifs, et il pourrait cultiver toutes les facultés de son être générique en apprenant la musique, en pratiquant le sport ou en cultivant son jardin. Peindre un monde où les relations entre les humains et la nature seraient apaisées et où la vie serait débarrassée de la nécessité et de la violence était perçu, dans ce moment fondateur, comme une dimension indispensable de la politique elle-même. Ce n'était pas une ornementation enjolivant le projet socialiste, mais l'une de ses composantes constitutives. Pour canaliser la colère vers l'espoir, il fallait stimuler la créativité et nourrir les désirs individuels et collectifs. Pour soutenir le mouvement, il fallait entretenir l'attente d'un autre monde où l'on serait libéré des souffrances de celui-ci. On peut sourire de ces espérances surannées, mais elles nous rappellent que si l'on ne se résigne pas au *statu quo*, il faut faire entrevoir d'autres mondes possibles et les rendre désirables. Certes les mythologies, les religions, les systèmes philosophiques et les idéologies inventés par les humains depuis des millénaires, qui tous comportent les images de mondes idéalisés, ont souvent servi à rendre le monde actuel supportable. Mais en donnant à voir d'autres possibles, ces constructions intellectuelles peuvent aussi nourrir la critique du monde réel et le désir de le changer. C'est une troisième leçon que l'on peut tirer de l'histoire du mouvement ouvrier : si elles ne prémunissent pas contre l'échec et les déceptions, les représentations de la société souhaitable sont indispensables pour donner un horizon à la colère. C'est sans doute de l'avoir oublié, et de s'être trop facilement coulé dans l'imaginaire, l'esthétique et le langage de la société productiviste, que le socialisme a le plus souffert. Faute de sens, les résistances peuvent sombrer dans le ressentiment et la rage impuissante. Faute d'affirmer pleinement leur différence, les voies qui se veulent nouvelles finissent par être absorbées par le système. Si le socialisme démocratique du début du XXe siècle a cherché à s'associer le meilleur de la poésie, du cinéma et du théâtre, de l'architecture, de l'urbanisme, du design et du graphisme, c'était parce que ses promoteurs avaient conscience de la nécessité de donner à leur monde une forme, une esthétique même, qui se distingue de celle du capitalisme, et exprime ses valeurs propres. L'écosocialisme devrait s'en souvenir.

Les sociologues et les philosophes qui forment le concept d'une société où les relations humaines et leur inscription dans la nature auront trouvé un équilibre durable ; les artistes qui préfigurent les formes de vie qui auront cours dans cette société nouvelle avec suffisamment de force pour triompher du scepticisme et de la résignation ; les architectes, paysagistes et urbanistes qui refaçonnent l'espace à l'image de cet avenir désirable..., tous ces créateurs, en faisant intervenir le futur dans le présent, contribuent à impulser et à soutenir le mouvement.

La quatrième leçon que l'on peut tirer de l'histoire du mouvement ouvrier pour penser la transition contemporaine porte sur la dynamique cumulative de la transition. Si l'on ne se résigne pas à accumuler des résistances éparses qui, telles les pierres de David, agacent Goliath sans l'affaiblir, et si l'on ne pense pas possible de renverser le régime capitaliste d'un coup, seule subsiste la perspective de changements partiels et progressifs qui, en s'additionnant et en se conjuguant, enclenchent des « rétroactions positives », jusqu'à rendre la force du capitalisme marginale. Il n'est pas nécessaire de postuler une nature humaine faite de bonté, d'empathie ou d'inclination à l'entraide pour concevoir de telles spirales positives. Il suffit d'accepter l'idée que les mentalités et les pratiques sociales ne sont pas immuables, mais construites au gré des interactions humaines, influencées par des dispositifs institutionnels. L'humain de nos sociétés de marché n'est pas égoïste parce que la nature le veut tel, mais parce qu'il vit dans un régime économique qui encourage la concurrence et valorise le succès individuel. À l'inverse, un mode de production reposant sur la concertation collective et la mutualisation des risques favorise le développement des aptitudes humaines à la coopération et à l'altruisme. La réduction des inégalités renforce la cohésion sociale, ce qui rend possible à son tour l'extension des institutions égalitaires. De ce point de vue, les nouvelles formes d'agir politique qui naissent et se multiplient autour des conflits environnementaux constituent de précieuses ressources. Elles réinventent des répertoires d'action où se mêlent la parole libre, l'occupation de l'espace public, la participation directe et égalitaire. Oscillant entre sensibilisation du grand public et interpellation des élus, elles contribuent à diffuser des cadres d'analyse qui mettent l'accent sur les interdépendances globales, et des systèmes de valeurs fondés sur les impératifs de la justice climatique. Elles aident ce faisant à inscrire dans la culture civique des nouvelles générations, celles qui seront aux commandes dans quelques années, des principes démocratiques valorisant les valeurs de participation, de coopération et de solidarité, et prenant à rebrousse-poil une société encore dominée par l'individualisme et la concurrence. De même, les initiatives militantes locales qui expérimentent de nouvelles formes d'habitat, d'éducation et de consommation redécouvrent-elles les pratiques qui furent celles des premières coopératives au temps de la genèse du mouvement ouvrier, participant à leur réactualisation. Et puisant aux ressources de l'humour, de la fête et de la convivialité, elles restaurent un héritage moral de la gauche longtemps négligé[29].

Ces processus de socialisation étant inscrits dans des temporalités longues, les effets de rétroaction dont ils sont porteurs ne s'ébauchent que lentement. Or on ne peut se

...re d'attendre que deux ou trois générations de luttes ...t inscrit dans la culture publique des préférences pour la coopération et la solidarité. S'ils veulent susciter une lame de fond, les combats pour la transition écologique et sociale doivent se donner sans délai une plateforme partagée d'objectifs prioritaires, et ne pas en dévier tant qu'ils n'ont pas été conquis. Aujourd'hui comme hier, les luttes sociales ont besoin d'objectifs clairs, aux bénéfices immédiats, pour nourrir leur feu sacré. Les mobilisations pour le climat restent fragiles parce que centrées sur des incantations à l'action certes impérieuses mais souvent vagues. Il leur faut désormais identifier les luttes qui soient fédératrices par essence, parce qu'elles améliorent la vie de la quasi-totalité des groupes sociaux, et qui agissent rapidement sur les causes profondes des dérèglements climatiques. Dans cet esprit, les mouvements et groupes sociaux porteurs de la transition pourraient commencer par se définir un programme minimum, qu'ils s'engageraient à défendre sans relâche, chacun avec ses moyens et sur ses terrains de lutte. Définir un socle de revendications communes n'est pas seulement une nécessité pratique, c'est aussi ouvrir un dialogue entre des mouvements politiques, syndicaux et associatifs aux origines et aux références diverses, et les engager à construire graduellement une identité politique partagée. S'appuyant sur une plateforme issue d'une délibération qui leur aura permis de dépasser leurs divergences, d'identifier leurs adversaires communs et de renforcer leurs solidarités, les militants de la transition climatique pourront alors, comme les mineurs, les dockers et les cheminots des débuts de l'Anthropocène, oser paralyser le système productif et les modes de consommation qui en dépendent, et tenir bon tant que les digues n'auront pas cédé. Et comme il faut bien commencer quelque part, voici dix propositions, qui n'ont d'autre ambition que d'ouvrir le dialogue :

Un. L'Union européenne adopte une taxe sur les transactions financières et une taxe sur la fortune, dont les recettes sont allouées pour moitié aux pays les plus affectés par les dérèglements climatiques, et pour moitié à la rénovation énergétique des logements publics et à l'extension des transports en commun dans l'Union.

Deux. Tout accord commercial négocié par l'Union européenne comporte une exception agricole, des clauses sociales et environnementales contraignantes et une taxe d'ajustement carbone aux frontières, dont les recettes sont réparties de la même manière.

Trois. Tous les subsides directs et indirects aux entreprises des énergies fossiles sont supprimés et les moyens financiers ainsi dégagés sont consacrés à la transition vers un système énergétique intégralement renouvelable.

Quatre. Les terres agricoles, les forêts, les sources d'eau et les réserves halieutiques sont considérées comme des biens communs, et gérées selon des méthodes démocratiques garantissant leur durabilité et privilégiant leur valeur d'usage sur les profits.

Cinq. L'accès universel aux biens essentiels à l'épanouissement humain est étendue, au-delà de la santé et de l'éducation, au logement, à l'eau et aux énergies vitales, à la mobilité locale, aux cantines scolaires, aux bibliothèques et aux services bancaires et de communication de base.

Six. Dans toutes les entreprises de plus de douze employés, les décisions en matière d'investissements et de rémunérations sont prises conjointement par une chambre représentant les actionnaires et une autre élue par les travailleurs.

Sept. Le travail disponible est réparti entre toutes les personnes capables de travailler, en réduisant la semaine à quatre journées de travail de huit heures et en établissant une garantie d'emploi universelle.

Huit. Un salaire minimal universel est établi, et les revenus des ménages, quelle qu'en soit la source, sont plafonnés à dix fois le revenu médian.

Neuf. Tous les produits consommant des énergies fossiles sont interdits à l'horizon 2040. Tout produit manufacturé doit être réparable, les pièces de rechange et les plans de montage doivent être disponibles à prix coûtant en permanence.

Dix. La publicité destinée aux enfants est interdite, ainsi que la publicité pour les produits nocifs pour l'environnement et la santé.

Épilogue

Les questions que posent les changements climatiques sont si vastes et si fondamentales qu'elles menacent de conduire nos sociétés hyper-développées au désarroi. Par l'un de ces curieux renversements dont l'histoire a le secret, nous passons ainsi d'un fantasme de toute-puissance, nourri par la volonté de « dominer la nature » et de « déchaîner les forces productives », à un sentiment d'impuissance face aux dégâts que nous avons nous-mêmes causés, comme un enfant reste interdit devant le jouet qu'il a cassé et qu'il ne sait comment réparer.

Aucun fait objectif ne nous condamne pourtant à cette atonie collective. Nous savons exactement ce qui nous attend et comment l'éviter. Nous savons que l'immense majorité de l'humanité a tout à gagner à la transition vers un monde sans carbone. Toutes les connaissances scientifiques et toutes les technologies nécessaires sont connues et disponibles. Il ne nous manque que de retrouver le sens du politique.

Cela suppose de réaffirmer la nécessité, à côté des réflexions éthiques et épistémologiques fondamentales sur la redéfinition des frontières entre nature et société, d'une authentique réflexion politique, c'est-à-dire d'une réflexion sur les *moyens* d'atteindre les fins que nous nous donnons.

Née au temps où la critique de la société de consommation battait son plein, l'écologie politique s'est inscrite dans la perspective de la sobriété et de la décroissance, et a souvent plaidé pour une maîtrise volontaire de la démographie. Ce faisant, elle a offert à ses adversaires leurs plus puissants arguments. Les pays pauvres craignent que le nouvel impératif climatique les empêche de poursuivre leur « développement ». Dans les pays largement industrialisés, les plus riches craignent de devoir renoncer à leurs jouissances – aussitôt suivis par ceux qui aspirent à devenir riches à leur tour. Les sociétés humaines qui ont fait le choix volontaire de la frugalité sont rares, et ce nouveau surmoi écologique risque de dresser contre lui une majorité de pays et de groupes sociaux. Le « nouvel ascétisme » de Hans Jonas ne fait pas recette. Il nous faut la vie large ! Toute perspective de transition climatique devrait démontrer que le monde à venir améliorera le bien-être et le plaisir d'une immense majorité de la population. Plutôt que de faire le portrait des cercles de l'enfer où nous plongera le réchauffement climatique, il faut dépeindre – avec l'aide de ceux qui ont un don pour stimuler l'imaginaire – les plaisirs et la beauté d'un monde sans carbone, un monde apaisé, où l'insécurité de l'existence recule sans cesse, où chacun accède à la santé, à l'éducation, à une alimentation et un logement sains, où la jouissance de la nature n'est plus un privilège...

La capacité du régime capitaliste à résister aux crises et aux critiques demeure, pour ses adversaires mêmes, un sujet de fascination. Ce monde-ci ne satisfait pratiquement plus personne. Les signes de résistance à la logique marchande, qui colonise tous les champs de la vie sociale et tous les mondes vécus, se multiplient sans fin. *Eppure si muove!* Et pourtant il continue à tourner! La puissance critique des mouvements sociaux, écologistes, féministes, antiracistes... n'empêche pas le capitalisme de poursuivre son expansion. Les forces de gauche conservent l'espoir de voir advenir « la désagrégation du bloc historique dominant, sous l'effet de la multiplication des attentes insatisfaites, rendant possible la réarticulation des aspirations à l'autonomie collective autour d'un nouveau bloc historique à vocation hégémonique[1] ». Mais on cherche en vain dans le monde contemporain les « signes historiques » d'une telle recomposition. Pour le moment, quoi qu'il nous en coûte de le reconnaître, les nouvelles droites ethno-nationalistes parviennent mieux que les gauches à capter la colère de tous ceux que le monde actuel blesse.

Après avoir tenté de semer le doute et de faire diversion, les tenants du capitalisme sans entraves ont changé de tactique: puisque la transition climatique nous échappe, feignons d'en être les organisateurs! En présentant la nature comme une pourvoyeuse de services, qu'il s'agit de standardiser, pour leur donner un prix et les échanger sur un marché global et libre. En osant tous les oxymores et en inventant un « capitalisme vert ». En transformant la « contrainte environnementale » en une nouvelle source de profits. En étendant le processus de marchandisation aux formes du vivant qui lui avaient échappé jusqu'ici. Ce qui conduit à aggraver les inégalités environnementales, crée de nouvelles formes de prédation coloniale, génère d'immenses profits accaparés par un très petit nombre de multinationales, et aboutit dans le même temps à doubler le taux de croissance des émissions de gaz à effet de serre. Face à cet échec généralisé, il faut rappeler que nous avons besoin de la puissance publique. Seule la règle, démocratiquement délibérée, pourra garantir la préservation des équilibres écologiques indispensables à la survie de l'humanité. Seule une vaste planification, associant la gamme la plus large des parties prenantes, pourra assurer que les investissements indispensables à la transition et à l'adaptation climatiques seront réalisés. Seule la multiplication des formes collectives de gestion des biens communs – l'eau, les sols, les forêts et réserves halieutiques... – pourra garantir qu'elles seront entretenues au profit de tous.

La force des nouvelles droites tient aussi à ce que, dans un monde désincarné, elles activent des affects puissants, en ciblant les coupables de tous nos maux, étrangers, femmes, intellectuels, pauvres, homosexuels, élites..., sur lesquels se déchargent tous les ressentiments. La gauche ne peut se contenter d'être contre, elle doit développer une vision du monde qui suscite le désir et l'adhésion, mais elle doit aussi tirer les leçons de son impuissance et reconnaître qu'il n'y a pas de politique sans passions, y compris négatives. La juste cause a besoin, pour se catalyser, d'un adversaire. Qu'au temps de la guerre froide, quand le capitalisme occidental et le communisme rivalisaient dans leur course folle vers l'abondance, les deux systèmes aient été rendus également coupables des saccages infligés à la planète, cela peut se comprendre. Mais, depuis plus de trente ans, le capitalisme est sans rival et il continue d'étendre son empire aux espaces sociaux et aux régions qui lui avaient jusqu'ici échappé. Il devient dès lors difficile de nier que le changement climatique est intimement lié, non pas au productivisme en général, mais à la seule modalité de système productiviste qui subsiste aujourd'hui, c'est-à-dire le capitalisme. La lutte contre les dérèglements climatiques et les critiques du capitalisme devraient dès lors converger, ce qui permettrait au passage d'identifier ce « conflit central[2] » dont la cause climatique a tant besoin pour former un bloc majoritaire, en fédérant tous ceux, et ils sont de plus en plus nombreux, qui expriment la conviction que « tout peut changer[3] ». En se posant clairement comme une alternative au mode de production et de consommation capitaliste, en dénonçant les privilèges des « hyper-riches » qui sont à la fois le moteur et le symbole des logiques d'accumulation mortifères, l'écologie lèverait enfin le voile pudique qui l'empêche de se faire pleinement politique.

L'humanité a besoin de repères temporels, la transition climatique nous en offre à foison. En 1850, la révolution industrielle européenne a entamé le plus grand cycle de consommation d'énergies fossiles de l'histoire de l'humanité. En 1950, les États-Unis et l'Europe, se remettant de deux guerres mondiales, affirmaient avec une force jamais vue leur désir d'abondance et entamaient la « grande accélération » qui a fait exploser la production de carbone, aussitôt suivis par leurs rivaux du bloc communiste. En 2050, dans une génération, nous devrons avoir clôturé cette période de l'histoire de l'humanité, exceptionnelle à tous égards. Après avoir voué un culte aux nombres magiques du PIB, nous devons faire d'autres chiffres, ceux de la réduction des gaz à effet de serre, de l'amélioration de l'espérance de vie en bonne santé, et de tout ce qu'ils disent implicitement des progrès accomplis et à venir, le signe d'un nouvel idéal collectif. Après avoir répudié la planification, sous prétexte de l'échec du communisme, il nous faut réhabiliter l'art de la prévision et de la projection. Chercher sans cesse les mesures nouvelles qui peuvent nous rapprocher du but. Mêler les voix des élus, des savants, des techniciens et des citoyens profanes dans une délibération collective renouvelée, pour chercher des solutions partagées. Irriguer la démocratie de débats annuels sur les objectifs à atteindre, secteur par secteur, région par région, des leçons à tirer des succès des autres et de nos échecs, en y impliquant le plus largement possible les parties prenantes. Dépasser le seuil temporel des échéances électorales en se donnant à nouveau des ambitions à dix, quinze, vingt et vingt-cinq ans. Et célébrer régulièrement les progrès accomplis.

L'humanité a aussi besoin de repères spatiaux, de comprendre où elle se situe dans le vaste monde. C'est la grande lacune du présent ouvrage, un thème qui mérite un livre à lui seul : l'écosocialisme sera international ou il ne sera pas. Nous avons, nous Européens, une immense responsabilité historique dans le réchauffement global, les dégradations environnementales et la perte de biodiversité. Les peuples dont nous avons, hier, exploité les ressources naturelles et humaines sont aussi ceux qui, aujourd'hui, sont les premiers exposés aux conséquences des dérèglements climatiques. La « justice climatique » suppose un vaste débat mondial sur la compensation de notre dette environnementale, sur la juste répartition du maigre « budget carbone » qui nous reste, sur les immenses flux financiers et technologiques indispensables pour aider les pays du Sud à atteindre la prospérité et la cohésion sociale sans passer par les saccages naturels que nous avons causés. Un internationalisme renouvelé implique l'adoption de règles qui mettent bon ordre dans la mondialisation, s'attaquent au fléau de la fraude et de l'évasion fiscales, soumettent à taxation les transactions financières internationales, subordonnent les échanges commerciaux au respect de normes sociales et environnementales contraignantes... Et quand la population européenne stagne, alors que la croissance démographique du continent africain conduira à un doublement de sa population en l'espace d'une génération, organiser les flux migratoires et préparer l'accueil des réfugiés climatiques s'impose comme une impérieuse nécessité.

Les humains ont toujours eu du mal à concevoir que leur sort dépend de leurs congénères vivant à l'autre bout du monde. Kant a rêvé de nous en convaincre, le réchauffement climatique l'a fait. Nous commençons à comprendre que les feux de forêt, les tornades et les pluies diluviennes qui s'abattent sur des continents éloignés sont liés à notre mode de vie. Nous commençons à admettre que même si nous faisons tous les efforts du monde à notre petite échelle nationale, ils seront vains si les autres régions du monde ne nous suivent pas. Le gouvernement mondial qui a commencé à prendre corps avec la Société des Nations puis les Nations unies a été le principal vecteur d'une prise de conscience environnementale globale, le creuset où s'ébauchèrent les engagements internationaux de lutte contre les changements climatiques. C'est dans ces cénacles que les représentants de toutes les nations du monde débattent de la sécurité globale, de la faim et du développement, de la protection de la nature et du climat. C'est à l'ombre de la convention-cadre des Nations unies sur les changements climatiques que, chaque année, des dizaines de milliers de diplomates et fonctionnaires internationaux, de scientifiques, d'élus, de militants syndicaux et associatifs... cherchent inlassablement à préciser et renforcer leurs engagements. C'est là aussi que se conduisent les seules discussions réelles sur les impératifs de la justice climatique internationale. C'est de ces délibérations intensément cosmopolites que naissent les grands objectifs chiffrés qui donnent un cap à l'action des gouvernements et des agences internationales. Et c'est de ces enceintes, fragiles, complexes, lointaines, manipulées par toutes les forces en présence, que naîtra un jour une forme encore imperceptible de démocratie mondiale. Il faut y croire encore, ne fût-ce que parce qu'il n'y a pas d'autre raison d'espérer.

L'Europe, la mal-aimée. La froide union d'États, lointaine, hautaine, bureaucratique, enfermée dans ses tours de verre bruxelloises ; l'Europe dont on aime tant ignorer les bienfaits et, selon l'humeur du jour, blâmer l'impuissance ou dénoncer les diktats ; cette Europe si pleine de défauts est le socle indispensable de tout projet crédible de lutte contre les changements climatiques. Seule l'Union dispose du poids politique pour emmener les négociations internationales. Seule, elle peut convaincre les autres régions du monde de la suivre, par l'exemple ou en menaçant de leur fermer son marché, le plus grand du monde. Seule l'Union peut traduire en objectifs concrets les chiffres insondables des « parties par million » ou des « tonnes d'équivalent CO_2 », dire ce que cela signifie pour nos transports, nos logements, notre agriculture et attribuer à chacun sa part. Seule l'Union peut lutter contre la fraude fiscale et la spéculation financière, dégager les moyens nécessaires pour financer les immenses plans d'investissements publics nécessaires. Seule l'Union peut organiser l'accueil juste et équitable des millions de réfugiés climatiques. Encore faut-il qu'elle sache reconnaître ses errements, abandonner son absurde gouvernance budgétaire et les « mécanismes de marché » auxquels elle a trop fait confiance. S'engager à faire changer les règles du commerce mondial ; tenir son engagement de venir en aide aux pays qui sont les plus affectés par les dérèglements climatiques. Le *Green Deal* est un premier pas, ne pas le reconnaître relève de la mauvaise foi, mais le chemin est long. Il faut désormais imposer à l'agenda européen une planification écologique globale, un nouvel ensemble de ressources propres contribuant à réguler la mondialisation (taxe carbone aux frontières, taxe sur les transactions financières et taxe sur la fortune) et jetant les bases d'une sécurité sociale supranationale, dont la garantie d'emploi et le revenu de base pour les jeunes pourraient être les premiers jalons.

Si nous avions l'éternité devant nous, aucun projet de recomposition politique ne mériterait plus notre attention et notre soutien que celui qu'esquissèrent les premiers socialistes, utopistes et libertaires, que reprirent les premiers penseurs de l'écologie sociale et de l'écosocialisme, et que continuent à cultiver nombre de communautés autonomes. L'autonomie communale la plus complète, insérée dans un vaste ensemble de communes libres et librement confédérées, ce bel idéal réveille en nous l'esprit des cités grecques, l'âge d'or des républiques de la Renaissance italienne et les rêves de démocratie intégrale de la Commune de Paris. Hélas, nous n'avons pas l'éternité, mais l'espace d'une génération, et nous devrons faire avec les formes politiques infiniment imparfaites dont nous avons hérité, États et organisations internationales. Nous aurions tort, pourtant, d'oublier les communes. C'est là que furent imaginées, définies, éprouvées quelques-unes des plus belles réalisations du socialisme : les écoles gratuites, laïques et obligatoires ; le logement social ; les hôpitaux et maisons de retraite ; la gestion publique de l'eau et des énergies ; les centres d'action sociale ; les coopératives ouvrières ou agricoles ; les bibliothèques et les centres culturels... C'est là que peuvent s'inventer, s'expérimenter, se diffuser, les pratiques de l'écosocialisme qui le rendront palpable et souhaitable : les nouvelles cités sociales inscrites dans la nature et les écoles arborées, les petites unités coopératives d'énergie renouvelable, les cantines publiques alimentées aux circuits courts, les jardins et serres partagés, les coopératives de recyclage, les ateliers de réparation de vélos et d'appareils ménagers, et les milliers d'hommes et de femmes qui les font vivre et contribuent chaque jour à réparer et entretenir la nature et les communautés humaines qui la peuplent.

Il fut un temps, en Europe, où le socialisme paraissait à la fois si puissant et encore si plein de promesses, qu'on avait peine à imaginer qu'il puisse un jour décliner. Un temps que les moins de cinquante ans ne peuvent pas connaître. Depuis deux générations, le socialisme semble avoir perdu son souffle. Il n'est pas parvenu à s'implanter durablement hors d'Europe et, dans ses terres d'élection, il a subi de plein fouet la vague néolibérale. Oscillant entre concessions au nouveau dogme libéral et résistance, il s'est trouvé confiné dans l'action défensive. Ses effectifs militants et ses résultats électoraux ont fondu comme neige au soleil. Et même le mot et l'idée ont paru, un instant, démodés. Mais la gauche ne meurt jamais, et le socialisme renaît régulièrement de ses cendres. Signe précurseur, Marx, ses prédécesseurs et ses successeurs intriguent à nouveau les philosophes. L'idée du socialisme fait l'objet de colloques et de publications savantes. Et, aux États-Unis, ce sont les élus de la gauche du Parti démocrate, se revendiquant d'un socialisme démocratique dont les racines américaines sont pourtant rachitiques, qui raniment le débat. Des chercheurs et des militants réaffirment que l'on ne peut comprendre l'exploitation de la nature par l'homme sans comprendre l'exploitation de l'homme par l'homme et redécouvrent les intuitions du premier socialisme. Ainsi renaissent les grandes idées.

Dans un bref essai sur la philosophie de l'histoire, Antonio Gramsci écrivait que le socialisme, en tant qu'idée, bouleversait si profondément les conceptions antérieures de l'homme et de la société, qu'il mettrait des siècles à se déployer pleinement. À l'instar d'autres grands systèmes de pensée révolutionnaires – le christianisme, la Réforme, les Lumières – le socialisme passerait, disait-il, par des phases de diffusion rapide, grâce aux circonstances et à la mobilisation d'un groupe social central, et par des temps d'arrêt, préparant d'autres conquêtes[4]. Nous sommes peut-être au point, après quarante ans de défensive, où le socialisme peut repasser à l'offensive, et fièrement reprendre sa marche séculaire.

Remerciements

L'écriture est un sport solitaire qui se joue à plusieurs. J'ai contracté, dans la rédaction de ce livre, de nombreuses dettes. À l'égard de collègues qui m'ont fait l'amitié de lire la première version du manuscrit et de m'adresser des commentaires qui m'ont obligé à revoir en profondeur certains de mes arguments. Merci à Mateo Alaluf, Martin Deleixhe, Édouard Delruelle, Isabelle Ferreras, Justine Lacroix, Chantal Mouffe, Kalypso Nicolaïdis et Philippe Van Parijs pour leur générosité.

J'ai aussi eu la chance de présenter certaines idées de ce livre lors de séminaires tenus au cours de l'hiver 2021 à l'École normale supérieure de Paris, au Centre de théorie politique de l'Université libre de Bruxelles, à la Chaire Hoover de l'Université catholique de Louvain et à l'Institut universitaire européen de Florence. Merci pour leurs commentaires et critiques amicales à Pierre-Natnaël Bussière, Lucas Chancel, Pierre Charbonnier, Bruno De Witte, Elias Dinas, Charlotte Luyckx, Marthe Nyssens, Mathilde Pourtois, Christophe Sente, Anna-Patricia Valerio, Pierre-Étienne Vandamme, Yannick Vanderborght, Bruno Van der Linden, Nathalie Frogneux.

Ce livre, comme les précédents, s'est largement nourri de discussions avec mes collègues de l'Institut Émile

Vandervelde, gardiens de la flamme socialiste à Bruxelles. Merci à eux, et en particulier à Amaury Caprasse, Jean Moulin et Laurent Zecchini. Merci à Bruno Auerbach, dont le travail éditorial impeccable et la disponibilité m'ont été très précieux. Merci à mes enfants, Jean, Pauline, Victoire et Louis, de nourrir mes réflexions et mon désir de leur céder un monde où ils pourront mener la Vie large. Enfin, merci à Maude de me rappeler, tous les soirs du monde, que les seules idées qui vaillent la peine d'être creusées sont celles qui naissent de la conjugaison de l'amour et du vin.

Notes

1. La question naturelle
(p. 17 à 33)

1. *Cf.* Gerardo CEBALLOS, Andrés GARCIA et Paul R. EHRLICH, « The Sixth Extinction crisis loss of animal populations and species », *Journal of Cosmology*, vol. 8, 2010, p. 1821-1831.
2. Serge MOSCOVICI, *Essai sur l'histoire humaine de la nature*, Paris, Flammarion, 1968.
3. *Cf.* Yannick MAHRANE, Marianna FENZI, Céline PESSIS et Christophe BONNEUIL, « De la nature à la biosphère, L'invention politique de l'environnement global, 1945-1972 », *Vingtième Siècle*, n° 113, 2012, p. 127-141.
4. *Cf.* Eric WOLF, « Ownership and political ecology », *Anthropological Quarterly*, 1972, vol. 45, n° 3, p. 201-205.
5. *Cf.* Will STEFFEN, Katherine RICHARDSON, Johan ROCKSTRÖM, Sarah E. CORNELL *et al.*, « Planetary boundaries : Guiding human development on a changing planet », *Science*, vol. 347, n° 6223, 2015, 1259855.
6. *Cf.* IPCC, *Climate Change 2022. Mitigation of Climate Change, Working Group III. Contribution to the Sixth Assessment Report of the Intergovernmental Panel on Climate Change. Summary for Policymakers*, 4 avril 2022.
7. *Cf.* Bruno LATOUR, *Politiques de la nature. Comment faire entrer les sciences en démocratie*, Paris, La Découverte, 1999.
8. *Cf.* IPCC, *Global Warming of 1,5 °C. An IPCC Special Report on the Impacts of Global Warming of 1,5 °C above Pre-Industrial Levels and Related Global Greenhouse Gas Emission Pathways, in the Context of Strengthening the Global Response to the Threat of Climate Change, Sustainable Development and Efforts to Eradicate Poverty. Summary for Policymakers*, 6 octobre 2018.
9. *Cf.* Dina IONESCO, Daria MOKHNACHEVA et François GEMENNE, *Atlas des migrations*, Paris, Presses de Sciences Po, 2016.
10. Selon les estimations du *Global Carbon Project*, les émissions

de gaz à effet de serre issues de l'activité humaine proviennent pour 86 % de la consommation de combustibles fossiles, et pour 14 % de la déforestation. Seules 29 % de ces émissions sont absorbées par les forêts, et 23 % par les mers et océans, ce qui laisse 48 % de ces émissions non absorbées, alimentant l'effet de serre et contribuant au réchauffement climatique. *Cf.* <www.globalcarbonproject.org>, consulté le 29 août 2021.

11. *Cf.* Lynn White Jr, *Les Racines historiques de notre crise écologique*, Paris, PUF, 2019.
12. John R. McNeill, *Du nouveau sous le soleil. Une histoire de l'environnement mondial au XXe siècle*, Paris, Champ Vallon, 2010 [2000], p. 42.
13. *Cf.* Fridolin Krausmann, Simone Ginghrich, Nina Eisenmenger et Karl-Heinz Erb, « Growth in global materials use CDP and population during the 20th century », *Ecological Economics*, vol. 68, n° 10, 2009, p. 2696-2705.
14. *Cf.* Mark Z. Jacobson et Mark A. Delucchi, « Providing all global energy with wind, water and solar power, Part I : Technologies, energy resources, quantities and areas of infrastructure and materials », *Energy Policy*, vol. 39, n° 3, 2011, p. 1154-1169, et « Providing all global energy with wind, water and solar power, Part II : Reliability systems and transmission costs, and policies », *Energy Policy*, vol. 39, n° 3, 2011, p. 1170-1190.
15. Jonathan M. Cullen, Julian M. Allwood et Edward Borgstein, « Reducing energy demand : What are the practical limits ? », *Environmental Science and Technology*, vol. 45, n° 4, 2011, p. 1711-1718.
16. *Cf.* Systemiq, *The Paris Effect : How the Climate Agreement is Reshaping the Global Economy*, décembre 2020.
17. *Cf.* International Bank for Reconstruction and Development, World Bank, *The Growing Role of Minerals and Metals for a Low Carbon Future*, juin 2017.
18. *Cf.* Arnulf Grubler, « Energy transitions : Research insights and cautionary tales », *Energy Policy*, vol. 50, 2012, p. 8-18, et Benjamin K. Sovacool, « How long will it take ? Conceptualizing the temporal dynamics of energy transitions », *Energy Research & Social Science*, vol. 13, 2016, p. 202-215.
19. *Cf.* James C. Scott, *Homo domesticus. Une histoire profonde des premiers États*, Paris, La Découverte, 2019.
20. *Cf.* Jared Diamond, *De l'inégalité parmi les sociétés. Essai sur*

l'homme et l'environnement dans l'histoire, Paris, Gallimard, 2000.

21. *Cf.* William CRONON, *Nature's Metropolis : Chicago and the Great West*, New York, W.W. Norton, 1991.
22. Karl POLANYI, *La Subsistance de l'homme. La place de l'économie dans l'histoire et la société*, Paris, Flammarion, 2011, p. 56.
23. *Cf.* Xavier PROUX et Pierre-Marie AUBERT, *Une Europe agroécologique en 2050 : une agriculture multifonctionnelle pour une alimentation saine. Enseignements d'une modélisation du système alimentaire européen*, Paris, IDDRI, n° 09/2018, 2018.
24. *Cf.* Jan Douwe VAN DER PLOEG, Dominique BARJOLLE, Janneke BRUIL, Gianluca BRUNORI *et al.*, « The economic potential of agroecology : Empirical evidence from Europe », *Journal of Rural Studies*, vol. 71, n° 1, 2019, p. 46-61.
25. *Cf.* Eric Holt-Giménez, *A Foodie's Guide to Capitalism : Understanding the Political Economy of What We Eat*, New York, Monthly Review Press, 2017.
26. *Cf.* Jacques CAPLAT, *L'Agriculture biologique pour nourrir l'humanité. Démonstration*, Préface de Claude Aubert, Arles, Actes Sud, 2012.
27. *Cf.* Marcel MAZOYER et Florence ROUDART, *Histoire des agricultures du monde. Du Néolithique à la crise contemporaine*, Paris, Seuil, 2002.
28. *Cf.* IPES FOOD (International Panel of Experts on Sustainable Food Systems), *From Uniformity to Diversity : A Paradigm Shift from Industrial Agriculture to Diversified Agroecological Systems*, juin 2016.
29. *Cf.* Olivier DE SCHUTTER, *Agroecology and the Right to Food*, Report presented at the 16th Session of the United Nations Human Rights Council, décembre 2010.
30. *Cf.* Joëlle ZASK, *La Démocratie aux champs. Du jardin d'Eden aux jardins partagés, comment l'agriculture cultive les valeurs démocratiques*, Paris, La Découverte, 2016.
31. *Cf.* les rapports cités de l'*International Panel of Experts on Sustainable Food Systems* et, pour le cas français, François COLLART DUTILLEUL, *Nourrir. Quand la démocratie alimentaire passe à table*, Paris, Les Liens qui libèrent, 2021.
32. Milton FRIEDMAN, « The social responsibility of business is to increase its profits », *New York Times Magazine*, 13 septembre 1970, cité par Kate RAWORTH, *La Théorie du donut. L'économie de demain en sept principes*, Paris, Plon, 2018, p. 359.

2. Obstruction, diversion, récupération : les contre-offensives du capital
(p. 34 à 58)

1. *Cf.* Frank W. Geels, « Regime resistance against low-carbon transitions : Introducing politics and power into the multi-level perspective », *Theory, Culture & Society*, vol. 31, nº 5, 2014, p. 21-40.
2. *Cf.* Naomi Klein, *Plan B pour la planète. Le New Deal vert*, Arles, Actes Sud, 2019.
3. Programme des Nations unies pour l'environnement, *La production de combustibles fossiles doit diminuer de 6 % par an pour limiter le réchauffement de la planète*, 2 décembre 2020.
4. Michael Jakob et Jérôme Hilaire, « Unburnable fossil-fuel reserves », *Nature*, vol. 517, nº 7533, 2015, p. 150-151.
5. *Cf.* Paul Griffin, Climate Accountability Institute, *The Carbon Majors Database : CDP Carbon Majors Report 2017*, juillet 2017.
6. *Cf.* Jean-Michel Bezat et Veronique Crochon, « Total face aux hyper-activistes du climat », *Le Monde*, 29 mai 2021.
7. *Cf.* Rebecca Bratspies, « Owning all the seeds : Consolidation and control in AGBiotech », *Environment Law*, vol. 47, nº 3, 2017, p. 583-608.
8. *Cf.* Ipes Food (International Panel of Experts on Sustainable Food Systems), *Too Big to Feed : Exploring the Impacts of Mergers, Consolidation and Concentration of Power in the Agri-Food Sector*, octobre 2017.
9. Naomi Klein, *Tout peut changer. Capitalisme et changement climatique*, Arles, Actes Sud, 2015.
10. *Cf.* Mickaël Correia, *Criminels climatiques. Enquête sur les multinationales qui brûlent notre planète*, Paris, La Découverte, 2022.
11. *Cf.* Naomi Oreskes et Eric M. Conway, *Les Marchands de doute. Ou comment une poignée de scientifiques ont masqué la vérité sur des enjeux de société tels que le tabagisme et le réchauffement climatique*, Paris, Le Pommier, 2012, et Jean-Michel Decroly, François Gemenne et Edwin Zaccaï, *Controverses climatiques, sciences et politiques*, Paris, Presses de Sciences Po, 2012.
12. *Cf.* Coralie Schaub, Aurore Coulaud et Manuel Magrez, « Changement climatique : Total savait et a "fabriqué" du doute », *Libération*, 20 octobre 2021, et, pour le secteur agro-alimentaire, Marion Nestle, *Unsavory Truth : How Food Companies Skew the Science of What We Eat*, New York, Basic Books, 2018.
13. *Cf.* Naomi Oreskes et Eric Conway, *L'Effondrement de la*

civilisation occidentale, Paris, Les Liens qui libèrent, 2020.

14. Serge Latouche, *Le Pari de la décroissance*, Paris, Fayard, 2006, p. 135.
15. Émilie Hache, *Ce à quoi nous tenons. Propositions pour une écologie pragmatique*, Paris, La Découverte, 2011, p. 136.
16. *Cf.* Nations unies, *World Population Prospects: The 2015 Revision*, New York, 2015. La population devrait ensuite croître lentement pour atteindre 11 milliards à l'horizon 2100.
17. *Cf.* David Satterthwaite, « The implications of population growth and urbanization for climate change », *Environment and Urbanization*, vol. 21, n° 2, 2009, p. 545-567.
18. « Texte de l'Appel de Heidelberg », *Les Cahiers de Global Chance*, n° 1, 1992, p. 24.
19. *Cf.* André Gorz, « Écologie et capitalisme » (1972), in *Leur Écologie et la nôtre. Anthologie d'écologie politique*, Paris, Seuil, 2020, p. 213-222.
20. *Cf.* Jean-Baptiste Fressoz et Fabien Locher, *Les Révoltes du ciel. Une histoire du changement climatique, XVe-XXe siècle*, Paris, Seuil, 2020, p. 96.
21. *Cf.* Clive Hamilton, *Les Apprentis sorciers du climat. Raisons et déraisons de la géo-ingénierie*, Paris, Seuil, 2013.
22. Martin Lewis, *Green Delusions: An Environmentalist Critique of Radical Environmentalism*, Durham, Duke University Press, 1992, p. 10. Pour une version libérale, *cf.* John Gray, *Beyond the New Right: Markets, Government and the Common Environment*, Londres, Routledge, 1993.
23. *Cf.* Albert Weale, *The New Politics of Pollution*, Manchester, Manchester University Press, 1992.
24. *Cf.* Peter Newell et Matthew Paterson, « A climate for business: Global warming, the state and capital », *Review of International Political Economy*, vol. 5, n° 4, 1998, p. 679-703.
25. *Cf.* Helmut Haberl, Dominik Wiedenhofer, Doris Viràg, Gerald Kalt *et al.*, « A systematic review of the evidence on decoupling of GDP, resource use and GHG emissions, part II: synthesizing the insights », *Environmental Research Letters*, vol. 15, n° 6, 2020, 065003; Tere Vadén, V. Lähde, A. Majava, P. Järvensivu *et al.*, « Decoupling for ecological sustainability: A categorisation and review of research literature », *Environmental Science & Policy*, vol. 112, 2020, p. 236-244.
26. *Cf.* Clive Hamilton et Hal Turton, « Determinants of emissions growth in OECD countries », *Energy Policy*, vol. 30, 2002,

p. 63-71. Voir aussi le rapport de l'UNEP, *Global Material Flows and Resource Productivity: A Report of the International Resource Panel*, 2016.

27. AGENCE EUROPÉENNE POUR L'ENVIRONNEMENT, *La Croissance sans la croissance économique*, Bruxelles, janvier 2021.
28. Peter DAUVERGNE, *Environmentalism of the Rich*, Cambridge (MA), MIT Press, 2016, p. 146.
29. *Cf.* Peter DAUVERGNE et Kate J. NEVILLE, « Forests, food and fuel in the Tropics: The uneven social and ecological consequences of the emerging political economy of biofuels », *Journal of Peasant Studies*, vol. 37, n° 4, 2010, p. 631-660.
30. *Cf.* Hélène TORDJMAN, *La Croissance verte contre la nature. Critique de l'écologie marchande*, Paris, La Découverte, 2021.
31. *Cf.* Luc BOLTANSKI et Ève CHIAPELLO, *Le Nouvel Esprit du capitalisme*, Paris, Gallimard, 2e éd., 2011.
32. *Cf.* Romain FELLI, *La Grande Adaptation. Climat, capitalisme et catastrophe*, Paris, Seuil, 2016.
33. *Cf.* Jean GADREY et Aurore LALUCQ, *Faut-il donner un prix à la nature ?*, Paris, Les Petits Matins/Institut Veblen, 2015.
34. Robert COSTANZA, Ralph D'ARGE, Rudolph DE GROOT, Stephen FARBER *et al.*, « The value of the world's ecosystem services and natural capital », *Nature*, 387, 1997, p. 253-60, cité par H. Tordjman, *La Croissance verte contre la nature*, *op cit.*, p. 165.
35. *Cf.* Larry LOHMANN, « Neoliberalism's climate », *in* Kean BIRCH, Julie MACLEAVY et Simon SPRINGER (dir.), *Handbook of Neoliberalism*, Londres, Routledge, 2016.
36. K. POLANYI, *La Subsistance de l'homme*, *op. cit.*
37. *Cf.* Razmig KEUCHEYAN, *La nature est un champ de bataille. Essai d'écologie politique*, Paris, La Découverte, 2014.
38. Vandana SHIVA, *Qui nourrit réellement l'humanité ?*, Arles, Actes Sud, 2020.
39. *Cf.* Daniel TANURO, *L'impossible Capitalisme vert*, Paris, La Découverte, 2010, et H. TORDJMAN, *La Croissance verte contre la nature*, *op. cit.*

3. L'écologie des opprimés
(p. 59 à 84)

1. Catherine LARRÈRE, « Quelle égalité pour l'écologie politique ? », in *ID.* (dir.), *Les Inégalités environnementales*, Paris, PUF, 2017, p. 28.
2. *Cf.* Éloi LAURENT, *Et si la santé guidait le monde ? L'espérance de vie vaut mieux que la croissance*, Paris, Les Liens qui libèrent,

2020, et Dario Kenner, *Carbon Inequality: The Role of the Richest in Climate Change*, Londres, Routledge, 2019.

3. *Cf.* Jason W. Moore, *Capitalism in the Web of Life: Ecology and the Accumulation of Capital*, Londres, Verso, 2015.

4. <https://www.globalcarbonproject.org>, consulté le 22 août 2021.

5. *Cf.* Éloi Laurent, « The European Green Deal, bring back the new », *OFCE Policy Brief*, n° 63, janvier 2020.

6. *Cf.* Lucas Chancel et Thomas Piketty, *Carbon Inequality: From Kyoto to Paris: Trends in the Global Inequality of Carbone Missions (1998-2013) and Prospects for an Equitable Adptation Fund*, Paris School of Economics, novembre 2015.

7. *Cf.* Paul A. Murtaugh et Michael G. Schlax, « Reproduction and the carbon legacies of individuals », *Global Environmental Change*, vol. 19, n° 1, 2009, p. 14-20.

8. *Cf.* Klaus Hubacek, Giovanni Baiocchi, Kuishuang Feng, Raùl Munoz Castillo *et al.*, « Global carbon inequality », *Energy, Ecology and Environment*, vol. 2, n° 6, 2017, p. 361-369 ; Kyle Knight, Juliet Schor et Andrew Jorgenson, « Wealth inequality and carbon emissions in high-income countries », *Social Currents*, vol. 4, n° 5, 2017, p. 403-412 ; Yannick Oswald, Julia K. Steinberger, Diana Ivanova et John Milward-Hopkins, « Global redistribution of income and household energy footprints: A computational thought experiment », *Global Sustainability*, 2021, n° 4, p. 1-13 ; Yannick Oswald, Anne Owen et Julia K. Steinberger, « Large inequality in international and intranational energy footprints between income groups and accross consumption categories », *Nature Energy*, 2020, n° 5, p. 231-239.

9. *Cf.* Gerardo Ceballos, Paul R. Ehrlich et Rodolfo Dirzo, « Biological annihilation via the ongoing sixth mass extinction signaled by vertebrate population losses and declines », *Proceedings of the National Academy of Sciences of the United States of America*, 114 (30), 2017, p. 6089-6096.

10. *Cf.* Lucas Chancel, Thomas Piketty, Emmanuel Saez et Gabriel Zucman, *Rapport sur les inégalités mondiales 2022*, World Inequality Lab, 2022, p. 12.

11. Oxfam & Stockholm Environmental Institute, *The Carbon Inequality Era*, septembre 2020.

12. L. Chancel et T. Piketty, *Carbon inequality*, *op. cit.*, p. 29.

13. *Cf.* Thomas PIKETTY, *Capital et idéologie*, Paris, Seuil, 2019.
14. *Cf.* Lucas CHANCEL et Thomas PIKETTY, *Rapport sur les inégalités mondiales 2018*, World Inequality Lab, 2018. *Cf.* aussi Lucas CHANCEL, *Unsustainable Inequalities : Social Justice and the Environment*, Cambridge (MA), Harvard University Press, 2020.
15. *Cf.* Yannick OSWALD, Anne OWEN, Julia K. STEINBERGER, « Large inequality in international and intranational energy footprints between income groups and across consumption categories », *Nature Energy*, vol. 5, n° 3, 2020, p. 231-239. Ce phénomène était déjà mis en évidence par l'économiste Ernst Friedrich Schumacher en 1973 dans son livre *Small is beautiful*, Paris, Seuil, 1973, p. 34 *sq.* Pour des données plus récentes *cf.* Pierre CORNUT, Thomas BAULER et Edwin ZACCAÏ (dir.), *Environnement et inégalités sociales*, Bruxelles, Éditions de l'université de Bruxelles, 2007 ; Andrew JORGENSON, Juliet SCHOR, Xiaorui HUANG et Jared FITZEGERALD, « Income inequality and residential carbon emissions in the United States : A preliminary analysis », *Human Ecology Review*, vol. 22, n° 1, 2015, p. 93-105.
16. André GORZ, *Ecologica*, Paris, Galilée, 2008, p. 92.
17. IPCC, *Global Warming of 1,5 °C*, *op. cit.*, p. 11.
18. Yves COCHET, *Devant l'effondrement. Essai de collapsologie*, Paris, Les Liens qui libèrent, 2019, p. 13. *Cf.* aussi Pablo SERVIGNE et Raphaël STEVENS, *Comment tout peut s'effondrer. Petit manuel de collapsologie à l'usage des générations présentes*, Paris, Seuil, 2015.
19. *Cf.* J. Timmons ROBERTS et Bradley PARKS, *A Climate of Injustice : Global Inequality, North-South Politics, and Climate Policy*, Cambridge, MIT Press, 2006.
20. *Cf.* Jean-Paul FITOUSSI et Éloi LAURENT, *La Nouvelle Écologie politique. Économie et développement humain*, Paris, Seuil, 2008, et Éloi LAURENT, *Social-écologie*, Paris, Flammarion, 2011.
21. *Cf.* Carme ABAO, Liberty CHEE, Maria Elissa JAYME-LAO, Diana MENDOZA *et al.*, *Women in Natural Disasters : Indicative Findings in Unraveling Gender in Institutional Responses*, ASEAN Intergovernmental Commission on Human Rights Thematic Study, 2019.
22. *Cf.* Philippe BILLET, « Les régulations imparfaites des injustices environnementales : l'exemple des transferts internationaux de déchets », *in* Cyrille HARPET (dir.), *Justice et injustice environnementales*, Paris, L'Harmattan, 2016.

23. Cité par James A. Swaney, « So what's wrong with dumping on Africa ? », *Journal of Economic Issues*, vol. 28, nº 2, 1994, p. 367-377.
24. « The *Lancet* Commission on Pollution and Health », *Lancet*, vol. 391, nº 3, 2018, p. 462-512.
25. *Ibid.*
26. *Cf.* É. Laurent, *Et si la santé guidait le monde*, *op. cit.*
27. *Cf.* Karen Bell, *Working-Class Environmentalism : An Agenda for a Just and Fair Transition to Sustainability*, Londres, Palgrave Macmillan, 2020.
28. *Cf.* Éloi Laurent, « Mesurer et réduire les inégalités environnementales en France », *in* C. Larrère (dir.), *Les Inégalités environnementales*, *op. cit.*, p. 29-51.
29. *Cf.* Ashkan Afshin *et al.*, « Health effects of dietary risks in 195 countries, 1990-2017 : A systematic analysis for the Global Burden of Disease Study 2017 », *The Lancet*, vol. 393, nº 10184, 2019, p. 1958-1972.
30. *Cf.* le *World Happiness Report* 2020, et en particulier le chapitre 5, « How environmental quality affects our happiness », par Christian Krekel et George MacKerron.
31. *Cf.* K. Bell, *Working-Class Environmentalism*, *op. cit.*
32. *Cf.* James Boyce, « Is inequality bad for the environment ? », *Research in Social Problems and Public Policy*, vol. 15, 2008, p. 267-288 ; Liam Downey et Susan Strife, « Inequality, democracy, and the environment », *Organization and Environment*, vol. 23, 2010, p. 155-188.
33. John M. Keynes, « Perspectives économiques pour nos petits-enfants » (1930), *in La Pauvreté dans l'abondance*, Paris, Gallimard, 2002, p. 112-115.
34. Thorstein Veblen, *Théorie de la classe de loisir*, Paris, Gallimard, 1970 [1899], p. 20.
35. *Ibid.*, p. 23.
36. *Ibid.*, p. 62.
37. *Ibid.*, p. 69.
38. J. M. Keynes, « Perspectives économiques pour nos petits-enfants », art. cité, p. 111.
39. Richard Easterlin, « Does economic growth improve the Human lot ? », *in* Paul A. David et Melvin W. Reder (dir.), *Nations and Households in Economic Growth : Essays in Honor of Moses Abramovitz*, New York, Academic Press, 1974. Pour une revue récente des travaux à ce propos, voir Lucie Davoine, *L'Économie du bonheur*, Paris, La Découverte, 2012, et Stefano Bartolini, *Manifeste pour le bonheur. Comment passer d'une société de l'avoir à une société du bien-être*, Paris, Les Liens qui libèrent, 2013.

40. *Cf.* David Goodhart, *Les Deux Clans. La nouvelle fracture mondiale*, Paris, Les Arènes, 2019.
41. *Cf.* Hartmut Rosa, *Aliénation et accélération. Vers une théorie critique de la modernité tardive*, Paris, La Découverte, 2014.
42. *Cf.* John Crary, *24/7. Le capitalisme à l'assaut du sommeil*, Paris, La Découverte, 2014.
43. *Cf.* Anthony Galluzzo, *La Fabrique du consommateur*, Paris, La Découverte, 2020.
44. *Cf.* Nicolas Herpin, *Sociologie de la consommation*, 3e éd., Paris, La Découverte, 2018.
45. *Cf.* Michael Dawson, *The Consumer Trap : Big Business Marketing in the American Life*, Urbana, University of Illinois Press, 2003.
46. *Cf.* Kate Pickett et Richard G. Wilkinson, *The Spirit Level: Why More Equal Societies almost always Do Better*, Londres, Allen Lane, 2009.
47. *Cf.* Ori Heffetz, « A test of conspicuous consumption : Visibility and income elasticity », *Review of Economics and Statistics*, vol. 93, n° 4, 2010, p. 1101-1117 ; Lukasz Walasek et Gordon D. A. Brown, « Income inequality and status seeking : Searching for positional good in unequal US states », *Psychological Science*, vol. 26, n° 4, 2015, p. 527-533.
48. L. Chancel, *Unsustainable Inequalities*, *op. cit.*, p. 32.
49. Joseph E. Stiglitz, *La Grande Fracture. Les sociétés inégalitaires et ce que nous pouvons faire pour les changer*, Paris, Les Liens qui libèrent, 2015.
50. *Cf.* Robert Frank, *Luxury Fever : Weighing the Cost of Excess*, Princeton, Princeton University Press, 2010.
51. *Cf.* Michael J. Sandel, *La Tyrannie du mérite*, Paris, Albin Michel, 2020.
52. *Cf.* Rik Pieters, « Bidirectional dynamics of materialism and loneliness : Not just a vicious circle », *Journal of Consumer Research*, vol. 40, n° 4, 2013, p. 615-631.
53. *Cf.* Danny Dorling, *The Equality Effect : Improving Life for Everyone*, Londres, New Internationalist, 2017.
54. *Cf.* K. Knight, J. Schor et A. Jorgenson, « Wealth inequality and carbon emissions in high-income countries », art. cité.
55. *Cf.* Benjamin Radcliff, *The Political Economy of Human Happiness : How Voter's Choices Determine the Quality of Life*, Cambridge, Cambridge University Press, 2013.
56. *Cf.* Michael Sandel, *Ce que l'argent ne saurait acheter. Les limites morales du marché*, Paris, Seuil, 2014.

57. M. Attia, « Incendies en Californie : les pompiers privés des milliardaires font polémique », *Le Monde*, 2 novembre 2019.

4. La tentation unanimiste
(p. 87 à 108)

1. Bruno Latour, *Où atterrir ? Comment s'orienter en politique*, Paris, La Découverte, 2017, p. 73.
2. *Cf.* Serge Audier, *La Société écologique et ses ennemis, Pour une histoire alternative de l'émancipation*, Paris, La Découverte, 2017.
3. *Cf.* René Dumont, *Seule une écologie socialiste...*, Paris, Robert Laffont, 1977, et Félix Guattari, *Les Trois Écologies*, Paris, Galilée, 1989.
4. *Cf.* Jason W. Moore (dir.), *Anthropocene or Capitalocene : Nature, History, and the Crisis of Capitalism*, Oakland, CA : PM Press, 2016.
5. *Cf.* Andreas Malm, *Comment saboter un pipe-line*, Paris, La Fabrique, 2020.
6. Les travaux du sociologue américain Daniel Bell, qui ont largement influencé la sociologie européenne, ont cristallisé ces thèses. Notamment ses livres *La Fin de l'idéologie*, Paris, PUF, 1997, paru en anglais en 1960, *Vers la société post-industrielle*, Paris, Robert Laffont, 1976, publié en anglais en 1973, et *Les Contradictions culturelles du capitalisme*, Paris, PUF, 1979, publié en anglais en 1976.
7. *Cf.* Serge Audier, *L'Âge productiviste. Hégémonie prométhéenne, brèches et alternatives écologiques*, Paris, La Découverte, 2019.
8. *Cf.* Ronald Inglehart, *The Silent Revolution : Changing Values and Political Styles Among Western Publics*, Princeton, Princeton University Press, 1977.
9. Daniel-Louis Seiler, « Comment classer les partis verts en Europe ? », *in* Pascal Delwit et Jean-Michel De Waele (dir.), *Les Partis verts en Europe*, Bruxelles, Complexe, 1999, p. 43-62.
10. Ronald Inglehart, « The changing structure of political cleavages in Western society », *in* Russell J. Dalton et Scott E. Flanagan (dir.), *Electoral Change in Advanced Industrial Democracies : Realignment or Dealignment ?*, Princeton, Princeton University Press, 1984, p. 25.
11. J. R. McNeill, *Du nouveau sous le soleil*, *op. cit.*, p. 444.
12. Hans Jonas, *Le Principe responsabilité. Une éthique pour la civilisation technologique*, trad. Jean Greisch, Paris, Cerf, 1995, p. 30.
13. *Ibid.*, p. 13.
14. *Ibid.*, p. 187-192.
15. *Ibid.*, p. 218.

16. Hans JONAS, « Le monde n'est ni axiologiquement neutre, ni disponible à volonté. La responsabilité comme obligation de survie » (1992), in *Une éthique pour la nature*, Paris, Desclée de Brouwer, 2000, p. 93.
17. Hans JONAS, « Les perspectives éthiques doivent être complétées d'une nouvelle dimension » (1993), *ibid.*, p. 77.
18. H. JONAS, *Le Principe responsabilité, op. cit.*, p. 201-205.
19. *Ibid.*, p. 207.
20. Hans JONAS, *Souvenirs*, Paris, Payot & Rivages, 2005, p. 17.
21. H. JONAS, *Le Principe responsabilité, op. cit.*, p. 15.
22. *Ibid.*, p. 210.
23. *Ibid.*, p. 191-97.
24. H. JONAS, « Les perspectives éthiques doivent être complétées d'une nouvelle dimension », art. cité, p. 77.
25. Léon TROTSKI, *Littérature et révolution* (1923), cité par Serge AUDIER, *L'Âge productiviste*, *op. cit.*, p. 278.
26. J. R. MCNEILL, *Du nouveau sous le soleil*, *op. cit.*, p. 438.
27. Christophe BONNEUIL et Jean-Baptiste FRESSOZ, *L'Événement Anthropocène. La Terre, l'histoire et nous*, Paris, Seuil, 2e éd., 2016, p. 272. *Cf.* aussi Raj PATEL et Jason W. MOORE, *Comment notre monde est devenu cheap. Une histoire inquiète de l'humanité*, Paris, Flammarion, 2018.
28. H. JONAS, *Le Principe responsabilité, op. cit.*, p. 241-242.
29. Hans JONAS, « La prédisposition à la peur est un commandement éthique » (1981), in *Une éthique pour la nature, op. cit.*, p. 167.
30. H. JONAS, *Le Principe responsabilité, op. cit.*, p. 200.
31. *Ibid.*, p. 203-205.
32. *Ibid.*, p. 203.
33. *Ibid.*, p. 78.
34. H. JONAS, « Les perspectives éthiques doivent être complétées d'une nouvelle dimension », art. cité, p. 79.
35. Hans JONAS, « Technique, liberté et obligation », in *Une éthique pour la nature, op. cit.*, p. 190.
36. *Cf.* Corey ROBIN, *La Peur. Histoire d'une idée politique*, Paris, Armand Colin, 2006.
37. *Cf.* Judith SHKLAR, « The liberalism of fear », *in* Stanley HOFMANN (dir.), *Political Thought and Political Thinkers*, Chicago, Chicago University Press, 1998, et Paul Magnette, *Judith Shklar. Le libéralisme des opprimés*, Paris, Michalon, 2006.
38. K. POLANYI, *La Subsistance de l'homme, op. cit.*, p. 17.
39. H. JONAS, *Le Principe responsabilité, op. cit.*, p. 49.
40. H. JONAS, « Technique, liberté et obligation », art. cité, p. 188.
41. Hans JONAS, « Au plus près d'une issue fatale », in *Une éthique pour la nature, op. cit.*, p. 41.

42. H. Jonas, « Technique, liberté et obligation », art. cité, p. 190-192.
43. Emmanuel Kant, *Le Conflit des facultés*, in *Opuscules sur l'histoire*, Paris, Garnier-Flammarion, 1990, p. 210.
44. Selon l'expression d'Axel Honneth, « De l'irréductibilité du progrès, La relation de l'histoire et de la morale selon Kant », in *Ce que social veut dire, I. Le déchirement du social*, Paris, Gallimard, 2013, p. 47.
45. E. Kant, *Le Conflit des facultés*, *op. cit.*, p. 215.
46. Herbert Marcuse, *Vers la libération*, Paris, Minuit, 1969, p. 104.

5. La vertu du conflit
(p. 109 à 125)

1. *Cf.* Émilie Hache, *Ce à quoi nous tenons*, *op. cit.*, et Corine Pelluchon, *Réparons le monde. Humains, animaux et nature*, Paris, Rivages, 2020.
2. Selon les termes de Charles Fourier dans le texte « Détérioration matérielle de la planète », publié en 1847 dans *La Phalange*, cité par S. Audier, *La Société écologique et ses ennemis*, *op. cit.*, p. 114.
3. André Gorz, « L'écologie politique entre expertocratie et autolimitation » (1992), in *Ecologica*, *op. cit.*, p. 48-49.
4. *Global Atlas of Environmental Justice*, <ejatlas.org>. Sur les fondements théoriques de cette démarche, *cf.* Joan Martinez-Alier, *Environmentalism of the Poor*, Basingstoke, Edward Elgar, 2003.
5. Catherine et Raphaël Larrère, *Penser et agir avec la nature. Une enquête philosophique*, Paris, La Découverte, 2015, p. 385.
6. N. Klein, *Tout peut changer*, *op. cit.*, p. 539.
7. L. Boltanski et È. Chiapello, *Le Nouvel Esprit du capitalisme*, *op. cit.*, p. 85-86.
8. Martha Nussbaum, « Une éthique de la colère », in *21 Penseurs pour 2021*, Paris, Philosophie Magazine Éditeur, 2021, p. 120.
9. *Cf.* Cynthia Fleury, *Ci-gît l'amer. Guérir du ressentiment*, Paris, Gallimard, 2020.
10. Martha Nussbaum, *The Monarchy of Fear: A Philosopher Looks at Our Political Crisis*, New York, Simon & Schuster, 2018, p. 206.
11. Emmanuel Kant, *Théorie et pratique, et autres textes*, Paris, Garnier-Flammarion, 1994, p. 88.
12. Émile Durkheim, *Le Socialisme*, Paris, Alcan, 1928, p. 6 et 4.
13. Karl Polanyi, *La Grande Transformation. Aux origines politiques et économiques de notre temps*, Paris, Gallimard, 1983, p. 182.
14. *Ibid.*, p. 179-80.
15. *Ibid.*, p. 107.

16. *Ibid.*
17. *Ibid.*, p. 108.
18. *Ibid.*, p. 238.
19. *Ibid.*, p. 225.
20. *Ibid.*, p. 226.
21. Edward P. THOMPSON, *Les Usages de la coutume. Traditions et résistances populaires en Angleterre, XVIIe-XIXe siècle*, Paris, Gallimard-Seuil, 2015, p. 254.
22. *Ibid.*, p. 269.
23. *Ibid.*, p. 302.
24. Cornelius CASTORIADIS, « La crise du processus identificatoire », in *Les Carrefours du labyrinthe*, vol. 4 : *La montée de l'insignifiance*, Paris, Seuil, 2007, p. 129-130.
25. André GORZ, *Capitalisme, socialisme, écologie. Désorientations, orientations*, Paris, Galilée, 1991, p. 153.
26. Erik Olin WRIGHT, *Utopies réelles*, Paris, La Découverte, 2017, p. 199.
27. Nancy FRASER et Rahel JAEGGI, *Capitalism : A Conversation in Critical Theory*, Cambridge, Polity Press, 2018, p. 184.
28. Franck FISCHBACH, *Qu'est-ce qu'un gouvernement socialiste ? Ce qui est vivant et ce qui est mort dans le socialisme*, Montréal, Lux, 2017, p. 58 et 199.
29. *Cf.* Nancy FRASER, « Climates of capital : For a trans-environmental eco-socialism », *New Left Review*, 2021, n° 127, p. 94-127, et « What should socialism mean in the twenty-first century ? », *The Socialist Register*, vol. 56, 2020.
30. *Cf.* Carolyn MERCHANT, *La Mort de la nature. Les femmes, l'écologie et la révolution scientifique*, Paris, Wildproject, 2021.
31. *Ibid.*, p. 416.
32. Joan MARTINEZ-ALLIER, *L'Écologisme des pauvres. Une étude des conflits environnementaux dans le monde*, Paris, Les Petits Matins/Institut Veblen, 2014, p. 180 et 183.

6. Le nouvel esprit du socialisme
(p. 126 à 147)

1. *Cf.* L. BOLTANSKI et È. CHIAPELLO, *Le Nouvel Esprit du capitalisme*, *op. cit.*
2. Pierre CHARBONNIER, *Abondance et liberté. Une histoire environnementale des idées politiques*, Paris, La Découverte, 2020, p. 395.
3. *Ibid.*, p. 49-50.
4. Karl MARX, *Manuscrits de 1844*, Paris, Flammarion, 1996, p. 114.
5. *Ibid.*, p. 116.
6. Karl MARX, *Le Capital. Livre I*, Paris, Gallimard, 1963 et 1968 ; rééd. « Folio Essais », 2008, p. 335-336.
7. *Ibid.*, p. 348.
8. Justus VON LIEBIG, *The Natural Laws of Husbandry*, New York, Appleton, 1863, p. 261, cité par John Bellamy FOSTER, « Marx's theory of metabolic rift : Classical

foundations for environmental sociology », *American Journal of Sociology*, 1999, vol. 105, nº 2, p. 366-405, p. 378.

9. K. Marx, *Le Capital. Livre I, op. cit.*, p. 545-547.
10. Karl Marx, *Le Capital. Livres II et III*, Paris, Gallimard, 1963 et 1968 ; rééd. « Folio Essais », 2008, p. 1986.
11. *Ibid.*, p. 1947-1948.
12. *Ibid.*, p. 2049.
13. *Cf.* Pierre Charbonnier, « De l'écologie à l'écologisme de Marx : sur l'histoire naturelle du capitalisme et ses interprétations », *Tracés*, vol. 22, nº 1, 2012, p. 153-165 ; Jérôme Lamy, « Les palimpsestes de Marx. L'émergence de la sociologie marxiste de l'environnement aux États-Unis », *Écologie et politique*, nº 53, 2016, p. 149-164 ; et Michel Barrillon, « Les marxistes, Marx et la question naturelle. Notes sur l'improbable écomarxisme », *Écologie et politique*, nº 47, 2013, p. 115-143.
14. K. Marx, *Le Capital. Livre I, op. cit.*, p. 552-553.
15. *Cf.* James O'Connor, « La seconde contradiction du capitalisme : cause et conséquences », *in* Jean-Marie Haribey et Michael Löwy (dir.), *Capital contre nature*, Paris, PUF, 2003, p. 57-66, et, pour une revue de la littérature critique, « James Richard O'Connor's ecological marxism », *Capitalism, Nature, Socialism*, vol. 30, nº 4, 2019, p. 1-12.
16. *Cf.* Alfred Crosby, *Ecological Imperialism : The Biological Expansion of Europe, 900-1900*, Cambridge, Cambridge University Press, 1986.
17. *Cf.* Kenneth Pomeranz, *Une grande divergence. La Chine, l'Europe et la construction de l'économie mondiale*, Paris, Albin Michel, 2010.
18. *Cf.* Jean-Baptiste Fressoz et Fabien Locher, *Les Révoltés du ciel. Une histoire du changement climatique, XVe-XXe siècle*, Paris, Seuil, 2020.
19. P. Charbonnier, *Abondance et liberté, op. cit.*, p. 124.
20. *Cf.* David Pepper, *Eco-socialism : From Deep Ecology to Social Justice*, Londres, Routeldge, 1993 ; Andreas Malm, *L'Anthropocène contre l'histoire. Le réchauffement climatique à l'heure du capital*, Paris, La Fabrique, 2017 ; Daniel Tanuro, *Trop tard pour être pessimistes ! Écosocialisme ou effondrement*, Paris, Textuel, 2020, et Michael Löwy, *Qu'est-ce que l'écosocialisme ?*, Paris, Le Temps des cerises, 2020.
21. Karl Marx et Friedrich Engels, *Manifeste du Parti communiste*, Paris, Garnier-Flammarion, 1998, p. 79 et 101.

22. *Cf.* Paul WARDE, *The Invention of Sustainability : Nature and Destiny, c. 1500-1870*, Cambridge, Cambridge University Press, 2018.
23. H. JONAS, « Les perspectives éthiques doivent être complétées d'une nouvelle dimension », art. cité, p. 74.
24. Cornelius CASTORIADIS, « La force révolutionnaire de l'écologie », in *Écrits politiques VII. Écologie et politique*, Saint-Loup-de-Naud, Éditions du Sandre, 2020, p. 194-195, et, du même auteur, « Sur le contenu du socialisme », in *Le Contenu du socialisme*, Paris, UGE, 1979, et « Technique », in *Les Carrefours du labyrinthe I*, Paris, Seuil, 1978.
25. *Cf.* Sheri BERMAN, *The Primacy of Politics : Social Democracy and the Making of Europe's Twentieth Century*, Cambridge, Cambridge University Press, 2006.
26. Jean JAURÈS, « Pour la laïque. Discours des 21 et 24 janvier 1910 devant la Chambre des députés », in *Discours et conférences*, Paris, Flammarion, 2010, p. 217.
27. *Cf.* Robert CASTEL, *Les Métamorphoses de la question sociale. Une chronique du salariat*, Paris, Fayard, 1995.
28. Bruno TRENTIN, *La Cité du travail. Le fordisme et la gauche*, Paris, Fayard, 2012, p. 94.
29. Enrico BERLINGUER, *Austerità, Occasione per trasformare l'Italia*, Rome, Riuniti, 1977, p. 14.
30. *Ibid.*, p. 19 et 54.
31. *Ibid.*, p. 19.
32. Lynn T. WHITE Jr, *Les Racines historiques de notre crise écologique*, Paris, PUF, 2019, p. 38.
33. Pierre HADOT, *Le Voile d'Isis. Essai sur l'histoire de l'idée de nature*, Paris, Gallimard, 2004, p. 99.
34. *Ibid.*, p. 136.
35. Philippe DESCOLA, *Par-delà nature et culture*, Paris, Gallimard, 2005 ; rééd. « Folio Essais », 2021, p. 70.
36. Pour une revue critique de ces éthiques non anthropocentriques, *cf.* Gérald HESS, *Éthiques de la nature*, Paris, PUF, 2013.
37. Bryan G. NORTON, *Toward Unity Among Environmentalists*, Oxford, Oxford University Press, 1991. Pour une revue des critiques adressées à Norton, *cf.* Hicham-Stéphane AFEISSA, « The transformative value of ecological pragmatism. An introduction to the work of Bryan G. Norton », *Surveys and Perspectives : Integrating Environment and Society*, vol. 1, n° 1, 2008, p. 73-79.
38. Murray BOOKCHIN, *L'Écologie sociale. Penser la liberté au-delà de l'humain*, Marseille, Wildproject, 2020, p. 137.
39. *Ibid.*, p. 121.

40. *Ibid.*, p. 111.
41. André GORZ, « Pour une critique des forces productives » (1976), in *Leur Écologie et la nôtre*, *op. cit.*, p. 168-69.

7. Affronter l'oligarchie économique
(p. 151 à 166)

1. Nicholas STERN, *A Blueprint for a Safer Planet: How to Manage Climate Change and Create a New Era of Progress and Prosperity*, Londres, The Bodley Head, 2009, p. 11.
2. *Cf.* Michael LÖWY, « Écosocialisme et planification démocratique », *Écologie et politique*, nº 37, 2008, p. 165-180.
3. *Cf.* Mariana MAZZUCATTO, *The Entrepreneurial State: Debunking Public vs. Private Sector Myths*, Londres, Anthem Press, 2013.
4. Albert HIRSCHMAN, *Vers une économie politique élargie*, Paris, Minuit, 1986, p. 93-94.
5. *Cf.* Heny SHUE, « Subsistence emissions and luxury emissions », *Law & Policy*, vol. 15, nº 1, 1993, p. 39-60.
6. *Cf.* Pierre FRANÇOIS et Claire LEMERCIER, *Sociologie historique du capitalisme*, Paris, La Découverte, 2021.
7. *Cf.* Razmig KEUCHEYAN, *Les Besoins artificiels. Comment sortir du consumérisme*, Paris, La Découverte, 2019.
8. *Cf.* Paul ARIÈS, *La Simplicité volontaire contre le mythe de l'abondance*, Paris, La Découverte, 2010, et, du même auteur, *Le Socialisme gourmand. Le Bien-vivre: un nouveau projet politique*, Paris, La Découverte, 2012, et *Gratuité vs capitalisme, Des propositions concrètes pour une nouvelle économie du bonheur*, Paris, Larousse, 2018.
9. Colin CROUCH, *Post-démocratie*, Paris, Diaphane, 2013, p. 37.
10. *Cf.* L. BOLTANSKI et È. CHIAPELLO, *Le Nouvel Esprit du capitalisme*, *op. cit.*
11. *Cf.* John PETERS, « The rise of finance and the decline of organised labour in the advanced capitalist countries », *New Political Economy*, vol. 16, nº 1, 2011, p. 73-99.
12. B. TRENTIN, *La Cité du travail*, *op. cit.*, p. 102.
13. *Cf.* P. GRIFFIN, CLIMATE ACCOUNTABILITY INSTITUTE, *The Carbon Majors Database: CDP Carbon Majors Report 2017*, *op. cit.*
14. Isabelle FERRERAS, *Firms as Political Entities: Saving Democracy through Economic Bicameralism*, Cambridge, Cambridge University Press, 2017.
15. *Cf.* Mateo ALALUF, « Travail et entreprise à l'heure de la distanciation physique », *Les Mondes du travail*, nº 26, 2021, p. 161-169.

16. M. Löwy, *Qu'est-ce que l'écosocialisme ?*, *op. cit.*, p. 53-54.
17. *Cf.* Fahti Fakhfakh, Virginie Pérotin et Monica Gago, « Productivity, capital, and labor in labor-managed and conventional firms : An investigation on French data », *Industrial and Labor Relations Review*, vol. 65, nº 4, 2012, p. 847-879.
18. *Cf.* Hélène Landemore, « Démocratiser l'entreprise », *in* Isabelle Ferreras, Julie Battilana et Dominique Méda (dir.), *Le Manifeste travail. Démocratiser, démarchandiser, dépolluer*, Paris, Seuil, 2020, p. 67-76.
19. *Cf.* Frédéric Graber et Fabien Locher (dir.), *Posséder la nature. Environnement et propriété dans l'histoire*, Paris, Éditions Amsterdam, 2018 ; Pierre Crétois, *La Part commune. Critique de la propriété privée*, Paris, Éditions Amsterdam, 2020, et Benjamin Coriat (dir.), *Le Retour des communs. La crise de l'idéologie propriétaire*, Paris, Les Liens qui libèrent, 2015.
20. *Cf.* Peter Barnes, *Who Owns the Sky ? Our Common Assets and the Future of Capitalism*, Washington, Island Press, 2001.
21. *Cf.* Shannon Ikebe, « Syndicalisme, pouvoir ouvrier et économie », *Nouveaux Cahiers du socialisme*, nº 21, novembre 2019.
22. Voir les ambitions de son principal inspirateur, Rudolf Meidner, *Employee Investment Fund : An Approach to Collective Capital Formation*, Londres, Allen & Unwin, 1978.
23. *Cf.* E. O. Wright, *Utopies réelles*, *op. cit.*
24. *Cf.* Joe Guinan, « Socialising capital : Looking back on the Meidner Plan », *International Journal of Public Policy*, vol. 15, nº 1, 2019, p. 38-58, et Mathew Lawrence et Laurie Laybourn-Langton, *Planet on Fire : A Manifesto for the Age of Environmental Breakdown*, Londres, Verso, 2021.

8. Briser la spirale des inégalités
(p. 167 à 187)

1. *Cf.* Chantal Mouffe, *L'Illusion du consensus*, Paris, Albin Michel, 2016.
2. *Cf.* D. Goodhart, *Les Deux Clans*, *op. cit.*
3. *Cf.* Jacques Lévy, Jean-Nicolas Fauchille et Ana Pòvoas, *Théories de la justice spatiale. Géographie du juste et de l'injuste*, Paris, Odile Jacob, 2018, et Zetkin Collective, *Fascisme fossile. L'extrême droite, l'énergie, le climat*, Paris, La Fabrique, 2020.
4. B. Latour, *Où atterrir ?*, *op. cit.*, p. 10 et 30.

5. Simon Kuznets, « How to judge quality ? », *The New Republic*, vol. 147, n° 16, 1962, p. 29, cité par K. Raworth, *La Théorie du donut*, *op cit.*, p. 66.
6. *Cf.* Éloi Laurent, *Sortir de la croissance. Mode d'emploi*, Paris, Les Liens qui libèrent, 2e éd., 2021.
7. *Cf.* Lester R. Brown, *Éco-économie. Une autre croissance est possible, écologique et durable*, Paris, Seuil, 2003.
8. Serge Latouche, *L'Abondance frugale comme art de vivre. Bonheur, gastronomie et décroissance*, Paris, Payot, 2020, p. 53.
9. Jason W. Moore, « Introduction », in id. (dir.), *Anthropocene or Capitalocene ?*, *op. cit.*, p. 10 (souligné par l'auteur).
10. R. Castel, *Les Métamorphoses de la question sociale*, *op. cit.*
11. Jason Kickel, *Less is More : How Degrowth Will Save the World*, Londres, Windmill Books, 2020, p. 206.
12. *Cf.* Tim Jackson, *Prospérité sans croissance. Les fondations pour l'économie de demain*, Louvain-la-Neuve, De Boeck, 2e éd., 2017, p. 54.
13. *Cf.* R. Frank, *Luxury Fever*, *op. cit.*, p. 72 *sqq.*
14. D. Goodhart, *Les Deux Clans*, *op. cit.*, p. 77.
15. *Cf.* M. J. Sandel, *La Tyrannie du mérite*, *op. cit.*
16. *Cf.* B. Radcliff, *The Political Economy of Human Happiness*, *op. cit.*
17. *Cf.* Jason Hickel, « Is it possible to achieve a good life for all within planetary boundaries ? », *Third World Quarterly*, vol. 40, n° 1, 2019, p. 18-35.
18. *Cf.* les études déjà citées de Kate Pickett et Richard Wilkinson, et les ouvrages de synthèse cités de Tim Jackson, Jason Hickel et Bernard Radcliff. Pour une synthèse générale, *cf.* Anna Coote et Andrew Percy, *The Case for Universal Public Services*, Londres, Polity Press, 2020.
19. *Cf.* Peter Dauvergne, *Environmentalism of the Rich*, Cambridge (MA), MIT Press, 2016 ; Jean-Baptiste Comby, *La Question climatique, Genèse et dépolitisation d'un problème public*, Paris, Raisons d'agir, 2015.
20. *Cf.* Édouard Delruelle, *Philosophie de l'État social. Civilité et consensus au* XXIe *siècle*, Paris, Kimé, 2020.
21. *Cf.* P. Ariès, *La Simplicité volontaire contre le mythe de l'abondance*, *op. cit.*
22. *Cf.* Ian Gough, *Heat, Greed and Human Need*, Cheltenham, Edward Elgar, 2017.
23. T. Piketty, *Capital et idéologie*, *op. cit.*, p. 502.
24. Thomas Piketty, *Vivement le socialisme. Chroniques 2016-2020*, Paris, Seuil, 2020, p. 237-241.

25. *Cf.* Emmanuel SAEZ et Gabriel ZUCMAN, *Le Triomphe de l'injustice,* Paris, Seuil, 2020, p. 150.
26. *Cf.* Economists'statement on Carbon Dividends organized by the Climate Leadership Council, <https://www.econstatement.org>.
27. *Cf.* James K. BOYCE, *The Case for Carbon Dividends*, Londres, Polity Press, 2019.
28. *Cf.* Florence JAUMOTTE et Carolina OSORIO BUITRON, *Inequality and Labor Market Institutions,* Fonds monétaire international, juillet 2015. *Cf.* aussi Anthony ATKINSON, *Inégalités,* Paris, Seuil, 2016.
29. *Cf.* Sam PIZIGATI, *The Case for a Maximum Wage*, Londres, Polity, 2018.
30. INTERNATIONAL SOCIAL SURVEY PROGRAMME, *Enquête Inégalités sociales III*, 1999. L'écart jugé légitime était de 6,3 en France, 5 en Allemagne et aux États Unis, 5,6 au Royaume-Uni, 2,8 en Espagne et 2,1 en Suède, cité par Philippe STEINER, *Les Rémunérations obscènes,* Paris, La Découverte, 2011.
31. Fondation Copernic, *Vers une société plus juste, Manifeste pour le plafonnement des revenus et des patrimoines*, Paris, Éditions Les Liens qui libèrent, 2019, p. 46.

9. Garantir la sécurité d'existence
(p. 188 à 203)

1. Friedrich ENGELS, *Lettre à Karl Kautsky*, 29 juin 1891, *in* Karl MARX et Friedrich ENGELS, *Critique des programmes de Gotha et Erfurt*, Paris, Éditions sociales, 1972.
2. *Cf.* Robert POLLIN, *Greening the Global Economy*, Cambridge (MA), MIT Press, 2015.
3. *Cf.* Benjamin DENIS, « La "neutralité climatique" européenne est-elle socialement juste ? », *Politique*, n° 114, 2020.
4. *Cf.* Gérard VALENDUC et Patricia VENDRAMIN, *Le Travail dans l'économie digitale. Continuités et ruptures,* European Trade Union Institute, Working Paper, Bruxelles, 2016.
5. *Cf.* Albena AZMANOVA, *Capitalism on Edge : How Fighting Precarity Can Achieve Radical Change without Crisis or Utopia*, New York, Columbia University Press, 2020.
6. J. M. KEYNES, « Perspectives économiques pour nos petits-enfants », art. cité, p. 107.
7. *Ibid.*, p. 114.
8. *Cf.* Juliet B. SCHOR, « Sustainable consumption and worktime reduction », *Journal of Industrial Ecology*, vol. 9, n° 1-2, 2003, p. 37-50 ; Jared B. FITZGERALD, Andrew K. JORGENSON et Brett

Clark, « Energy consumption and working hours : A longitudinal study of developed and developing nations, 1990-2008 », *Environmental Sociology*, vol. 1, n° 3, 2015, p. 213-223.

9. *Cf.* Kyle W. Knight, Eugene A. Rosa et Juliet B. Schor, « Could working less reduce pressure on the environment ? A cross-national panel analysis of OECD countries, 1970-2007 », *Global Environmental Change*, vol. 23, n° 4, 2013, p. 691-700.

10. *Cf.* David Rosnick et Mark Weisbrot, « Are shorter work hours good for the environment ? A comparison of U.S. and European energy consumption », *International Journal of Health Services*, vol. 37, n° 3, 2007, p. 405-417.

11. *Cf.* Ann Pettifor, *The Case for the Green New Deal*, Londres, Verso, 2019.

12. *Cf.* Judith Shklar, *American Citizenship : The Quest for Inclusion*, Cambridge (MA), Harvard University Press, 1995.

13. *Cf.* A. B. Atkinson, *Inégalités*, *op. cit.*

14. *Cf.* Stéphanie Kelton, *Le Mythe du déficit. La théorie moderne de la monnaie et la naissance de l'économie du peuple*, Paris, Les Liens qui libèrent, 2020, et Pavlina R. Tcherneva, *La Garantie d'emploi. L'arme sociale du Green New Deal*, Paris, La Découverte, 2021.

15. Selon l'expression d'Éloi Laurent, *Sortir de la croissance*, *op. cit.*

16. George D. H. Cole, *Money : Its Present and Future*, Londres, Cassel, 1944, p. 144, cité par Philippe Van Parijs et Yannick Vanderborght, *Le Revenu de base inconditionnel. Une proposition radicale*, Paris, La Découverte, 2019, p. 178.

17. Cette idée, déjà défendue en 1797 par Thomas Paine, a été remise au goût du jour par Bruce Ackerman et Anne Alstott, *The Stake-Holder Society*, New Haven, Yale University Press, 1999, et soutenue par A. B. Atkinson, *Inégalités*, *op. cit.*, p. 169-171.

18. *Cf.* P. Van Parijs et Y. Vanderborght, *Le Revenu de base inconditionnel*, *op. cit.*, et Jean-Marc Ferry, *L'Allocation universelle. Pour un revenu de citoyenneté*, Paris, Cerf, 2016.

19. *Cf.* Bernard Friot, *L'Enjeu du salaire*, Paris, La Dispute, 2012.

20. André Gorz, *L'Immatériel. Connaissance, valeur et capital*, Paris, Galilée, 2003, p. 30.

21. *Cf.* Daniel Dumont, *Le Revenu de base universel, avenir de la sécurité sociale ? Une introduction critique au débat*, Bruxelles, Université libre de Bruxelles, 2021 ; Walter Korpi et Joachim Palme, « The paradox of redistribution and strategies of equality : Welfare state institutions,

inequality and poverty in Western countries », *American Sociological Review*, vol. 63, n° 5, 1998, p. 666-687.

22. *Cf.* T. Piketty, *Capital et idéologie, op. cit.*, p. 1161-1164, et, du même auteur, *Une brève histoire de l'égalité*, Paris, Seuil, 2021.

10. Pour le peuple, par le peuple
(p. 207 à 228)

1. Boris Frankel, *The Post-Industrial Utopians*, Oxford, Polity Press, 1987, p. 227.
2. Robert Goodin, *Green Political Theory*, Oxford, Polity Press, 1992, p. 120.
3. *Cf.* Andrew Dobson, *Green Political Thought*, Londres, Routledge, 4e éd., 2007 ; Frank De Roose et Philippe Van Parijs (dir.), *La Pensée écologiste. Petite encyclopédie à l'usage de ceux qui la pratiquent comme de ceux qui la craignent*, Bruxelles, De Boeck, 1991.
4. H. Jonas, *Le Principe responsabilité, op. cit.*, p. 30.
5. H. Jonas, « Technique, liberté et obligation », art. cité, p. 190.
6. Jean-Pierre Dupuy, *Pour un catastrophisme éclairé. Quand l'impossible est certain*, Paris, Seuil, 2002, p. 164-165.
7. *Cf.* Clive Hamilton, *Requiem pour l'espèce humaine. Faire face à la réalité du changement climatique*, Paris, Presses de Sciences Po, 2013, p. 141-147.
8. Hannah Arendt, *Qu'est-ce que la politique ?*, Paris, Seuil, 1995, p. 187-190.
9. *Cf.* notamment Pablo Servigne, Raphaël Stevens et Gauthier Chapelle, *Une autre fin du monde est possible. Vivre l'effondrement (et pas seulement y survivre)*, Paris, Seuil, 2018.
10. J'emprunte cette distinction à Catherine et Raphaël Larrère, *Le pire n'est pas certain. Essai sur l'aveuglement catastrophiste*, Paris, Premier Parallèle, 2020.
11. P. Servigne, R. Stevens et G. Chapelle, *Une autre fin du monde est possible, op. cit.*, p. 33.
12. M. Bookchin, *L'Écologie sociale, op. cit.*, p. 233.
13. *Ibid.*, p. 253-255.
14. Joel Kovel, *The Enemy of Nature : The End of Capitalism or the End of the World ?*, Londres, Zed Books, 2007, cité par M. Löwy, *Qu'est-ce que l'écosocialisme ?, op. cit.*, p. 137.
15. Raoul Vaneigem, *Contribution à l'émergence de territoires libérés de l'emprise étatique et marchande. Réflexions sur l'autogestion de la vie quotidienne*, Paris, Rivages, 2018.
16. Dominique Bourg et Kerry Whiteside, *Vers une démocratie écologique. Le citoyen, le savant et le politique*, Paris, Seuil, 2010, p. 74-75.

17. *Ibid.*, p. 93.
18. *Cf.* Alain Bergounioux et Bernard Manin, *Le Régime social-démocrate*, Paris, PUF, 1989.
19. *Cf.* Kalypso Nicolaïdis, « The democratic panopticon », Noéma, 6 juillet 2021, <https://www.noemag.com/the-democratic-panopticon/>.
20. *Cf.* Paul Magnette, *Contrôler l'Europe. Pouvoirs et responsabilités dans l'Union européenne*, Bruxelles, Éditions de l'Université de Bruxelles, 2004.
21. B. Latour, *Politiques de la nature*, *op. cit.*, p. 107.
22. *Ibid.*, p. 154.
23. *Cf.* P. Warde, *The Invention of Sustainability*, *op. cit.*
24. B. Latour, *Politiques de la nature*, *op. cit.*, p. 259.
25. John Dewey, *Le public et ses problèmes*, Paris, Gallimard, 2010, p. 310.
26. *Cf.* David Van Reybrouck, *Contre les élections*, Arles, Actes Sud, 2013.
27. *Cf.* Bryan G. Norton, *Sustainability : A Philosophy of Adaptative Ecosystem Management*, Chicago, Chicago University Press, 2005.
28. *Cf.* Yves Sintomer, *Petite histoire de l'expérimentation démocratique. Tirage au sort et politique d'Athènes à nos jours*, Paris, La Découverte, 2011, et Loïc Blondiaux et Bernard Manin (dir.), *Le Tournant délibératif de la démocratie*, Paris, Presses de Sciences Po, 2021.
29. *Cf.* Simone Chambers, « Rhetoric and the public sphere : Has deliberative democracy abandoned mass democracy ? », *Political Theory*, vol. 37, n° 3, 2009, p. 323-350.
30. *Cf.* Adam Przeworski, Susan C. Stokes et Bernard Manin (dir.), *Democracy, Accountability and Representation*, Cambridge, Cambridge University Press, 1999.
31. Cité par Nadia Urbinati, *Representative Democracy : Principles and Genealogy*, Chicago, Chicago University Press, 2006, p. 183.
32. *Ibid.*, p. 31.

11. Mailler les luttes
(p. 229 à 254)

1. A. Dobson, *Green Political Thought*, *op. cit.*, p. 135.
2. M. Bookchin, *L'Écologie sociale*, *op. cit.*, p. 129.
3. *Cf.* F. Fischbach, *Qu'est-ce qu'un gouvernement socialiste ?*, *op. cit.*
4. Axel Honneth, *L'Idée du socialisme. Un essai d'actualisation*, Paris, Gallimard, 2017, p. 76.
5. Antonio Gramsci, *Cahiers de prison, 3 : Cahiers 10, 11, 12 et 13*, Paris, Gallimard, 1978, cahier 11, note 4, p. 187.

6. Karl Polanyi, « Nouvelles considérations sur notre théorie et sur notre pratique » (1925), *in Essais de Karl Polanyi*, Paris, Seuil, 2008, p. 331 et 333.
7. *Cf.* Erik Olin Wright, *Stratégies anticapitalistes pour le XXIe siècle*, Paris, La Découverte, 2020.
8. Selon l'expression fameuse d'Albert Hirschman, *Défection et prise de parole*, Paris, Fayard, 1995.
9. *Cf.* Guillaume Paoli, *Éloge de la démotivation*, Paris, Lignes, 2008, et P. Ariès, *La Simplicité volontaire contre le mythe de l'abondance*, *op. cit.*
10. E. O. Wright, *Stratégies anticapitalistes pour le XXIe siècle*, *op. cit.*, p. 62.
11. H. Marcuse, *Vers la libération*, *op. cit.*, p. 43.
12. A. Gorz, *Capitalisme, socialisme, écologie*, *op. cit.*, p. 88.
13. *Cf.* Adam Przeworski, *Capitalism and Social Democracy*, Cambridge, Cambridge University Press, 1985.
14. *Cf.* Christophe Ramaux, *L'État social. Pour sortir du chaos néolibéral*, Paris, Mille et Une Nuits, 2012.
15. *Cf.* Robert Castel, *La Montée des incertitudes. Travail, protections, statut de l'individu*, Paris, Seuil, 2009, p. 61.
16. E. O. Wright, *Stratégies anticapitalistes pour le XXIe siècle*, *op. cit.*, p. 73.
17. « Dans le socialisme, l'allocation et l'utilisation des ressources se font par l'exercice du *pouvoir social. [...] Fondamentalement, cela signifie que le socialisme est l'équivalent de la démocratie économique* », conclut Erik Olin Wright, *ibid.*, p. 86 (souligné par l'auteur).
18. Jean Jaurès, « République et socialisme » (17 octobre 1901), in *Ce que dit un philosophe à la cité*, Paris, Les Belles Lettres, 2010, p. 141. Et, sur l'actualité de cette pensée, Jean-Paul Scot, *Jean Jaurès et le réformisme révolutionnaire*, Paris, Seuil, 2014.
19. *Cf.* Paul Magnette, « Le croissant fossile. Aux origines de l'Anthropocène », *Le Grand Continent*, 8 février 2022, <https://legrancontinent.eu/fr/2022/08/le-croissant-fossile/>.
20. *Cf.* Timothy Mitchell, *Carbon Democracy : Political Power in the Age of Oil*, Londres, Verso, 2011.
21. K. Polanyi, *La Grande Transformation*, *op. cit.*, p. 110.
22. Bruno Latour, « Quel État peut imposer des "gestes barrières" aux catastrophes écologiques ? », *Esprit*, juillet-août 2020, p. 166-167.
23. C. Mouffe, *L'Illusion du consensus*, *op. cit.*, p. 82.
24. *Ibid.*, p. 43.
25. Même si l'aspiration à l'égalité constitue l'« étoile polaire » constante de la gauche, comme

le rappelle Norberto Bobbio, *Droite et gauche. Essai sur une distinction politique*, Paris, Seuil, 1996.

26. C. Mouffe, *L'Illusion du consensus*, *op. cit.*, p. 180.
27. Georg Simmel, *Le Conflit* (1908), Paris, Circé, 1995, p. 122.
28. *Ibid.*, p. 113.
29. *Cf.* Paul Magnette, *La gauche ne meurt jamais*, Bruxelles, Éditions Luc Pire, 2016, et Michaël Foessel, *Quartier rouge. Le plaisir et la gauche*, Paris, PUF, 2022.

Épilogue
(p. 255 à 266)

1. Chantal Mouffe, *For a Left Populism*, Londres, Verso, 2018, p. 11.
2. Selon l'expression de Serge Audier, *La Cité écologique. Pour un éco-républicanisme*, Paris, La Découverte, 2020, p. 640.
3. Selon le titre du best-seller de Naomi Klein, sous-titré *Capitalisme et changement climatique*, *op. cit.*
4. *Cf.* Antonio Gramsci, *Cahiers de prison. Cahiers 6,7,8 et 9*, Paris, Gallimard, 1983, cahier 7, § 1, p. 169-172.

Table des matières

Composition DV Arts Graphiques, La Rochelle
Impression réalisée par
l'Imprimerie Maury S.A.S., à Millau (12).
Dépôt légal du 1er tirage : octobre 2022
Suite du 1er tirage (05) : décembre 2022
N° de dossier : L22/72306L

Imprimé en France